나,
따뜻했나요
?

김동완

1990.02.05 - 2018.08.03

차례

서문 · 09

Chapter 1

:: 기다림의 시작 · 20
:: 잊혀진 시간 · 31
:: 떠날 준비 · 43
:: I see me in ICU · 57
:: 완의 귀환 · 80

Chapter 2

- :: 던져진 주사위 · 104
- :: 반격의 시작 · 127
- :: 일상으로의 초대 · 138
- :: 다시 병원으로 · 157
- :: 카운트다운 · 174
- :: 일상으로의 복귀 · 189
- :: 면담 · 200
- :: 외출 · 212
- :: 일어설 준비 · 225

Chapter 3

- :: 신호등 앞에서 · 247
- :: 화려한 외출 · 262
- :: Cycle 1, 2 · 276
- :: Cycle 3, 4 · 294
- :: Cycle 5 · 308
- :: The Last Cycle · 321

- :: 에필로그 · 330

서문

 대개 사람들은 '서문'을 읽지 않는다. 교장 선생님의 훈화 말씀이나 결혼식의 주례사처럼, 중요한 본론을 기다리며 어서 지나가길 바라는 절차로 느끼기 때문이리라. 나도 책을 몇 번이나 읽고 나서 더는 새로움을 느낄만한 텍스트가 없을 때, 그제야 서문이나 작가의 말을 읽었다.

 그럼에도 내가 서문을, 게다가 장황하게 적는 이유는 오로지 부족한 글 실력 때문이다. 주제를 미리 밝히지 않고는 독자에게 말하고자 하는 바를 제대로 전달할 수 없다고 생각했기 때문이다. 그러니 귀찮더라도 꼭 읽어 주셨으면 한다. 이 책의 장르를 미리 밝혀 두자면, 자전적 소설이라고 할 수 있겠다.

수술과 암 진단이라는 풍파 앞에서 불안에 떨던 그때, 도움을 얻고자 인터넷에서 관련 정보를 검색했다. 9할은 광고였다. 벼랑 끝에 선 자들의 희망을 먹고 자라는 괴물들. 그 사이에서 겨우 찾아낸 수기도 의심 많은 나에게는 별 도움이 되지 않았다.

2006년에 방영한 드라마 〈미스터 굿바이〉의 주된 무대인 엠파이어 호텔에는 대대로 내려오는 노트가 있다. 그 노트에는 오직 자신의 실패만을 기록할 수 있고 성공담은 적을 수 없다. 후대 사람들이 그 성공담에 얽매이지 않도록 하기 위함이다. 과거의 성공 사례가 현재 상황에 들어맞지 않을 수 있으므로.

나는 '어떻게 어려움을 극복할 수 있었는지'에 대해서는 관심이 가지 않았다. 그러니까 그런 '밝은 길'보다는 힘들 때 어떤 생각을 했고, 어떤 실수를 했는지, 정도(正道)에서 벗어났을 때 맞닥뜨릴 수 있는 함정이나 어두운 현실은 어떤 게 있는지 더 관심이 갔다. 그러나 내가 기대한 글을 찾을 수는 없었다. 그래서 결심했다. 길, 함정, 밝음, 어둠, 이 모든 것을 담은 지도를 만들겠다고. 다른 사람들은 내가 만든 지도를 통해 더 나은 시간을 보냈으면 좋겠다고. 이러한 마음가짐으로 글을 쓰기 시작했다.

시작은 그랬다. 그러나 시간이 지나면서 다른 이유도 추가되었다. 암 환자 중에는 발견 당시 이미 증상이 심각하여 경과가 안 좋은 분들도 많지만, 요즘에는 진단 기술의 발달로 초기나 증상이 없을 때 우연히 발견되는 경우가 더 많다. 그러니 얼마 전까지 내 옆에서 멀쩡히 일하던 사람이 심심풀이로 검사를 했다가 암을 발견할 수도 있다. 바로 나처럼. 모르고 있었을 뿐 어제 술 마시던 그 사람의 몸 안에는 암세포가 있었다. 진단 전후로 달라진 것은 오직 '병식(病識)의 유무'뿐.

암 진단을 받기 전에 내가 그랬듯 많은 사람들은 '암 환자'하면 이런 모습을 떠올릴 것이다. 링거를 꽂고 온종일 침대에 누워 고통에 시름시름 앓고 있는 환자의 모습.

이런 편견을 깨고 싶었다. 드라마 〈질투의 화신〉에서 유방암에 걸린 조정석이 멀쩡히 출근하고 공효진에게 사랑을 갈구하는 모습이 전혀 이상한 것이 아님을 알리고 싶었다.

이번 사건이 터지고 얼마 지나지 않아 지난 2년간 동고동락했던 공보의[1] 3년 차 형들이 소집 해제되었다. 불과 한 달 전까지만 해도 다 같이 으쌰으쌰 축구하고 배드민턴 치고 골프 치던 사람들이 뿔뿔이 흩어졌다. 내가 집 안에 틀어박혀 있는 동안 몇몇은 결혼하고 몇몇은 개원하고 또 몇몇은 좋은 자리에 취직했다.

취직을 못 하고 헤매던 학창시절 친구들도 취업에 성공하고, 취업한 친구들은 어리바리 신입사원 티를 벗고 어느 정도 자리를 잡아갔다. 하루가 다르게 앞으로 나아가는 그들과 달리 병마에 발목 잡혀 나아가지 못하던 나는 윤동주 시인의 〈쉽게 쓰여진 시〉의 한 구절이 절로 떠올랐다.

생각해보면 어린 때 동무들

하나 둘 죄다 잃어버리고

---

1) 공중보건의사. 대한민국의 병역 제도 중 하나로, 보충역의 한 종류이다. 병역법 규정에 의하여 군 복무 대신 의사가 없는 마을이나 보건소에서 3년간 근무한다.

나는 무얼 바라

다만 홀로 침전(沈澱)하는 것일까

- 윤동주, <쉽게 쓰여진 시> 중에서

홀로 침전하고 있던 나에게 어느새 '글 쓰는 행위'는 어둠을 내몰고 시대처럼 올 아침을 기다리게 할 수 있는 등불이 되었다.

'뒤처지는 게 아니야. 오랜 꿈이던 책 쓰기에 투자하는 중이지. 조금 느릴지는 몰라도 분명 앞으로 나아가고 있어.'

이렇게 글을 쓰는 목적이 하나둘 추가되다보니, '이 글에 과연 주제가 있기는 한가?'라는 의문을 가지게 되었다. 답은 의외의 장소에서 나왔다. 방 청소를 하다 발견한 대학 시절의 정리 노트였다. 그 안에 적힌 매슬로의 욕구 단계 이론에서 나는 내 의문에 대한 답을 찾았다. 매슬로의 이론에 의하면 인간의 욕구는 위계적으로 조직되어 있으며 하위 단계의 욕구 충족이 상위 단계 욕구의 발현을 위한 조건이 된다고 본다. 매슬로의 이론을 좀 더 자세히 소개해 보면 다음과 같다.

1단계 '생리적 욕구'.

생존에 필요한 본능적 기능에 대한 욕구로서 수면/식사/배설 등이 이와 관련되며 가장 기본적이면서도 강력한 힘을 가졌다. 삶의 질이 극도로 나빠진 말기 환자는 불면증이나 섭식장애와 같이 생리적 욕구를 해결하는 데 어려움을 많이 겪는다. 나의 경우, 입원 초기에 수면 및 배뇨 문제로 생리적 욕구를 다 채우지 못하는 불편을 겪었다.

2단계 '안전의 욕구'.

두려움이나 혼란스러움이 아닌 평상심과 질서를 유지하고자 하는 욕구를 의미한다. 암 진단이 가져오는 충격, 불확실한 미래, 처음 겪는 치료과정 등은 일상생활과는 동떨어진 이야기이며 이때 두려움과 혼란은 필연적으로 뒤따르게 된다. 뇌수술과 암 진단이라는 눈앞에 닥친 현실을 수용할 때까지 나에게 안전의 욕구를 채울 방법은 없었다.

이와 같이 대부분의 암 환자는 1단계와 2단계 욕구 충족에 어려움을 겪는 시기를 거친다. 그러나 사람은 적응의 동물이며 인간의 힘은 생각보다 강하다. 약간의 시간만 주어지면 대부분 극복하고, 더 높은 욕구에 눈길이 간다.

3단계 '애정과 소속의 욕구'.

사회적인 상호작용을 통해 전반적으로 원활한 인간관계를 유지하고자 하는 욕구이다. 이것이 결핍되면 사람들은 대개 외로움이나 사회적 고통을 느끼고 스트레스나 임상적인 우울증에 취약해진다.

치료를 위하여 좁은 공간에 유폐되어야 했던 시간에서 벗어난 암 환자들은 더 많은 사회적 교류를 원하게 된다. 지금도 늘 마주하고 있는 가족이 아닌, 친구나 동료들과의 소통을 바라며 더 나아가 연인과의 만남을 원할 수도 있다. 그러나 대다수의 사람은 암 환자가 1, 2단계 욕구 결핍에 허덕일 거라고 착각한다.

개인적으로 가장 힘들었던 건 구토나 어지러움 같은 신체적인 문제보다는 애정과 소속감의 결핍이었다. 누군가와의 만남을 항상 갈구했지만, 사람들은 어느 나이나 상관없이 제각각의 할 일로 바빴다.

4단계 '존중의 욕구'.

주변 사람들로부터 긍정적인 평가를 받고 싶어 하는 낮은 수준의 존중감과 스스로를 가치 있다고 생각하는 높은 수준의 존중감으로 나뉜다. 이 욕구를 충족시키기 위해 사람들은 성취감, 자유, 독립성을 추구한다.

이때, 암 환자라는 꼬리표는 자신을 긍정적으로 바라보는 데에 방해가 된다. 사실 일상생활에서 불편함은 크게 없다. 다만 '술자리에서 혼자 물로 건배하기' 같은 사소한 부분에서 무심코 환자임을 자각한다. 이전에는 아무렇지 않게 했던 행동들이 이제는 하고 싶어도 할 수 없는 하나의 이벤트임을 느낄 때 존중의 욕구는 결핍된다.

5단계 자아실현의 욕구.

자신이 원하는 모습을 정하고, 그 경지까지 자신을 성장시키고자 하는 욕구이다. 상태가 중하든 경하든 상관없이 암은 죽음을 한 번쯤 생각하게 만드는 계기가 된다. 그 결과 많은 환자들이 자신의 삶을 되돌아보고 변화를 주기도 하며, 세상 속에서 자신의 역할을 다시 설정한다.

나는 자수성가를 하고 싶었다. 돈 걱정 없는 삶을 누리고 싶었다.

그래서 어떻게든 성공에 이르는 시간을 단축시키려 했고, 그 속에서 어린 시절부터 소망했던 '책 쓰는 한의사'는 단지 목표를 위한 발판으로 그 뜻이 변질되어 버렸다. 그러나 이번 일을 계기로 지난 과거와 현재, 그리고 미래에 대해 많은 생각을 했고, 삶의 기조에 큰 변화가 찾아왔다. 그 결과 작가로서의 꿈이 본래 의미를 되찾을 수 있었다.

이 이론을 바탕으로 글의 목적을 정리해 보면……, 지도를 만들고자 했던 목적은 '안전의 욕구'를 돕기 위함이고, 암 환자에 대한 오해를 깨고 싶다는 목적은 선입견으로 인해 발생하는 '애정과 소속의 욕구' 결핍을 해소하기 위함이며, 이 시간이 헛됨이 아님을 증명하고자 한 목적은 '존중의 욕구'와 '자아실현의 욕구'에 맞닿아 있다.

즉 나의 '존중과 자아실현의 욕구', 환자의 '안전과 애정과 소속의 욕구'를 돕기 위하여 나는 이 글을 썼다고 할 수 있다.

영국의 지질학자 데렉 에이거(Derek Victor Ager)는 이런 말을 했다.

"지구상에서 한 지역의 역사는, 병사의 삶과 마찬가지로 오랜 기간의 권태와 짧은 순간의 공포로 이루어져 있다."

나는 여기에 빗대어 이렇게 말하고 싶다.

"한 사람이 암에 대항한 투쟁기록은, 병사의 삶과 마찬가지로 오랜 기간의 권태와 짧은 순간의 고통으로 이루어져 있다."

어렵사리 만난 사람들이 보내는 연민의 눈빛과 위로의 말도 부담스러웠다. 그 안에 담긴 사랑과 관심이 거짓이 아님을 모르는 바 아니지만 '참, 내가 환자였지. 아직은 위로받아야 할 처지에 놓여있구나' 하며 갑자기 찾아온 환자라는 자각은 썩 달갑지 않았다. 이런 일들이 자꾸 반복되니 먼저 연락을 보내는 것도 한때는 꺼려졌다.

신영복 선생님의 책 《처음처럼》에는 이런 구절이 나온다.

함께 맞는 비

돕는다는 것은 우산을 들어 주는 것이 아니라 함께 비를 맞는 것입니다. 함께 비를 맞지 않는 위로는 따뜻하지 않습니다.

위로는 위로를 받는 사람으로 하여금 스스로가 위로의 대상이라는 사실을 다시 한 번 확인시켜 주기 때문입니다.

나의 마음이 자격지심이 아니었음을 확인시켜준 고마운 글귀이다. 이 글을 읽는 분의 주변에 아픈 사람이 있다면 먼저 다가가 주기를 바란다. 그리고 위로보다는 아무 일도 없다는 듯이 대해주었으면 한다. 힘을 주고 싶다면 칭찬하면 된다. 운동을 하고 있다면 몸에 근육이 붙었다고 칭찬하고, 마음 공부하는 사람이 있다면 얼굴이 밝아졌다고 칭찬하고.

한마디로 이 글은 욕망의 집합체이다. 다만 모든 욕망이 겉으로 표현되는 것은 아니기에 글 대부분은 독백이다. 되도록 겉으로 드러난 현실은 과거 시제, 마음속 이야기는 현재 시제로 기록하였다. 어긋난 부분도 많이 있지만, 초보자의 실수 또는 시적 허용 정도로 너그러이 봐주길 바란다.

Chapter 1

"암에 대한 투쟁기록은,
병사의 삶과 마찬가지로
오랜 기간의 권태와
짧은 순간의 고통으로 이루어져 있다."

기다림의 시작

 지난 금요일부터 심상치 않던 두통이 주말에 그 위용을 드러냈다. 왼쪽 관자놀이를 찌르는 통증은 때때로 서 있는 것조차 힘들게 했다. 살짝 어둑어둑해서 바꿀까 말까 고민했던 형광등 불빛, 거실에서 들려오는 TV 소리에도 짜증이 치밀어 올라 방에 틀어박혀 불을 끄고 누운 채 주말을 보냈다.

 문제는 출근이었다. 운전할 때 두통이 발생하면 어쩌나 하는 두려움을 안고 고속도로에 진입했다. 다행히 별 탈 없이 운수 보건지소에 도착. 도착하자마자 같이 근무하는 신경과 전문의인 승현이 형을 찾았다.

"형, 주말 동안 두통 때문에 너무 힘들었어요. 조그만 빛이나 소리에도 신경이 거슬리는 게 딱 migraine[1] 증상이에요."

"어디 한번 보자."

형은 간단한 문진과 함께 이곳저곳을 눌러보더니 긴장성 두통과 편두통이 혼재된 상태 같다며 지소에 있는 약을 찾았다.

"MRI 한번 찍어봐. 지난여름에 입에서 이상힌 밋 난다 그러고, 냄새나면서 살짝 어지럽다고도 했었잖아."

형이 지어 준 약은 효과가 좋았다. 불편함 없이 지내면서 두통의 기억도 희미해져 갔다. 그러나 두통은 야속하게 병원이 쉬는 주말에 다시 찾아왔다. 단단히 체한 듯 속이 메슥거리고 어지러워 주체할 수 없었다. 주말에나 가끔 얼굴을 비치는 아들이 집에 와서는 침대에 누워 끙끙거리고만 있으니 얼마나 속이 탈까? 괜찮다고 말해도 어머니는 방에 찾아와서 살펴보다 울상을 지으며 떠나셨고, 어머니의 걱정에도 통증은 수그러들 기미를 보이지 않았다. 몇 번을 토하고, 속을 다스리는 침을 스스로 자침한 다음에야 메슥거림이 조금 가라앉아 겨우 잠을 청할 수 있었다.

그렇게 침대 위에서 두 번째 주말을 보내고 맞이한 월요일 아침. 어

---

1) 편두통. 일반적으로 편두통은 머리의 한쪽에서 나타나는 두통을 의미하지만, 의학용어로써의 편두통은 일측성, 박동성 통증이 일정 시간 이상 지속되고 구역이나 구토 및 빛이나 소리 공포증이 나타나는 특징적인 두통을 의미한다.

릴 때부터 나에게는 독특한 행운의 법칙이 있었다. 주말이나 밤에 열이 39도까지 오르다가도 학교 가야 할 아침이 오면 모든 증상이 싹 사라졌다. 그 덕에 18년 동안 결석 한 번이 없어 주변 사람들은 '의무에는 특화된 놈'이라며 나를 놀려먹곤 했다. 그래서 이번에도 지난 월요일처럼 평범한 기적이 일어나 나를 기어코 진료실 의자에 앉혀 놓을 것이라 여겼다. 그러나 예상은 빗나갔다. 오히려 어지러움이 더 심해졌고, 그때 문득 머릿속을 스치는 생각.

뇌압 상승의 세 가지 징후

두통, 구토, 유두부종

'승현이 형 말대로 MRI를 찍자. 혹시 모를 불안감에 떠느니 그게 낫겠어. MRI 비용으로 심리적 안정을 사는 셈 치자. 어차피 이대로는 출근 못 해.'

바로 운수 보건지소의 김 여사님께 연락해서 병가를 부탁하고 고민 끝에 내린 결론을 어머니께 말씀드렸다. 일생동안 많아 봐야 스무 번 남짓밖에 가질 수 없는 날이 있다. 하늘의 사랑을 듬뿍 받아 일찍 부름을 받은 이에게는 더 적게 주어지기도 하는, 작년에도 없고 내년에도 없는 2월 29일. 고등학교 교사인 어머니의 겨울방학이 끝나고 7살 터울 어린 여동생의 대학 입학식이 있던 그날, 모든 것이 시작되었다.

오전에는 동생 입학식도 있고 컨디션도 별로라서 오후에 MRI를 찍으러 가기로 했다. 시간이 지나면 괜찮아지지 않을까 하는 기대도 섞인 결정이었다. 그러나 어지러움은 점점 더 심해졌고 누군가가 내 머리를 움켜쥐고 바닥에 짓누르는 것처럼 괴로울 뿐이었다. 결국 바람 빠진 주유소 풍선 인형마냥 축 늘어진 몸을 이끌고 어머니 차에 타야 했다.

이 근방에 유일하게 MRI 기기가 있는 K신경과. 거대한 메디컬 빌딩의 3개 층을 차지한 어마어마한 규모였지만, 병원은 환자들로 가득 차 대기실 의자가 남아나지 않았다.

일찍 출발하자던 어머니 말씀을 듣지 않은 걸 후회했다. 한참을 기다려도 감감무소식이었다. 접수 데스크로 가서 얼마나 더 기다려야 하는지 묻고 싶었지만, 어렵사리 구한 지금 앉아있는 자리마저 잃을까 두려워 그럴 수가 없었다. 아니, 몸 상태가 영 별로라 자리에서 일어날 엄두조차 내지 못했다는 게 더 정확한 표현일 수도 있겠다.

얼마나 오래 기다렸는지 모른다. 점점 더 심해지는 어지러움 때문에 속이 타들어가는 나와는 달리 병원은 한없이 느리게 움직였다. 그 사이 "신경성이에요. 별 문제 아닙니다."와 같은 진단을 기다리던 설레는 마음은 사라져 버렸고, 빈자리는 하릴없는 지루함과 걱정으로 채워졌다. 더 이상은 못 참겠다 싶어 힘든 발걸음을 옮겨 항의하려는 순간, 의사와 겨우 마주할 수 있었다. 의사는 간단한 질문 몇 가지를 던진 뒤 칼로릭 테스트(caloric test)[2]를 지시하는 것으로 진료를 마

---

2) 온도유발안진검사. 전정기능검사의 가장 기본이다.

쳤다. 3시간을 기다린 나에게 주어진 시간은 5분 남짓. 같은 의료인으로서 어쩔 수 없는 현실이라는 건 공감이 되었지만, 막상 환자가 되니 섭섭하기 그지없었다.

내 뒤에 기다리고 있을 수많은 환자를 생각하며 검사실로 이동하여 테스트를 받았다. 그리고 30분 정도를 더 기다려 MRI 검사실로 이동했다. 검사실은 꽤 웅장했다. 별 이상이 있을 리가 없다며 스스로를 다독이며 잔뜩 긴장한 채 기기에 누우니 방사선사가 다가왔다.

"기계가 아주 시끄러우니까 귀마개 꼭 끼세요. 솜 오래 설킬 섭니다."
"얼마나 기다렸는지 몰라요. 정말 기다리기 힘드네요."
"환자분은 그래도 운이 좋은 편이에요. 이게 오늘 MRI 마지막 촬영이거든요. 조그만 늦었어도 다음에 예약 잡고 오셔야 했을걸요?"

방사선사가 쥐어 준 손때 묻은 귀마개. 수많은 사람들의 귓구멍을 거쳤을 거라 생각하니 영 찝찝했지만, 그냥 귀에 꽂았다. 내가 어디 찬밥 더운밥 가릴 형편이던가.

곧 그것은 탁월한 선택으로 밝혀졌다. 귀마개를 했는데도 굉장히 시끄러웠다. 소음 속에서 40분을 보내고 나오자 바로 대기실로 안내되었다. 이제는 판독결과를 기다리는 시간.

'지겹다 진짜. 이제 좀 그만 기다리고 싶다. 도대체 몇 번을 기다리는 거야. 기다렸다가 의사 만나고, 기다렸다가 MRI 찍고, 기다렸다가 진료받고. 오늘 하루만이니깐 참는다. 나중에 개원하면 난 절대로 환자가 오래 기다리게 안 할 거야.'

그렇게 10시간 같은 1시간을 기다려 만난 의사는 나와 부모님께 MRI 영상을 보여 주었다. MRI 영상은 내가 보기에도 참담했다. 짙은 회색을 보이는 우뇌와 달리 좌뇌는 흰색에 가까웠고 좌우에 하나씩 있어야 할 뇌실이 우측에만 있었다. 심지어 좌뇌가 너무 부푼 나머지 우뇌를 밀고 있어 중심선까지 흐트러져 있는 상태였다. 아마 의료인이 아닌 사람이 보았어도 좌우의 심각한 불균형에서 무언가 좋지 않음을 느꼈으리라.

"상태가 좀 심각하네요. 여기에 하얀 부분이 보이죠? 하얗게 보이는 것은 수분이 많다는 이야기인데, 수분이 많다는 건 부종을 의미하거든요. 좌우를 비교해 보면 차이가 좀 있죠? 이러면 뇌압이 많이 올라가서, 굉장히 어지럽고 토하고 싶었을 겁니다. 맞나요?"

"네, 며칠 전 밤에 토했어요."

"이렇게 뇌가 붓는 것에는 여러 가지 이유가 있을 수 있으니까 여기보다는 큰 병원에 가서 더 자세한 검사를 해봐야 할 것 같네요. 환자분, 너무 걱정하지 마세요. 의학 기술이 많이 발전해서 금방 괜찮아질 거예요. 큰 병원 가서 부기 빼는 약 먹고 하면 다 잘될 겁니다."

설명을 마친 의사는 종합병원에 보낼 진료의뢰서를 준비하며 어머니께 다시 물었다.

"어느 병원으로 해드릴까요? K대 병원은 여기에서 좀 멀고, Y대 병원이랑 C대 병원이 가깝네요. 어디 가고 싶으세요?"

사람은 급하면 익숙한 것을 찾게 된다. C대 병원은 익숙하다 못해 인연이 깊은 곳이었다. 어릴 적부터 병약했던 나는 툭하면 그 병원에 입원했고 그곳에서 수술도 두 번이나 받았다. 태어날 때 어머니의 제왕절개 수술도 거기에서 했다. 천식 때문에 중학교 입학할 때까지 일주일에 한 번씩 꼭 내원해야 했던 곳도 C대 병원이었다. 그래서 한때는 나를 태어나게 하고 살아갈 수 있게 만든 의사 선생님들 밑에서 배우는 모습을 상상하며 C대 의대에 원서를 낼까 고민도 잠시 했었다. 초등학생 때부터 꿈꿔온 한의사의 길을 포기하기 싫어 한의대에 진학했지만. 그래서일까? 난 C대 병원에서 치료받고 싶었다. 어머니도 내 마음을 안 듯 C대 병원을 선택하셨다.

시일이 흐른 후에 어머니께 C대 병원을 선택한 이유에 대해 물어본 적이 있다. 어머니는 내가 어렸을 때 천식 발작으로 Y대 병원에 입원했다가 2차 감염되어 엄청 고생한 기억이 떠올라 거기는 피하고 싶었다고 하셨다. C대 병원은 외할머니도, 아버지도 치료해 준 병원이기에 나도 치료해 줄 거라고 믿고 싶었다고.

진료의뢰서를 받아들고 C대 병원으로 이동했다. 때마침 도로는 퇴근 시간과 맞물려 주차장 같았다. 한참을 고생한 끝에 병원에 도착, 응급실 후미진 곳에 하나 남아 있던 빈 침대에 자리를 잡았다.

또다시 시작된 기약 없는 기다림. 가만히 있는 주인공 뒤로 바삐 흘러가는 배경, '스텝 프린팅 기법'이라고 하던가? 딱 그 느낌이었다. MRI 영상을 본 뒤 극심해진 공포감과 응급실이라는 이질적인 공간은 나와 세상의 연결을 끊어 버렸고, 그때부터 내 눈에 보이는 모든 것들이 허깨비처럼 의식 속을 둥둥 떠다닐 뿐 도저히 현실로 느껴지지 않았다.

응급실 구석에 방치되어 있기를 두어 시간. 조급해진 어머니와 아버지는 번갈아 자리를 비웠다. 필시 의사나 간호사를 붙잡고 우리 아이 좀 봐달라고 하소연하고 있겠지. 나도 몸만 멀쩡했으면 "응급실에 온 지 몇 시간이 지났는데, 왜 한 번도 찾아오지 않습니까?" 소리치며 화내고 있었을지 모른다. 응급실에서 의료진을 향한 폭력이 많다는 것이 일면 이해가 되었다. 마음이 급한 것이다.

부모님의 애원이 먹혔는지 인턴이 와서 몇 가지 검사를 하고 갔다.

오늘이 2월 29일인 걸 감안하면 방금 다녀간 인턴은 국가고시를 갓 통과한 꼬꼬마임이 분명하다. 엉성한 손놀림이 영 못 미덥긴 하지만 병원 시스템을 믿으며 처치를 기다렸다.

얼마 뒤 흰 가운을 입은 의사가 왔다. 또 인턴이었다. 아까 했던 검사를 그대로 한 뒤 떠났다. 응급실 전달 체계에 문제가 있는 것이 분명했다. 신뢰는 깨졌고 불안만 남았다. 불안해진 마음은 이내 딱딱한 침대가 주는 불편함과 그보다 더 불편하게 앉아 있는 부모님을 장작 삼아 타오르는 화로 변했다. 네 번째로 찾아온 인턴은 심지어 제일 처음 왔던 인턴이었다. 결국 애꿎은 사람에게 분노가 쏟아졌다.

"아까 오셨잖아요. 쌤 말고 다른 쌤도 와서 똑같은 검사하고. 응급의학과 레지 쌤들에게 제 검사 결과가 가긴 했나요? 여기 온 지 몇 시간인데 왜 레지던트는 한 번도 안 옵니까?"

"지금 사람들이 많아서……. 죄송합니다."

평소 나는 잘못은 수뇌부가 하고 항의는 콜센터 직원이 받는 것을 못마땅해하는 사람이었다. 결정권이 없는 사람에게 왜 그런 결정을 내렸는지 불만을 표시하도록 만든 시스템에 도무지 정이 가지 않았다. 그랬던 내가 아무 힘없는 인턴에게 짜증을 부렸다. 훈련소에서 같이 생활한 응급의학과 형이 해준 이야기와 동기들이 인턴 시절 고생했던 여러 에피소드를 통해 익히 병원의 사정을 알고 있었다. 그럼에도 화를 냈다. '기다림'의 가혹함 앞에서 나의 이성은 그렇게 무너졌다.

신경질을 한바탕 부린 덕분인지 얼마 뒤 응급의학과 전공의가 나타났고 간단한 문진을 몇 개 하더니 부모님을 모셔갔다. 결정할 사항이 많은 듯 꽤 오랜 시간이 소요되었고, 부모님을 기다리는 내 귀에 찢어지는 비명소리가 갑자기 들렸다. 그 소리는 응급실 한편에 마련된 방에서 흘러나왔다.

"수연아, 엄마 여기 있어. 눈 떠봐, 수연아. 엄마 왔어. 수연아, 수연아, 수연아아……."

수없이 이름을 불러보지만, 답은 돌아오지 않는다. 조용한 응급실에 들리는 건 오직 자식 잃은 어미의 슬픔뿐. 그런 처절한 절규도 오래가지 않아 '억'하는 소리와 함께 멈추었다. 뒤이어 들리는 다급한 발소리. 얼마 뒤 또다시 한 무리의 의료진이 뛰어간다. 이번에는 죽은 손녀와 까무러친 딸을 본 할머니가 쓰러진 것이다. 3대에 걸친 비극. 벽 하나를 사이에 두고 응급실에는 생과 사가 공존하고 있었다.

예전에 고등학교 한의사 동문회 술자리에서 익렬 형님이 해준 조언이 기억났다. 자기가 너무 게을러졌다고 느껴지거나 매너리즘에 빠졌다고 생각될 때는 대형 병원 응급실에 하룻밤 있어 보라고, 그러면 많은 도움이 된다고 했다. 알겠노라고 대답하는 내 머릿속에는 TV에 나오는 응급실이 떠올랐다. 밀려드는 응급환자를 대처하기 위해 바쁘게 뛰어다니는 의료진, 대낮같이 환하게 밝혀놓은 조명, 신음하고 있는 환자, 보호자와 의사의 대화로 시끌시끌한 실내……. 그러나 막상, 지금, 당장, 내가 경험하고 있는 현실의 응급실은 달랐다. 조명은 동틀 무렵 하늘처럼 잔잔해서 오히려 어둑하게 느껴졌고, 실내는 환자들의 신음만 간간이 들리는 적막의 극치였다. 보호자 없이 혼자 와서 간호사를 애타게 찾는 할아버지의 외침도, 아이의 죽음을 두고 오열하는 어머니의 통곡도 이내 삼켜버리는 무서울 정도의 고요함. 마녀에게 목소리를 빼앗긴 인어공주처럼 나도 응급실에게 목소리를 빼앗겨버리는 것은 아닐까 하는 공포감에 일부러 아버지께 말을 걸어보기도 했다.

"엄마는 어디 갔나?"

"니 입원 준비한다고 짐 싸러 갔다. 내일 아침에 올 거야."

막 진급하고 임용된 전공의와 간호사들이 존재하는 3월. 결정을 내릴 수 있는 사람이 없던 응급실. 그날 컨트롤 타워는 부재했다. 나중에 들어 안 것이지만 그날 신경외과 병동에는 빈자리가 여럿 있었다고 한다. 그러나 그 빈자리에 초대받을 수 없었던 우리 가족은 뜬눈으로 밤을 지새웠다. 다음 날 점심때 비로소 병실로 이동할 수 있었다.

 그때는 몰랐다. 이 이후로 한동안 병원 문 밖을 나설 수 없으리라고는.

잊혀진 시간

"여기가 어디야?"

"병실이지."

"아니, 과가 어디냐고."

"신경외과."

자리가 이곳밖에 나지 않았던 걸까, 병실은 2인실이었다. 건강보험의 적용을 받지 못하는 상급병실이라는 게 영 마음에 걸렸다. 허나 장소만 바뀌어도 잠들기 어려워하고 누가 옆에서 코라도 고는 날엔 날밤 새우기 일쑤인 나에겐 6인실보다 2인실이 훨씬 나은 것도 사실.

차라리 잘 된 일인지도 몰랐다. 부모님께 부담이 될까 싶어 차마 입 밖으로 꺼내지 못했을 욕심이 '어쩔 수 없이' 이루어졌으니까.

신경외과 병동. 652호. 내 상태에 대한 설명은 내일 회진 시간에.

대강 주변 상황에 대한 판단이 서자마자 제일 먼저 현 상태를 친한 공보의 형들에게 보고했다. 반응은 즉각 나타났다. 형들은 병실로 찾아왔다. 어젯밤 응급실에 갈 때부터 걱정하던 그들이었다. 명색이 의료인이라는 녀석이 일반 환자처럼 설명 하나 듣지 못하고 마냥 방치되어 있으면 어떡하냐며 면허증 반납하라고 어찌나 타박을 하던지. 그 타박에 책임이라도 지려는 걸까, 위로도 하고 상황 파악도 한다며 병실에 나타났다.

"동완이 아버님, 어머님, 맞으시죠?"

"아유, 휴일인데도 우리 애 아프다고 이렇게 찾아와주시고 정말 감사합니다."

"남의 일도 아니고 동완이 일인데요. 오히려 옆에 이렇게 의사들이 많았는데 아무도 몰랐다는 게 정말……, 저희가 죄송합니다."

낯선 장소에서 만난 낯익은 얼굴들, 반가웠다. 이상하게 돌아가고 있던 현실이, 이 방문을 통해서 제 궤도로 돌아갈 것만 같은 마음에 안심도 되었다.

무슨 일이 내 몸에서 벌어지고 있는지 이제 알 수 있으리라는 예감. 그 결과가 가져올 현실에 대한 기대와 두려움도 같이 찾아왔다. 형들의 등장은 그러했다. 오직 '무지가 주는 불안'만이 가득 차 있던 마음에 수많은 감정과 생각을 불어넣어 가슴이 터질 듯이 부풀어 오르기 시작했다. 혹시 갈비뼈가 부서지지는 않을까 싶을 정도로 폭발적으로 심장이 뛰었다. 이를 가라앉히기 위해서는 단 한 가지 방법밖에 없었다. K신경과에서 받아온 MRI 영상을 형들이 빨리 판독하여 결과를 알려주는 것.

이 순간을 위해 MRI 영상이 담긴 CD도 잘 보관해두었고, 어젯밤에는 어머니께서 노트북도 챙겨주셨다. 모든 게 완벽했다, 분명히. 노트북을 부탁하기 전까지는 말이다. 구매한 지 5년이 넘어 종종 오류가 나곤 했지만 그래도 느리게나마 작동되던 노트북이 갑자기 먹통이 될 거라고 누가 상상이나 했을까. 아무리 가는 날이 장날이라는 말이 있다지만 어쩜 이럴 수 있을까, 만약 이게 어떤 초자연적 존재가 재미 삼아 한 장난이었다면 그를 향해 살의를 불태웠으리라. 일말의 희망을 놓지 못하고 계속해서 전원 버튼을 눌렀지만 모니터는 까만 화면만 띄울 뿐이었다. 결국 위로도 하고 상황 파악도 할 겸 찾아온 형들은 위로만 남긴 채 돌아갔다.

나의 상태를 제대로 알게 된 건 3월 2일. 응급실을 통해 병원에 들어온 지 이틀, 병실에 온 지 하루가 지나서였다. 회진 때 교수님은 병명은 뇌종양이며 양성인지 악성인지 확인하기 위해서는 조직 생검이 필요하다고, 수술 날짜는 다음 주 월요일이라고 말씀하셨다. 수술까지 남은 시간은 5일 남짓. 너무 충격적인 이야기였던 걸까, 꼭 남의 이야기를 들은 것처럼 실감이 나지 않았다.

'뇌종양? 그렇구나……. 에휴, 집에 가고 싶다.'

문학소년 시절에 어느 소설책에서 이런 문장을 읽은 적이 있다. '삶의 특정한 시기는 종종 구체적인 어떤 거리의 풍경으로 기억되곤 한다.' 그걸 보며 생각했다, 나에게도 비슷한 거리가 있는지를. 곧 떠올랐다. 'C대 병원의 복도'가.

유년 시절, 나는 호흡기가 많이 약했다. 누군가 1년 중 마스크를 낀 날이 많았는지 끼지 않은 날이 많았는지 묻는다면 낀 날이 훨씬 더 많았다고 단언할 수 있을 만큼. 늘 천식과 만성 기관지염을 달고 살았고, 환절기가 되면 으레 감기에 걸렸다. 감기도 일반 감기가 아니었다. 그 녀석은 부비동염이나 중이염 같은 못된 녀석을 대동하기 일쑤여서 동네 의원에서 해결하지 못하고 종합병원까지 가는 일이 부지기수였다. 그 병원이 바로 C대 병원이었다.

잔반 없는 날이라는 슬로건하에 맛있는 급식이 나오고, 수업도 일찍 마쳐 친구들이 손꼽아 기다리던 수요일. 그날 나는 C대 병원에 갔다. 어떤 주는 아파서, 어떤 주는 검사하러, 또 어떤 주는 경과를 관찰하기 위해 매주 수요일 '1시'라 적힌 예약증을 들고 찾아갔다. 학기 중에는 맞벌이하는 부모님 대신 이모의 손을, 방학 중에는 나처럼 방학을 맞이한 어머니의 손을 잡고.

예약증에 적힌 숫자 '1'. 그 숫자는 실상 진료 시간 시작을 알리는 기호에 지나지 않았다. 정작 내 진료가 이루어진 시각은 대개 3~4시쯤이었으니까. 모든 절차를 마무리하고 약을 타서 병원 밖을 나설 때면 이미 해는 뉘엿뉘엿 지고 있었다. 학교에서 돌아오자마자 병원에 가고, 병원에서 나오면 해가 져버린, 유년 시절 수요일은 항상 이 모양이었다. 수요일이 월요일보다 더 싫었다.

진료시간과 검사시간은 언제나 짧았고, 그 찰나의 순간을 제외한 긴긴 나머지 시간은 'C대 병원 복도'에서 보냈다. 거무튀튀한 녹색 아스타일 바닥, 곳곳에 놓인 낡은 나무의자, 거기에 앉아 웅성이는 사람들, 그 풍경을 굳이 애쓰지 않더라도 금방 떠올릴 수 있다. 스마트폰 아니 휴대폰조차 대중화되지 않았던 그때, 지루함을 달래기 위해 의자 수를, 우는 아이 수를, 아이의 손을 잡고 온 어른 수를 수없이 헤아렸으니까.

아픔으로 기억되는 유년시절, 그 기억의 근원인 C대 병원. 병원에 가기 싫다고 떼쓰던 어린아이가 사람을 치료하는 직업을 가진 성인이 될 만큼 많은 세월이 흐르는 동안 병원도 많이 달라졌다. 2개에 불과하던 건물은 4개로, 지저분해보였던 아스타일 바닥은 번쩍번쩍 빛나는 대리석 바닥으로, 딱딱한 나무 의자는 푹신한 의자로. 그렇지만 아이러니하게도 나의 입원실은 그때나 지금이나 별로 달라진 게 없는, 지어진 지 가장 오래된 건물 라파엘관에 있었다. 신경외과 ICU[3]와 간호사실이 있는 6층, 652호.

밖에서 문을 열고 들어서면 오른편에는 벽, 왼편에는 화장실이 있고, 화장실 옆으로 침대 2개가 나란히 놓여있었다. 편의시설이라고는 구식 히터와 조그마한 냉장고, 소형 TV가 전부였는데 모두 창가에 자리하고 있었다. 곳곳에 손때가 묻어있고 실금이 간 벽 한가운데에는 조그마한 십자고상[4]이 달려 있어, 고통에 신음하는 환자를 예수님께서 아련히 내려다봤다. 내 자리는 복도 측이었다. 오래된 건물

---

3) 집중치료실.(Intensive Care Unit, 중환자실)
4) 십자가에 매달린 예수의 모습을 표현한 기독교의 조형물.

이다보니 병실이 매우 좁았다. 2인실 임에도 6인실과 별반 차이 없는 개인 공간을 가질 수밖에 없었다. 그마저도 먼저 병실을 쓰고 있던 아저씨가 텃세를 부려 더 많은 공간을 차지했다. 창가에 앉은 그는 항상 그와 나 사이에 커튼을 쳐놓아서 햇빛도, TV도 볼 수 없게 했고, 냉장고를 쓰기 위해 그의 침대 앞을 지나가면 불편한 기색을 내비쳐 눈치를 봐가며 이용할 수밖에 없었다.

"그래도 화장실이 가까워서 좋네. 이걸로 위안 삼자, 동완아."

병실을 살피며 울상을 지으시던 어머니께서 한숨을 내쉬며 하신 밀씀. 실은 그것 또한 마냥 장점이 아니었다. 화장실 갈 일이 잦은 아저씨를 위해 간호사들은 밤에도 화장실 앞 조명을 켜달라고 부탁했는데, 그 조명이 내 머리 위로 쏟아져서 잠을 방해했기 때문이다. 불을 켜게 만든 장본인은 커튼으로 빛을 모두 가려버리고 코를 심하게 골며 자는 동안, 나는 안대의 불편함과 귀마개 너머로 들리는 코골이에 잠을 설치는 어이없는 상황. 그렇게 병원생활은 시작되었다.

이 정도 상황이면 한번 항의할 법도 한데, 나도, 아버지도, 어머니도 군소리 한 번 하지 않았다. 불편하지 않아서도, 참을성이 많아서도 아니었다. 단지 그가 무서워서였다. 혈액검사를 자주 한다며 간호사에게 소리치고, 아내 병간호가 마음에 안 든다며 폭언하고, 장인 장모에게 화내고, 병문안 온 부하직원에게 일처리가 왜 그 모양이냐며 신경질을 부리는 그가 너무 무서웠다. 그의 심기를 거슬렀을 때 어떤 몽니를 부릴지 알 수 없는 노릇이니 그저 참을 수밖에.

소식을 들은 사람들이 하나둘 찾아왔다. 간만에 만나는 대학 동기와 동문 선배, 가족보다 더 자주 보는 공보의 형들 등등. 빵을 좋아하는 나를 위한 케이크, 병원에서의 지루함을 달랠 책도 함께 챙겨왔다. 참 고맙고 허투루 살지는 않았구나 싶어 뿌듯한 마음도 들었다. 특히 어지러움의 강력한 지배 아래, 침대에 구속되어버린 나에게 있어 손님과 이야기 나누었던 시간은 무엇보다도 소중했다.

그러나 병실은 손님을 맞이하기에 너무 비좁았다. 찾아오는 사람마다 자기가 근무했던 병원과 비교하며 내가 지내는 병실이 너무 좁고 휴게 공간도 없다며 못마땅해했다. 당장 옆의 데레사관만 하더라도 깔끔하다며 원래 신경외과는 병원 내에서도 가장 낡은 곳에 배정받는다고 했다. 환자 상태가 급하다보니 병실 여건 따위에 신경 쓸 여유가 있는 보호자가 없기 때문이라고. 딱 지금 나의 상황 같아 서글펐다.

수술 3일 전, 병문안 왔을 때 손을 한번 써 볼 테니 잠깐 기다려보라던 지만이 형에게서 전화가 왔다. 병원에 각별히 신경 써줄 것을 부탁했으니 마음 편히 쉬고 있으라는 이야기였다. 그 말은 곧 현실이 되었다. 수술할 때 집도의 말고도 다른 교수님 한 분이 더 참관할 거라는 연락이 왔다. 지만이 형의 배려가 무척 감사했다.

이 일은 나중에 언급하겠지만, 또 다른 한 명의 생명을 살리는 기적을 만들었다.

본과생이 되면 공부할 내용이 워낙 많기 때문에 우리 학교는 모든 학생들이 각자 한 과목씩 맡아 시험 준비 자료를 만들어 공유하는 전통이 있었다. 그때 내가 맡은 과목은 '심계(心系) 내과학'이었다. 심계는 서양의학에서 순환계와 신경계를 포괄하는 개념이다. 나는 신경계 파트를 맡았다. 열성적으로 가르치는 교수님의 수준에 맞추느라 다른 서적도 참고해가며 열심히 자료를 만들었던 기억이 아직도 생생하다. 각종 MRI, CT 사진 보는 방법부터 중추신경계와 말초신경계 질환의 진단법, 특징 등을 정리했고 그 안에는 '뇌종양'도 있었다. 그렇기에 특징이나 예후에 대해 그럭저럭 알고 있었다.

뇌종양은 두개강, 즉 '두개골 안'이라는 한정된 공간에 발생한다. 따라서 다른 종류의 종양과는 구별되는 특징을 가진다. 만원 버스를 상상해보자. 여기에 불청객이 난입한다. 그러면 그 안에 이미 타고 있던 승객들은 어떻게 될까? 벽으로 밀려 짓눌리기도 하고 빈자리를 찾아 출입문 계단으로 내려가기도 할 것이다. 뇌종양도 마찬가지이다. 종양세포라는 불청객이 두개강으로 난입하면 정상 뇌조직은 눌리고 고통받는다. 심하면 구멍을 찾아 뇌가 흘러나가는 '헤르니아'가 일어나기도 한다. 그래서 크기와 성장 속도는 뇌종양의 매우 중요한 변수다.

뿐만 아니라 병변의 위치 또한 중요하다. 뇌는 모든 기능을 관할하는 장기이기에 제거에 소극적으로 접근할 수밖에 없다. 특히 생명을 주관하는 영역이나 깊숙한 부위에 종양이 발생할 경우 치료하기가 굉장히 힘들다. 이와 같이 양성과 악성의 구분도 중요하지만 크기와 성장 속도, 위치에 더해 특수형까지 고려해야 하는 심각한 병이 바로 뇌종양이다.

예전 기억이 하나둘 떠오를 때마다 지금의 상황이 더 실감 나고 무서워졌다. 상상해봤다. 두개골을 잘라내고 뇌를 열어 이상 조직을 제거하는 모습을. 생각은 본과 1학년 때의 해부 실습 시간으로 거슬러 올라갔다.

- 2시간 넘게 톱질해도 잘 쪼개지지 않던 두개골
- 악취를 풍기며 나타난 뇌
- 시신을 기증한 큰 뜻에 경의를 표하며 잘라 보았던 뇌조직들

나를 수술할 집도의에게 경외심이 생긴다. 실수해도 어쩔 수 없다는 생각도 스친다. 하지만 그 실수는 내 삶에 돌이킬 수 없는 흔적을 남길 것이다. 그 파급력이 궁금해졌다. 덕경이 형은 재활의학과 전문의다. 아마 수술 후 재활하는 환자를 많이 보았으리라. 형에게 물었다. 답은 금방 돌아왔다.

일상생활을 수행할 수 있는 수준까지의 회복을 기준으로,
보행이나 운전 같은 'gross motor(대근육 운동)'는 6개월
글씨 쓰기 같은 'fine motor(소근육 운동)'는 12개월

이 정도가 통상적이라 했다. 정작 중요한 문제에 대한 대답은 두루뭉술하게 말하고 넘겨버렸다. 사실 그 파트는 재활의학과 담당이 아

니기도 했다. 하지만 뇌수술을 앞둔 환자는 누구나 생각하지 않을까? 수술이 가져올 수 있는 여러 일을 말이다. 특히 '나'라는 존재에 대한 위협은 본능적으로 느끼게 마련이다. 존재의 연속성에 대한 때 아닌 고찰이 시작되었다. 이걸 '테세우스의 배'[5] 문제라고 하던가?

  판단력이 사라져 버린 '나'는 '동완'인가?

  예전 기억이 없어진 '나'는 예전의 '나'와 같은가?

  한참을 고민한 끝에 내린 나의 결론은, '아니다'. 현재는 과거 선택의 집합체이다. 선택의 기억이 없는 '나'와 선택 기준을 잃어버린 '나'가 과연 '동완'일까? 판단력이나 기억, 둘 중에 하나라도 남아있지 않다면 '동완'의 영혼은 거기서 끝이다. 비록 숨 쉬고 있더라도 그 안에 있는 영혼은 '동완'이 아니다.

  아니, 무엇보다 수술 후에 내가 살아있을까?

  그때부터 글을 쓰기 시작했다.

  두려워서 글을 쓰기 시작했다.

  아무 흔적 없이 세상에서 사라지는 게 두려워 글을 쓰기 시작했다.

---

5) 물체의 연속성의 정의에 대한 논제 중 하나.

무엇이라도 남기고 싶었다.

어렵사리 구해온 노트에 모든 것을 써 내려갔다. 지난 삶에 대한 반성과 수술 이후의 계획, 지금 나를 지배하고 있는 공포까지 모두 적었다. 아무렇게나 떠오르는 대로 적지 않고 과거와 미래, 현재를 구분해서 기록했다. 만일의 상황에 다른 누군가 보더라도 헷갈리지 않게.

사실 병실에 올라온 후부터 수술 전 날까지의 기억은 별로 남아있지 않다. 영화 〈그래비티〉의 한 장면처럼 한없이 펼쳐진 암흑 속에서 헤매는 심상만 존재할 뿐, 실수로 저장 안 함 버튼을 누른 것처럼 그 부분만 싹 빠져있다. 그때도 하루는 분명 24시간이었을 텐데, 찾아와준 소중한 사람과 함께 한 시간들, 검사실에서 방치된 순간의 막막함만 띄엄띄엄 기억난다. 지금 이렇게 지난 시간을 재구성할 수 있는 것은 순전히 노트 덕분이다.

노트의 공은 이뿐만이 아니다. 사라진 시간 동안 쏟아졌던 많은 이의 사랑도 되새기게 해주었고, 힘들었던 그때 도대체 어떤 생각을 했는지도 남겨주었다. 극한의 상황에서도 공포에 지배되지 않고 미래에 대한 계획을 세웠다는 자부심도 함께 주었다. 지금도 가끔씩 마음이 힘들 때면 그때의 기록을 보곤 한다.

그렇게, 힘들었던 시간은 많은 것을 남겨주고 조용히 내 곁을 떠났다.

떠날 준비

 수술을 위해서, 극심한 뇌부종을 가라앉힐 필요가 있었다. 그래서 스테로이드 주사를 하루에 4번 정도 투여했다. 누군가 마약을 하면 하늘에 둥둥 떠다니는 기분이 든다고 했던가? 스테로이드는 그 정도까지는 아니었지만 깊은 굴속에 숨어버린 나를 바깥으로 꺼내기에는 충분했다. 어두컴컴한 터널에서 잠시 나와 바라본 세상은 정말 눈부셨다. 조금만 머리를 움직여도 마치 뇌가 한 발짝 늦게 움직이는 듯한 어지러움이 찾아와 거동하기가 굉장히 불편했지만 스테로이드를 맞고 난 뒤 한두 시간 정도는 괜찮았다. 그때에는 자리에서 일어나 샤워도 하고, 잠시 산책도 하고, 손님도 맞이했다.

 당연하게 여겼던, 때론 귀찮다 여겼던 앉고, 일어서고, 걷는 행동하나하나가 소중하다는 것을 절실히 느낀 시간이었다. 역시 가치는 희소성에서 비롯되는 법이다.

수술이 하루 앞으로 다가오자 형들은 아껴두었던 이야기보따리를 풀기 시작했다.

"중환자실에 대개 1~2주 정도 있는 것이 기본이다."

몰랐다. 응급상황이 아니라면 수술 후 중환자실에 갈 일이 없을 거라 생각했다. 옆 침대 아저씨가 하루에도 수십 번을 중환자실에서 있었던 일주일이 살면서 제일 지옥 같은 시간이었다고 투덜거렸지만 그건 남의 이야기였다. 그런데 내가 중환자실에 그만큼, 아니 그보다 더 많이 있을 거라니. 그 말을 듣자 때늦은 의문이 생겼다.

'아저씨는 왜 중환자실이 지옥 같았던 거지?'
'일주일이라는 건 또 어떻게 알고?'
'의식이 돌아오면 바로 병실로 오는 거 아니야?'

떨리는 마음으로 단체 카톡방에 물었다.

동완 : 중환자실에 1~2주 있으면, 그때 의식은 있어요?

승현 : 수술 경과에 따라 다른데 일반적으로 1주 정도는 의식이 없어. 항상 그렇다는 거는 또 아니고. 그리고 의식이 돌아온다고 해도 바로 나올 수는 없어. 바이탈[6]이나 여러 증상들이 좀 안정되어야 나올 수 있다.

그때 다른 형들이 놀리기 시작했다.

덕경 : 동완아, 모르나본데 중환자실에선 의식 있어도 기저귀에 용변 본다. 간호사가 그거 갈아줌. 엄청 쪽팔려.

동완 : 헐……, 그럼 오줌은요?

덕경 : 폴리[7] 꽂지. 진짜 아퍼. 그건 인턴이 꽂아.

정길 : 어? 너네 병동 인턴, 저번에 보니까 여자던데?

형철 : 어휴, 듣는 제가 다 부끄럽네요.

미치겠다. 충격에 또 충격이 밀려온다. 나는 아마 같은 층에 있는 신경외과 전용 중환자실에 들어갈 것이다. 그렇다면 기저귀를 갈아준 간호사와 병동에서도 계속 마주쳐야 한다. 의식이 돌아왔을 때 얼굴을 들고 간호사를 볼 자신이 없다. '이 간호사는 내 기저귀를 몇 번이나 갈았을까?'를 생각하는 내 모습이 절로 상상된다. 그렇다고 간호사가 올 때마다 자는 척할 수도 없는 노릇.

수술에 대한 공포 때문에 떨고 있는 나를 위해 일부러 가벼운 분위

---

6) 활력징후.(vital sign) 체온, 호흡, 맥박, 혈압 등의 측정값.
7) 요도를 따라 방광에 넣는 도관.

기를 조성한 모양인데 그 목적은 매우 성공적으로 달성되었다. 이제 수술 자체보다 중환자실에 있을 시간이 더 중요해졌다.

혼란스러운 마음에 갈피를 못 잡고 있는데 간호사가 들어왔다. 밤 12시부터 금식이라며 꼭 지켜달라고 당부하고 돌아갔다.

'상관없다. 대변 때문에라도 어차피 오늘 저녁부터 굶으려고 했어.'

부모님께 저녁을 먹지 않겠다고 선언하고 계속 회고록을 써 내려갔다. 남기고 싶은 말이 많아 1분 1초가 아깝던 차에 잘 된 셈. 오히려 글 쓰는 것에 집중하니 배고픔, 중환자실에서의 배변 문제, 수술에 대한 공포가 잠시 뒤켠으로 밀려나기까지 했다.

한참을 쓰고 노트를 덮었다. 할 만큼 했다. 더 적고 싶은 게 많지만 시간이 넉넉하지 않은 것 같다. 수학에는 골드바흐의 추측을 비롯하여 풀리지 않은 수많은 난제가 있다. 가장 유명한 것은 해결된 지 20년 가까이 되어감에도 수많은 사람에게 회자되는 '페르마의 마지막 정리'가 아닐까 한다. 그 이유는 무엇일까?

난 이 문제에 대한 진실로 경탄할 만한 증명을 찾았다.
하지만 여백이 좁아 이곳에 남기지 않겠다.

나는 이 한 마디 때문이라 생각한다. 하다만 이야기만큼 사람으로 하여금 궁금증을 불러일으키고 답답함을 느끼게 하는 것이 또 어디 있을까? 남은 사람들에게 그런 고통을 주고 싶지 않다. 가슴에 담아 두는 게 최선이다. 영 아쉽다 싶으면 돌아와서 마저 적으면 된다. 여한 없이 다 적어버리면, 정말 떠날 것만 같아 하나쯤은 남겨두고 싶다.

 11시가 되고 병실의 불은 꺼졌다. 야속하다. 영원히 잘 수 있는 마당에 왜 이렇게 빨리 밤이 찾아온 걸까? 하루만 더 살고 싶다. 어둠을 먹고 자라난 공포가 밀물처럼 슬금슬금 밀려온다. 밀어내지만 더 큰 물결로 마음 가장자리를 삼킨다. 의연하겠다는 다짐은 갯벌에 쓴 글씨처럼 허망하게 쓸려 내려간다. 무섭다. 덕경이 형에게 메시지를 보냈다.

동완 : 형 미치겠어요.
덕경 : 왜 이 말 안 하나 했다. 올 때 되었다 싶으니 딱 오네. 무섭지. 안 무서운 게 이상한 거다. 생사화복은 다 하느님 손에 달려 있는 거다. 너무 걱정 말고 겸허히 맡기고 좋은 결과 있기를 기도해라. 인간의 힘은 나약하고 과학은 한계가 있다. 하느님에게 의지해야 해.

 난 어느새 종교에 큰 의미를 부여하는 사람이 되었다. 아프기 전 내 눈에 비친 우리나라의 종교는 '기복신앙'에 지나지 않았다. 절에 다니는 이모도 결국 가족과 주변 사람의 '평안'을 기원하러 가는 것이고, 성당에 다니는 소꿉친구의 어머니도 그와 다르지 않았다. 이런 모습들이 실제의 종교가 추구하는 모습과는 다르다 생각했다. 욕심을 버리라고 가르치는 부처님과 예수님 앞에 복을 욕심낸다는 것은 어불성설 같았다. 그러나 상황이 급해지니 그 모든 것이 다 쓸데없는 이야기였다.

 절대자를 붙잡고 다짜고짜 살려달라고 빌었다. 이번에 받은 관심,

사랑, 도움 다 갚아야 하고, 아직 하고 싶은 것도 많이 남았다고……, 막상 급하니까 찾는 가짜 신자였지만, 마음만은 진실하게 간절히 빌고 또 빌었다. 부모님이 걱정하실까 봐 마음속으로 몰래몰래. 그런 나에게 형은 기도를 추천했다.

> 덕경: 사람이 달리 어린 양이겠냐? 다들 그래. 너만 그런 거 아니야. 급하니까 찾는 사람 많아. 부끄러워하지 마라. 앞으로의 행동이 중요한 거야. 네가 좋아하는 프란치스코인가? 그 교황이 말한 거 있잖아. '하느님의 자비는 한계가 없다.' 물론 난 처음부터 신실했으니까 동급 취급은 거절한다.

사람들을 잘 비판해서 '모두까기 인형'이라는 별명이 있는 덕경이 형. 그 '까기' 안에는 애정이 담겨 있어, 요즘 말로 욕쟁이 할머니 같은 느낌을 주었다. 《운수 좋은 날》에서 아픈 아내가 먹고 싶다던 설렁탕을 사기 위해 열심히 인력거를 끌던 김 첨지를 종종 생각나게 했다. 덕경이 형은 그렇게 지난 2년간 나를 무척 챙겨주었고, 나는 형에게 참 많이 의지했다.

> 아무것도 염려하지 말고 오직 모든 일에 기도와 간구로,
> 너희 구할 것을 감사함으로 하나님께 아뢰라.
> 그리하면 모든 지각에 뛰어난 하나님의 평강이
> 그리스도 예수 안에서 너희 마음과 생각을 지키시리라.[8]

---

8) 빌립보서 4:6, 7. 개역한글판.

지푸라기라도 잡는 심정으로 형이 건네 준 글귀를 계속 읽었다. 저 구절 속 단어 하나하나가 가슴에 새겨질 때까지. 모든 사람의 기억에서 다 사라지고, 이 말은 하느님과 나만이 알고 있는 둘 만의 비밀이 되었으면 좋겠다는 허무맹랑한 소망도 곁들이며 열심히 읽었다. 그렇게 생존 본능을 기폭제 삼아 폭발하는 이기심을 가득 담은 기도를 속으로 하면서 서서히 잠들었다.

몇 번을 자다 깼을까? 아침이 되었다. 바이탈 체크하러 온 간호사의 인기척에 잠이 깼다. 머릿속을 채우던 여러 생각들이 제풀에 놀라 사라졌다. 판도라의 상자를 빠져나간 재앙처럼 흔적도 없이. 판도라는 희망이라도 건졌건만 내 상자에는 오직 목마름만 남아있었다.

"엄마, 물 좀."

간호사실에 갔다 온 어머니는 청천벽력 같은 이야기를 전했다. 물을 못 마신다고. 금식이라 했으니 식(食)은 못 해도 음(飮)은 할 수 있을 줄 알았는데 아니었다. 자다가 화장실 갈 때마다 불편하게 자는 엄마 깨워야 할까 봐 물 마시기 싫다고 고집 피웠던 게 후회되었다.

혹시나 하는 마음에 덕경이 형에게 물어보았다.

"당연하지. 수술하는데 물은 무슨. 완전 금식이지. 마취 깨우다 토하면 바로 aspiration이야."

 Aspiration. 사레, 흡인. 마취 깨는 도중에 위 내용물이 역류할 경우 그것이 폐로 들어갈 위험이 있어 금식하는 모양이다. 그 와중에 옆 침대 투덜이 아저씨가 아침 식사하는 소리는 예술이었다. 음식과 침, 혀만을 가지고 어쩌면 저렇게 큰 소리를 낼 수 있는지 궁금하다. 며느리가 미우면 발뒤축이 달걀 같다고 나무란다던데 미운 사람이 미운 짓 하니 더 신경질 난다.

 수술은 12시였고 경과 관찰을 위한 MRI 촬영은 9시, 수술을 위한 이발은 11시로 예정되어 있었다. 어쩌면 멀쩡한 아들과의 마지막이 될 수 있는 시간, 그 시간을 1분 1초라도 함께 보내고 싶은 부모님의 마음과는 달리 나는 MRI 검사가 반가웠다. 정신없이 움직이다가 수술실에 들어가고 싶었다. 《모모》의 회색 신사를 만날 수만 있다면 수술 전 남은 모든 시간을 다 팔아버리리라. 그동안 할 번민, 스트레스 모두 귀찮다. 잠이라도 자서 빨리 시간을 보내고 싶다.

"동완아, 동완아. 좀 일어나 봐봐."

 자꾸 말을 거는 어머니와 아버지. 그 의도를 모르는 바 아니었지만 못난 자식은 외면했다. 외면하는 아들의 마음을 아는 부모님과 그걸 알아도 한 번 더 외면하는 아들. 서로 알면서도 모르는 척. 그렇게 우리 가족은 긴장의 비눗방울 속에서 다가올 운명을 숨죽여 기다리고 있었다.

9시가 되지도 않았는데 간호사와 인턴이 들어왔다.

'폴리구나…….'

형들이 놀리던 것과는 다르게 여자 인턴만 오지 않았다. 여자랑 남자, 둘 다 왔다. 부끄러운 건 똑같다. 하지만 이제 나는 사람이 아닌 '수술 대상'이다. 수치심은 사람의 것이지 수술 대상이 가질 수 있는 것이 아니다.

두 팔을 들어 팔뚝으로 눈을 가렸다. 무방비가 된 하체에 느껴지는 서늘한 공기와 부산스러운 손놀림. 아래에서 느껴지는 강렬한 통증에 눈이 절로 질끈 감아지고 머금고 있던 눈물은 뺨을 타고 아래로 흐른다. 떨어진 눈물처럼, 세속에서의 유리(遊離)를 느낀다.

2번이나 실패한 까닭일까? 아래가 굉장히 아프다. 이제 막 임용된 인턴이 잘하는 게 이상한 거다. 애초에 예상한 일이었다. 인턴 시절 할아버지에게 폴리를 꽂다가 실수로 아프게 했다며 한탄하던 명아 누나가 생각난다.

얼마 뒤 다시 간호사들이 왔고 이동용 침대로 나를 옮겨 MRI 검사실로 이동했다. 바닥의 요철에 침대가 튕길 때마다 아래쪽을 강타하는, 찌르는 통증은 욕지기가 되어 튀어나온다.

'그놈의 인턴은 센스 더럽게 없네. MRI 검사 전에 폴리를 꽂고 지랄이야. 자기가 안 아파봐서 그래. 아파본 사람이면 이 타이밍에 폴리를 할 리가 없지.'

도착하자마자 링거와 폴리가 빠지지 않도록 주의하며 누웠다. 이동할 때 생긴 어지러움과 아래를 강타하는 통증이 맞물려 정신이 하나도 없다. 지금 눈앞의 MRI 기기가 나를 먹어치울 것만 같다.

'겉민 MRI고 실은 냉동 장치인 거지. 지금 냉동인간이 되고 있는 거야.'
'검사 끝나고 나오면 미래나 과거인 거 아냐? 지금은 시공간의 터널을 지나고 있는 중이고'
'모든 게 꿈인 거야. 캡슐 안에서 눈을 딱 뜨면, 이번 게임은 별로였어, 하며 일어나는 거지.'

거대한 장비가 주는 위압감에 상상력이 더해져 온갖 망상이 생겨난다. 그 안에 오직 현재만 없다. 먼 미래와 과거만 존재할 뿐. 그러나 검사를 끝내고 돌아온 터널 밖 세상은 현실이다.

덜컹거릴 때마다 찾아오는 통증을 견디며 돌아온 병실. 통증이 좀 진정되자 잘 다녀오겠노라고 주변 사람들에게 수술 전 마지막 인사를 돌렸다. 먼 길 떠나는 사람처럼 메시지가 길어져 쓰기, 지우기를 반복하다 결국 짧게 남겼다. 드라마나 영화에서 죽음을 앞둔 사람들의 대사가 아무렇게나 나온 게 아님을 느낀다. 마지막에 하고 싶은 말은 다 똑같다.

'다 이야기 안 할래. 조금은 남겨둘 거야. 죽은 인물들은 할 말을 다 해서 죽은 거였어. 반대로 말 못 한 사람들은 다 살았어.'

쏟아지는 공포에 대항하기 위해 수많은 미신을 만들고 지킨다. 사망을 암시할 수 있다 여겨지는 행동은 모조리 피하고 부모님 몰래 노트에 적어 두었던 통장 계좌번호와 비밀번호도 지워버렸다.

다가오는 위협 앞에 갈피를 잡지 못하는 아들과 벙어리 냉가슴 앓듯 말없이 지켜보고만 있는 부모님. 팽팽한 긴장감을 깬 사람은 수술실 의사처럼 파란 가운에 마스크까지 끼고 나타난 이발사였다. 감염 예방에 특히 주의를 기울여야 하는 뇌수술에서 삭발은 필수. 능숙한 솜씨로 머리카락을 잘라 나갔다. 한 뭉텅이씩 떨어지는 머리카락을 보니 어릴 적 타자 연습을 하느라 지겹도록 읽었던 윤동주 시인의 〈별 헤는 밤〉이 떠오른다. 머리카락 한 뭉치마다 추억과 사랑과 쓸쓸함과 동경, 그리고 어머니, 아버지. 그 안에 담긴 시간을 흘린다.

가위질을 하던 이발사는 바리깡을 들고 남은 머리카락을 밀기 시작했다. 이제는 2년 전 훈련소 가기 전날 미용실에서 머리를 밀던 그 날이 떠오른다. 그때도 이만큼 참담한 마음이었을까? 바리깡 소리가 이내 멈추고 가는 듯싶던 이발사는 도루코 면도칼을 꺼내 뒷마무리 작업까지 하고 떠났다. 5중 날을 자랑하는 면도기로 턱수염을 깎아도 검은 자욱이 남아있었는데, 괜히 이발사가 아닌 듯 눈썹 위로는 검은

점 하나 찾을 수 없다.

주사위는 던져졌다며 루비콘 강을 건너라고 외치는 카이사르의 명령에 등 떠밀려 뛰쳐나가는 병사의 처지가 이런 것일까? 대세에 거스를 용기가 없는 겁쟁이는 그저 순응할 밖에 도리가 없다.

자식의 마지막일지도 모를 멀쩡한 모습을 남기고 싶었던 것인지 어머니는 사진을 찍자고 했다. 싫었다.

"무슨 영정 사진 찍어? 사진은 또 왜."

불과 어제까지만 해도 마음속으로 삼켰을 말. 이 한 마디가 부모님 가슴에 박힐 가시라는 것을 알면서도 내뿜었다. 들고만 있기에는 너무 아파서. 김영랑 시인처럼 '독을 차고 선선히 가리라' 마음먹었건만 가슴은 그만 머리를 배신하고 말았다.

간호사가 왔다. 침대를 바꿔 탔다. 엘리베이터를 타고 내려가는 층층마다, 천상병 시인의 〈귀천〉을 떠올리며 스쳐 지나가는 형광등 하나하나에 소중한 기억들을 담았다. 수술로 없애지 못하도록……. 그랬다, 그 암울한 시간을 견디게 해준 건 어쩌면 시였을지도 모른다. 나에게 시는 어두운 현실을 잠시 아름답게 보이도록 해주는 옷가게 조명이었다.

수술실에 도착했는지 움직이던 침대가 멈추고 침대를 끌던 사람들이 모두 사라졌다. 혼자 남겨진 잠깐 동안 만약 내 지금 모습을 잃어버리고 주변 사람을 고생시킬 거라면 수술실에서 죽여 달라고 간절히 기도했다. 그런 나에게 따뜻한 말 한마디가 들려왔다.

"다 잘 될 거예요."

그때부터 마음이 편안해졌다. 요동치는 심장도 순식간에 진정되었다. 머릿속으로 'All is Well.'을 수없이 되뇌며 의사의 지시에 따라 호흡기에 대고 10번 숨을 쉬었다.

"한 번, 두 번, 세 번……."
'어? 이쯤이면 마취된다고 하던데?'
"여섯 번, 일곱 번, 여덟 번."
'……'

I see me in ICU

춥다. 원래 수술할 때는 체온을 떨어뜨린다. 그 때문인 것 같다.

'지금 수술 중인가? 왜 아무 소리도 들리지 않지?'

눈을 떠 주변을 확인하고 싶다. 하지만 뜰 수 없다. 지금 내 눈을 가린 것은 마취당한 육신일까, 두려움에 떠는 정신일까?

'수술은 제대로 됐겠지……?'

어설픈 지식과 의문이 머릿속을 휘젓기 시작한다. 아프기 시작하면서 계속 느끼는 점이 하나 있다. 바로 현실보다 더 무서운 것은 '상상력'이라는 사실.

'혹시 여기가 말로만 듣던 사후 세계? 설마 내가 죽은 줄 알고 영안실에 넣어버린 거 아닐까? 에이, 아니야. 그나저나 수술진이 머리 열어보고 상태가 안 좋아서 그대로 덮어버렸으면 어떡하지? 춥다. 언제까지 여기 있어야 하지?'

침대가 움직인다. 수업종이 울린 것도 모르고 떠들다가 교실에 들어온 선생님을 보고 놀라서 얼른 자리에 앉는 아이처럼 생각은 재빨리 현실로 돌아온다. 엘리베이터 문이 열리는 소리가 들린다. 익숙한 소리가 들렸다.

"동완아, 동완아. 소리 들려? 내가 누구야?"
"엄마, 아빠, 지금 몇 시야?"
"9시야. 춥지는 않아?"

12시에 수술을 시작했으니 수술 시작 후 9시간이 흐른 셈이다. 다른 건 몰라도 수술하다가 그대로 덮은 건 아닌가 보다. 안심이다. 갑자기 부드럽고 따뜻한 것이 날 감쌌다. 몸과 기분이 한결 낫다. 수술을 잘 받아놓고 하마터면 감기 걸려 죽을 뻔했다.

뇌부종을 가라앉히기 위해 스테로이드를 무진장 맞았는데, 그러면 미성숙 백혈구가 늘어나고 면역력이 약화된다. 앞으로 며칠을 누워 있어야 할지 모르는 나에게 감염은 치명적이다. 누워있으면 가래 배출이 힘들어지고 배출되지 못한 가래는 폐로 흘러들어가 폐렴을 일으킬 수 있다. 어련히 의료진이 다 신경 써주련만 괜히 불안했다. 하지만 이제 따뜻해졌으니 별일 없을 거다.

 비밀번호를 누르는 소리가 들리더니 문이 열렸다. 중환자실에 도착한 모양이다. 실내는 무척 밝았다. 머리에 남아있던 마취 기운조차 강렬한 형광등 불빛에 밀려 쫓겨났다. 그 덕에 흐릿했던 시야도, 몽롱했던 의식도 점차 또렷해졌다.

 발가락을 움직여본다, 된다.

 다리에 힘을 주어본다, 간신히 된다.

 허벅지에 손으로 글씨를 써본다, 된다.

 아까 말도 했다. 별로 발음이 새지 않았다.

 침? 안 흘리고 잘 삼킨다.

 다 된다.

 일단 fine motor(소근육 운동)에 문제는 없다. 보행 가능 여부는 당장 확인할 수 없지만 fine motor도 되는데 gross motor(대근육 운동)가 안 될 리 없다. 무엇보다도 이 모든 것을 확인할 수 있다. 내 두 눈으로.

수술 전에 했던 수많은 생각 중에는 미래 계획도 있었다. 발생 가능한 여러 가지 장애 상황을 상상으로 설정하고, 그 속에서 어떻게 먹고 살아야 할지 검토했다. '눈'이 가장 문제였다. 내가 만약 후각, 청각, 미각을 잃는다면 굉장히 불편하겠지만, 그래도 살아갈 수는 있을 거다. 그러나 시각을 잃는 건……, 자신이 없었다. 그렇지 않아도 운동신경은 꽝에 감각기관은 둔하기 그지없는 놈인데, 눈마저 제 기능을 못하면 생존 자체가 힘들 것이라 생각했다. 그런데 지금 눈, 보인다.

수술 전 걱정했던 문제가 기우였음이 하나둘 확인되자 주위에 시선을 돌릴 여유가 생기고 사소한 욕구도 수면 위로 떠오르기 시작했다. 아침부터 말랐던 목은 이제 바짝 타들어가고 있었다.

"물 언제 마실 수 있어요?"

"내일 9시까지 안돼요."

목마른 건 해결 불가능했다. 투덜거리며 주위를 둘러보았다. 흔히 중환자실이라 불리는 집중치료실은 밖에서 볼 때보다 꽤 넓었다. 출입 통로를 기준으로 오른쪽에는 간호사들이 업무를 보는 곳이 있었고 나머지 3면에 일정한 간격으로 침대가 놓여있었다. 중환자들 사이에도 경중의 차이가 있어서 의사가 쉽게 올 수 있도록 출입문 부근에는 기계가 많이 붙은 의식 없는 환자가 주로 누워있었다. 일반 병실과 달리 각각의 침대에는 벽을 제외한 나머지 3면에 모두 커튼이 달려있었고 특별한 경우를 제외하고는 의료진의 시선에서 벗어나지 않도록 항상 커튼을 열어두었다. 그중에서 나는 간호사와 마주보는 왼쪽 벽 한가운데 침대에 자리했다.

대강의 파악이 끝나자 배신감이 몰려왔다. 응급실에 이어 또다시 느끼는 미디어와 현실의 괴리. 미디어의 중환자실은 어두컴컴하고 조용했다. 빛과 소리가 거의 없는 그곳에서는 오직 간간이 들리는 기계음과 화면의 그래프만이 환자의 생존을 알린다.

현실은 달랐다. 적어도 지금 여기 중환자실은 그렇지 않았다. 강렬한 조명에서 뿜어져 나온 빛은 눈꺼풀 사이를 기어코 비집고 들어와 잠을 방해한다. 중환자실 안에 마련된 간호사실은 쉴 새 없이 그들을 찾는 전화와 부저 소리로 가득하다. 빛과 소리, 어느 하나 모자람 없이 넘쳐나는 곳이 중환자실이다.

내 왼편에서 쥐죽은 듯 누워있던 할머니는 부저가 울릴 때마다 "네, 용암슈퍼입니다."라고 대답하며 알아들을 수 없는 이야기를 하고, 저 멀리 안쪽 벽에는 "못 간다고 전해라~" 구성진 한 가락을 밤낮없이 뽑아내는 할머니가 누워있다. 섬망이다. 뇌가 제대로 사고 기능을 못 하는 상태. 나중에 의식이 돌아오더라도 이 시간은 그분들의 기억 속에 없을 것이다.

이처럼 무의식이 몸을 지배하고 있는 순간에도 누군가는 일을 하고 누군가는 가슴에 담아둔 한을 노래로 승화시키는 곳. 신경외과 중환자실에서는 항상 인생이라는 영화의 예고편이 상영되고 있었다.

사람들이 한 침대로 막 뛰어갔다. 각자 환자의 팔다리 한 짝씩을 붙잡고 재빨리 커튼을 쳤다. 그 안에서 한참 동안 웅성웅성 시끄럽더니 사람들이 땀을 훔치며 빠져나왔다. 마침 바이탈을 체크하러 온 간호사에게 물었다.

"아까 무슨 일이에요?"

"뇌수술하면 발작이 종종 와요. 저렇게 빨리 제압 안 하면 환자 몸에 달려있는 줄이 다 뽑히거든요. 그래서 저렇게 하는 거예요. 환자분은 멀쩡하시니 다행이네요."

고장 난 CPU가 보낸 잘못된 신호에 컴퓨터가 버벅대듯 고장 난 뇌가 보낸 잘못된 신호는 신체의 발작을 일으킨다. 몸이 들썩거리게 내버려두면 경정맥에 꽂혀있는 카테터, 몸에 약물을 쏟아붓는 링거 라인들, 배뇨를 위한 폴리가 모두 뽑혀 나갈 수 있다. 응급의학과 전문의 남궁인 씨가 쓴 책《만약은 없다》에서 묘사한 장면이 머리를 스친다. 내가 저럴 뻔했다. TV와 현실이 주는 괴리감이 다시 한번 각인된다.

중환자실은 병마를 상대로 하는 전쟁의 최전방이다. 고요할 수가 없다. 전장이 고요하다면 누가 승리했든 이미 그 전투는 끝난 것이다. 그 후엔 약간의 뒤처리가 필요할 뿐이다.

크리스토퍼 놀란 감독의 명작 〈인셉션〉의 주인공 코브는 말한다.

"꿈속에서는 마음이 훨씬 빠르게 움직이기 때문에 시간이 느리게 가는 것처럼 느껴진다."

생각은 과거와 미래, 병실 안과 밖을 자유로이 넘나들지만 몸은 수많은 링거 라인이 만들어 낸 거미줄에 묶여있다. 특히 목 오른편에 꽂혀있는 카테터는 조그만 움직임에도 크나큰 통증으로 응징한다. 의료진의 허가나 명령, 조치 없이 스스로 판단 하에 몸을 움직이기가 무섭다. 몸은 자고 있지만 머리는 깨어있는, 지금 나는 꿈을 꾸고 있는 거다. 매우 실감 나는 꿈. 코브의 말처럼 아무리 생각에 생각을 거듭해도 벽에 붙은 시계는 고장 난 듯 멈춰있다. 회색 신사가 다시 보고 싶다.

전신마비로 몸은 움직일 수 없지만 정신 활동은 정상인 상태를 가리켜 'locked-in syndrome'이라고 한다. 이 상황에서 '장 도미니크 보비'는 간호사의 도움을 받아 《잠수종과 나비》라는 책을 썼다. 베르나르 베르베르의 소설 《뇌》에서는 이 상태에 놓인 '장 루이 마르텡'이 주인공으로 등장한다. 지금 나는 그들을 간접 체험하고 있다.

빛보다 빠른 게 사람의 마음이라고 종종 이야기한다. 상대성 이론에 따르면 빠른 속도로 운동하는 물체의 시간은 느려진다. 시간이 가지 않는 것은 이 때문이다. 말이 안 되는 소리라는 걸 알지만 그렇지 않고는 이토록 느리게 흐르는 시간을 이해할 방법이 없다. 진리에 대한 탐구든 자신의 삶에 대한 성찰이든 무엇이라도 하려 했던 그들의 마음이 이해가 된다. 아무것도 안 하기에는 너무나 긴 시간이기에. 나도 예외가 아니었다.

시계를 보니 11시였다. 중환자실에 들어온 지 약 2시간이 지났다. 중환자실은 하루 2번 30분씩 면회시간을 주고, 아침 면회는 7시 반쯤에 한다. 아직 한참 남았다.

'엄마, 아빠 보고 싶다. 보호자 대기실에서 기다리고 있을까? 아니면 상태 좋은 나를 보고 안심하며 미뤄둔 집안일을 해결하러 가셨을까?'

일주일 내내 자식 걱정으로 힘든 시간을 보내야 했던 두 분이다. 지금 잠시라도 편하게 계시기를 빌어본다. 그래도 보고는 싶다. 힘들었다고, 지금도 힘들다고 기대고 싶다. 이 모든 게 꿈이었으면 좋겠다고 품 안에 안겨 소리 내어 울고 싶다. 하지만 그러기에는 이미 부모님의 어깨에 짐이 너무 많다.

얼마 전 지용이 형, 승현이 형이 결혼했다. 지만이 형은 2주 후에 결혼하고 정길 형도 올 여름에 결혼한다. 형철 형은 이미 결혼한 것이나 다름없는 9년 차 지고지순한 연애 중. 공보의 끝날 때쯤 되니 유부남이 쏟아져 나온다. 3포 시대라고들 하지만 다들 잘난 몸이라 취직, 연애, 결혼 전부 문제없다. 부럽다. 무엇보다 부모님이 아닌 또 한 명이 옆을 지켜주는 게 부럽다.

내가 엄청 따르는 동문 선배 형은 암에 걸렸지만 약혼자와 그 시간을 함께 견뎠고, 결혼 후 두 아이의 아빠가 되었다. 결혼하고 싶다. 내가 바닥으로 떨어졌을 때 힘이 되어주고 곁을 지켜주는 사람. 얼마나 소중한 인연인가. 아쉽게도 지금 내 옆에는 아무도 없다.

'뇌종양 병력의 한의사. 결혼할 수 있을까?'

다시 시계를 보니 11시 반. 시간 참 안 간다. 잠이라도 자야 시간이 금세 흘러갈 텐데 잠들 수가 없다. 생존을 건 처절한 각개전투가 벌어지는 포화 속에서 홀로 구경꾼처럼 멀뚱히 누워있다. 지금 누워있는 이곳은 전쟁터다. 옆에서 벌어지는 전투는 자못 시끄럽다. 붕대로 감은 머리는 베개 위에 얹어져 측두동맥이 뛸 때마다 함께 들썩거린다. 지금껏 미처 몰랐던 머리카락의 기능을 가르쳐주느라 여념이 없다.

생각하고 있는 건지, 생각 많은 꿈을 꾸는 건지, 의식과 무의식의 경계에서 헤매다 정신이 번쩍 들었다. 역한 기운이 감도는 중환자실. 백세 인생 할머니도 용·암슈퍼 할머니도 지쳐 잠든 지금 오른편 침대에서 흘러나오는 소란이 나를 깨웠다. 원래라면 다 뚫려있어야 할 침대가 커튼으로 사방이 막혀있다. 그 안에서 다들 무언가 열심이다. 힘쓰는 소리가 들리고 얼마 되지 않아 마스크와 장갑을 낀 사람들이 미처 지우지 못한 대변 냄새와 함께 커튼 속을 빠져나왔다.

'아, 맞다. 나도 기저귀 하고 있지.'

나는 낯선 장소에 가면 대변이 마르고 잠도 잘 못 이루는 불편한 성격의 소유자다. 훈련소에서도 첫날은 잠들지 못했고 대변은 일주일이 넘은 다음에야 만날 수 있었다. 시간이 지날수록 강도는 점점 약해졌지만 병원에서도 마찬가지였다. 수술 전까지 깊은 잠 한 번 든 적 없었고 대변도 입원한 지 5일이 돼서야 겨우 누었다. 사는 데 매우 불편해서 고치고 싶었던 점이었는데 지금 이 순간만큼은 '변비'만이 나의 유일한 희망이다. 중환자실은 지금까지 지내던 병원이 아니라 또 다른 병원이라며 무의식에 넌지시 말을 건네 본다. 긴장하라고, 마음

놓지 말라고.

   간호사들이 2배로 늘어났다. 나이트와 데이 근무를 교대하는 모양이다. 대략 새벽 5~6시쯤 되었을 것이다. 9시간이나 푹 자고 깨어난 탓에 시차 적응도 안 되고, 잠자리도 다른 데다 소란스럽기까지 해서 잠을 거의 못 잤다.

   아침이 되면 면회 시간이 주어진다. 부모님께 하고픈 이야기를 하면 의료진에게도 내 의견이 전달될 것이다. 밤새 생각해둔 대사를 곱씹어 본다.

   '엄마, 나 밤새 한 숨도 못 잤어. 여기 너무 밝고 시끄럽다. 앞으로도 못 잘 거 같아. 잠 못 자면 오히려 스트레스받아서 회복도 안 될걸? 잠을 푹 자야 회복을 하지. 빨리 여기서 나가고 싶어. 많이 힘들다.'

   어떻게 하면 더 호소력 있을지 순서를 바꿔보고 강력한 워딩도 찾아보고 있는데 갑자기 간호사들이 내 침대를 옮기기 시작했다.

"저 지금 나가는 거예요?"

"아니요. 지금 MRI 찍으러 가요."

"그럼 면회는요?"

"글쎄요. 저희도 오더대로 하는 거라 지금 일단 가야 해요."

하필 이 시간에 MRI라니 서럽다. 하루에 2번밖에 없는 소중한 외부 세계와의 연결이 사라졌다.

문이 열리자마자 들리는 어머니의 당황한 목소리. 어머니와 간호사의 대화는 1층 MRI 검사실까지 이어졌다. 이동하는 와중에라도 준비했던 이야기를 전하고 싶었지만 침대가 덜컹거릴 때마다 찾아오는 통증 때문에 도저히 할 수가 없었다. 그놈의 폴리가 문제다. 검사실에 도착해서는 주렁주렁 매달린 선에 걸리지 않도록 조심하며 어두컴컴한 기계 안으로 들어갔다.

시끄러운 기계 소리도 어젯밤에 비하면 자장가. 마취에서 깬 지 10시간쯤 되니 잠이 솔솔 온다. 한숨 자고 나니 검사가 끝나 있었다. 다시 올라가는 동안에도 어머니와 간호사의 대화는 계속 이어졌다. 이윽고 도착한 중환자실. 어머니도 같이 들어왔다.

어머니는 나를 꼭 끌어안고 말없이 등을 토닥였다. 지금 그녀가 토닥이는 건 내 등이 아니라 힘든 싸움을 이겨내고 돌아온 자식 앞에서 눈물을 애써 참는 당신의 등이리라. '울지 말자. 참자.' 이 다짐을 속으로 수없이 되뇌고 있을지도 모른다.

"엄마, 눈이 흐릿하니까 생각도 흐릿하고 들리는 것도 흐릿해. 간호사나 의사한테 안경 좀 가져다줄 수 있는지 물어봐 줄 수 있어? 얼마나 답답하던지 '이왕 수술하는 김에 라식도 시켜주지.' 이런 이상한 생각도 했다. 다 끝나고 나면 진짜 라식인지 라섹인지 하고 싶다."

준비해둔 이야기와 함께 이것저것 불평을 늘어놓았다. 이렇게 10시간 만의 해후를 즐기고 있는데 간호사가 아침 식사로 죽을 가져왔다. 깜짝 놀랐다. 중환자실에서 식사한다는 것은 상상도 못 했다. 사람은 먹어야 살 수 있다는 단순한 진리도 까먹어버린 바보가 여기 있다. 먹여주겠다는 어머니의 말을 거부하고 직접 수저를 들었지만 내 몸이 내 몸 같지 않았다. 결국 어머니께서 수저를 들어야 했다. 수술 후유증 때문인지 잘 벌어지지 않는 턱을 억지로 벌려가며 아기 새처럼 넙죽넙죽 받아먹었다. 민망해하는 나와는 달리 어머니의 입가에는 미소가 가득했다.

'그래, 엄마가 즐거우면 됐어.'

면회 허용 시간이 다 되고 어머니는 나가야만 했다. 계속 뒤돌아보며 나에게 손을 흔드는 어머니와 그런 어머니를 지켜보는 나. 아버지에게 배당된 시간은 없었다. 다음에 봐야겠지. 그렇게 길던 30분이 지금은 너무나 짧다. 아쉬움에 자꾸 문만 바라보게 된다.

'괜찮은 지 확인하셨으니 이제 편히 쉬셨으면 좋겠다.'

큰 파도를 만난 배의 흔들림에 승객은 나뒹굴기도, 토하기도 한다.

대한민국 호의 1등석에 초대받지 못한 우리 부모님은 세상과 세월이 주는 파도를 여과 없이 맨몸 그대로 받았다. 아버지는 2남 5녀, 7남매 중 여섯째이자 둘째 아들로 태어났다. 그리고 그중 유일하게 대학교를 졸업하셨다. 어릴 적이라 잘 기억나지 않지만 친가는 몇십 대는 아니더라도 몇 대 수준의 종갓집은 되었고 선산도 있었다. 그러나 모든 것은 IMF와 함께 물거품이 되었고 허물어져가는 집안에서 할아버지 산소가 있는 선산이라도 지키기 위해 아버지는 많은 걸 잃어야 했다.

어머니는 1남 2녀 중 둘째 딸. 당신의 능력에 비해 보수적인 친가 분위기가 문제였다. 연고대에 갈 수 있는 성적에도 '여자가 어디 서울에를 가?', '동생 등록금 댈 돈 없으니 사범대에 가라.' 이 말들 때문에 어머니는 결국 경북대 사범대에 갔다. 딸의 방패막이가 되어주지 못했던 외할아버지는 어머니에게 많이 미안해하셨고 더 많은 사랑과 관심을 쏟으셨다. 그 편애를 마냥 즐겨도 되었으련만 어머니는 이모와 외삼촌을 더 많이 신경 썼고, 한편으로 이모와 외삼촌에게 미안해했다. 교사인 어머니를 대신하여 나와 내 동생을 이모가 다 키우다시피 할 정도로 어머니와 이모는 굉장히 깊은 우애를 자랑했다.

그러나 외할아버지의 집이 화근이었다. 어머니는 싫다고 했지만 외할아버지가 집의 명의를 어머니에게로 돌려 놓아버린 것이다. 이것 때문에 어머니는 유산을 독차지하려 한다는 주변 친인척의 오해를 감내해야 했다. 외할아버지와 외할머니가 모두 세상을 떠나시고 어머니께서 집에 대한 모든 권리를 포기하고 심지어 일체 유산도 받지 않음으로써 모든 것이 오해였음을 증명했다. 지금은 도리어 존경받고 있지만 지난 세월 매우 춥고 힘든 시간을 견뎌야 했다. 그때 어머니 옆에는 오직 아버지밖에 없었다. 그런 아버지마저도 암 투병 중이었다. 지금은 다행히도 건강하시지만.

무심한 아들은 이런 상황을 대강 알면서도 짐을 나눠 들기 싫어 모른 척했다. 열심히 공부해서 내 꿈을 이루는 게 더 중요했다. 부모님이 신경을 덜 쓰도록 내 할 일 잘하는 것만 해도 충분하다며 회피했다. 대학에 들어가고 세상 돌아가는 모양새를 점점 알아가면서 그동안 부모님이 걸어온 길이 아무나 할 수 있는 게 아님을 깨달았다. 그 후로 웬만하면 부모님에게 짐이 되는 일은 피하려 했다. 성공에 대한 강박관념도 이때부터 시작되었다. 물론 그중에는 내 욕심을 부린 것도 있고, 부모님은 원치 않는데 원한다고 착각한 것도 있고, 내 욕구도 채우면서 부모님도 신경 쓰느라 남에게 실수한 것도 많지만.

이렇게 어렵사리 지켜온 우리 집을 흔들고 있는 나 자신이 싫어진다. 무너져버린 이 가정에서 이제 갓 대학교에 입학한 동생은 잘 지낼 수 있을까? 동생에게도, 내게도 기댈 수 있는 다른 곳이 있으면 좋겠다. 애초에 부모님께 말 못 할 그런 것도 있는 법이다. 나에겐 없다, 이야기할 사람이.

부모님 생각을 세 번 정도 복습했을 즈음 전공의들이 중환자실로 들어왔다. 기다리고 있었다. 조금이라도 중환자실 탈출에 영향을 줄 수 있는 사람이 나타나면 몇 번이든 상관없다. 준비했던 이야기를 전하고 말리라.

"저기요, 선생님!"

흠칫 놀란 표정을 한 전공의들이 달려왔다. 준비한 이야기를 꺼내려는 찰나 갑자기 검사가 시작되었다. 자기 코에 초점을 두고 있되, 여기저기로 움직이는 손가락이 몇 개인지 맞춰보라고 했다. 시야 검사로 보였다. 왠지 꼭 맞춰야 할 것 같다. 나에게는 오른쪽 위 시야에 문제가 있다고 이전에 들었다. 그 방향이 더욱 신경 쓰인다.

스무 번 정도의 테스트가 끝났다. 전공의가 갸우뚱하며 자기들끼리 의견을 교환했다. 좀 걱정된다. 눈앞에 있는 문제는 다 맞춰야 한다는 강박관념과 '오른쪽 위 시야'에 너무 신경을 썼다는 점이 오차로 작용할 것 같다. 지금 중요한 것은 검사 결과가 '잘' 나오는 게 아니라 '정확히' 나오는 건데 알면서도 또 사고 처버렸다

"아까 하려고 했던 말이 뭐예요?"
"시끄럽고 밝아서 밤새 못 잤어요. 저 언제쯤 나갈 수 있어요?"

저 멀리서 걸걸한 목소리가 대신 대답한다.

"교수님이 오더를 내렸어요. 기다려 봐요. 저 안쪽 방 오늘 점심때 비니까 거기 들어가게 해줄게요. 좀 덜 시끄러울 거예요."

치프[9]다. 무슨 오더가 내려왔을지 내심 기대가 된다.

---

9) 인턴 과정 수료 후, 전문의가 되기 위해 수련하는 레지던트 중의 대표.

점심밥이 왔는데 또 죽이었다. 간호사가 중환자실은 유동식만 나온다고 일러주었다. 등 각도를 조절하여 앉는 시늉을 내고 눈앞에 놓인 식사를 쳐다보았다. 혼자서 먹을 자신이 없다. 몸을 조금만 까딱하는 것도 무섭고 귀찮다. 그 정도는 움직여도 된다는 판단 하에 식사를 줬겠지만 그래도 괜히 꺼림칙하다. 특히 경정맥에 꽂아둔 카테터 때문에 고개 숙이는 동작이 잘 안 된다. 굶을까? 주위를 둘러보니 능숙하게 식사를 하는 분도 간간이 있다. 신기하다. 그런 나를 물끄러미 보던 간호사가 누군가에게 외쳤다.

"학생 간호사! 이분 식사 좀 도와드려요."

학생 간호사가 쪼르르 달려와 젓가락으로 생선살을 능숙하게 발라내어 죽과 함께 먹여주었다. 이 나이 먹도록 X자 젓가락질을 하는 나보다 훨씬 낫다. 내가 대학생 때 과외를 해줬던 제자가 간호대에 간 것이 생각난다.

'이 학생 나이쯤일까? 혹시 이 병원에서 실습하고 있지는 않겠지?'

제자가 밥을 먹여주는 기분이 들어 괜스레 민망하다. 학생 간호사는 식사가 끝나자 인사하고 식판을 챙겨 떠났다. 그 뒷모습에서 아름다움과 숭고함을, 의료 현장의 최전방에 간호사가 있음을 새삼 느낀다. 환자 곁에서 가장 많은 시간을 보내는 의료인이 간호사라며 간호사가 자신의 꿈이라고 이야기하던 그 아이가 떠오른다.

점심 식사 후 얼마 지나지 않아 출입구와 마주보는 가장 안쪽 방의 환자가 중환자실 밖으로 나갔다. 방 정리가 마무리된 후 내가 그 자리로 이동되었다. 조명도 덜 밝고 문을 닫으면 조용해지기까지 하니 한결 낫다. 간호사에게 심심하다고 몇 번 징징거렸더니 병실에서 읽던 책과 안경, 빨대 달린 물병도 반입되었다. 책과 물병을 편하게 놔두라고 빈 트레이도 하나 두고 갔다. 중환자실 퍼스트 클래스. 빨대 달린 물병은 향긋한 와인이 담긴 잔, 책은 고급 스테이크나 다름없다. 와인의 풍미를 즐기며 여유 있게 스테이크를 썰고 있는데 출입구에 노교수와 의료진들이 중환자실로 들어오는 모습이 보였다. 곧이어 그들은 내 방문을 열었다.

"자네가 김동완이구만. 경과가 많이 좋아 보이네요. 조직검사 결과는 곧 나올 거예요."

"좋게 나오겠죠?"

"다 알잖아요. 머리에서 나는 놈이 좋은 놈, 나쁜 놈 어디 있겠어요. 아무 생각 말고 편히 쉬는 게 좋아요. 그럼 쉬어요. 나중에 한 번 더 봅시다."

지만이 형 부탁으로 수술 때 참관한 교수님인 듯했다. 교수가 자리를 떠나자 간호사가 와서 점심 약을 건넸다.

"저기요, 간호사님. 대변 완하제는 빼주실 수 없나요? 저 여기서 똥 누기 싫어요."

"아, 그건 제가 어떻게 할 수 없는데······."

"저 금방 나갈 거예요. 나가서 눌게요. 한 번만 이야기해주세요."

당황한 표정을 짓던 간호사는 약봉지를 들고 자리를 떴다. 이내 돌아와 약봉지를 잘라 흰 알약 하나를 빼고 나에게 쥐어주었다. 이런 환자 처음 봤다며 씨익 미소를 짓고 떠나는 뒷모습에 살짝 설렌다.

저녁 식사 시간이 가까워지자 좀 두려웠다. 이제는 고문이 되어버린 식사. 아침에 어머니께서 떠나시며 가능하면 저녁 식사도 도와주러 오겠다고 하셨다. 그러나 한 치 앞도 내다볼 수 없는 곳이 병원 아니던가. 아니나 다를까 밥차가 중환자실 내로 들어왔지만 어머니는 오지 않았다. 낙담하며 식판을 전달받는데 식판을 내어주던 아주머니께서 말씀하셨다.

"지금 어머니 들어오려고 소독하고 있어요. 먼저 식사하지 말고 기다리라고 전해 달라고 하시네요."

출입문 사이로 어머니가 보였다. 어머니는 원래 내가 누워있던 자리를 바라보고는 깜짝 놀라 주위를 둘러보기 시작했다. 내가 여기 있다고 알리고 싶어도 몸은 링거 라인에 묶여 움직일 수 없었고 억지로 짜낸 목소리는 문을 통과하지 못했다. 답답했다.

당황해하는 어머니를 본 간호사가 내 자리를 안쪽 방으로 옮겼다고 알려주어 겨우 상봉할 수 있었다. 어머니가 떠주는 죽을 받아먹으며 바깥 소식을 묻기도 하고 물컵, 책, 안경 반입과 관련된 비하인드 스토리도 들었다. 의외로 중환자실에서 융통성이 발휘되는 것이 놀라웠다.

수술 끝나고 몹시 추위에 떨고 있을 때 나를 감쌌던 따뜻하고 부드러운 물체에 대해 물어보았더니 핫팩으로 따뜻하게 데워둔 숄이라고 하셨다. 예전에 나와 내 동생을 낳는 수술을 받았을 때 굉장히 추웠던 기억이 나서 혹시나 싶어 기다리는 내내 그걸 준비해두었다고 했다.

어머니가 떠나고 다시 혼자 남겨진 시간. 감정의 기복에 따라 많은 생각이 오갔다. 수술 직전에 했던 생각이 떠오른다. 수술 후에도 기억이 남아있기를 바라며 소중한 순간을 형광등 하나하나에 담던 모습과 나 자신을 잃어버릴 바에는 차라리 죽여 달라고 빌던 모습. 상반된 것 같으면서도 실은 같은 것이었다. 나에게 있어 '살아있음'은 단순히 숨 쉬고 있음이 아닌 그 이상이었으니까. 죽여 달라는 소망도 실은 이왕 살려줄 거면 멀쩡하게 해놓으라는, 앙큼한 욕망이 쓴 가면에 불과했다.

그 외에도 앞으로의 삶에 대한 극도의 자신감 저하, 지금까지 살아온 시간에 대한 반성, 현재 몸 상태에 대한 궁금증 등 '과거-현재-미래'에 대한 총체적 고찰이 머리를 채웠다. 그것만 모아도 아마 원고 몇 백 장은 나오리라. 그 끝에서 나는 결론 내렸다.

여기가 바닥이라면, 괜찮다. 충분히 잘 이겨내고 있다. 존재 자체가 위협받는 순간에도 멘탈을 잘 붙잡았고, 잘 이겨내서 이렇게 돌아와 있다. 사고도 정상, 몸도 이만하면 만족. 간호사에게 똥 싸기 싫다고 대변 완하제 빼달라며 거래하는 사람이 어디 있을 것이며 중환자실에서 책 보는 사람이 또 있었을까? 난 누구보다 강하다. 이게 바닥이라면 이제 반등만 남았다. 난 존엄성을 지켜냈다. 목표를 100% 이상 수행했다.

오지 않을 것만 같던 밤도 느린 발걸음으로 이윽고 다가왔고, 오지 않을 것만 같던 잠도 살포시 곁에 내려앉았다. 하지만 그것도 잠시, 설핏 곁으로 다가왔던 잠은 밖에서 들리는 부산스러움을 기회 삼아 재빨리 도망가 버렸다. 억지로 눈을 감고 버텨도 소용없었다. 쐐 오래 지속되는 소란스러움에 결국 눈을 떴다. 조심스레 뜬 눈에 침대 하나가 조용히 중환자실 바깥으로 나가는 모습이 비쳤다.

아침이 되었다. 많은 말을 속으로 삼킨 아버지와 금방이라도 터질 듯한 울음을 가득 채우고 나타난 동생도 만나고 어머니가 떠먹여 주는 죽도 잘 받아먹었다. 얼마 뒤 한가로이 책장을 넘기고 있던 나에게 전공의와 간호사들은 일반 병실로 이동할 거라고 넌지시 알려주며 6인실과 2인실 중에 원하는 곳을 물어보고 갔다. 그리고 오후 1시. 중환자실에 들어온 지 40시간이 경과한 그때, 간호사들은 나를 이동용 침대로 옮기기 시작했다.

"저 나가는 거 맞죠?"
"네, 맞아요. 나갈 때 OOO번 환자 OOO 나갑니다! 하고 소리치셔야 해요."

"네! 217273번 환자 김동완, 나갑니다!"

큰 소리로 외치며 나온 바깥세상, 나를 반기는 부모님, 지난 일주일을 보냈던 2인실 그곳. 내가 돌아왔다.

완의 귀환

 드디어 마주한 바깥세상, 얼마 만에 보는 햇살인가. 수술을 위해 환자용 엘리베이터를 탈 때가 12시 즈음이었으니 근 50시간 만이다. 이곳에 조금이라도 일찍 나오려고 혼자 북 치고 장구 치고 난리도 아니었다. 10시쯤 간호사가 나에게 와서 물었다.

"2인실이랑 6인실 중에 어디로 가고 싶어요?"

"2인실로 가고 싶어요."

국민건강보험이 적용되지 않기에 인기가 적을 것이라 생각한 2인실, 병상이 많기 때문에 빈자리가 생길 확률이 높은 6인실. 어디가 유리할지 모르는 상황에서 무턱대고 2인실부터 말해서 후회된다. 특히 알아봐 준다던 간호사가 그 이후로 단 한 번도 중환자실에 나타나지 않아 속이 더 타들어갔다. 6인실에 자리가 먼저 났지만, 때마침 2인실 이비인후과 환자가 퇴원 결정이 나면서 별 차이 없이 2인 일반실로 돌아올 수 있었다.

6층의 남자 2인실은 좁디좁은 652호뿐이기에 수술 전 입원했던 그 병실 그대로, 그러나 이번엔 창가 쪽 자리로 돌아왔다. 이동용 침대에서 병실 침대로 옮기기 위해 사람들이 잠시 자리를 정리하는 동안 어머니와 수간호사는 대화를 나누었다.

"이렇게 금방 돌아오는 일은 극히 드문데 다행이네요."

"정말이에요. 수술실에서 나와 올라가는데, '내가 누구야?' 물으니까 '엄마, 아빠' 하고 대답하더라고요. 얼마나 마음이 놓였는지."

"중환자실에서도 할머니 시끄럽다, 빛이 너무 밝다, 어찌나 깐깐하던지. 신기했어요."

"저희 아들이 좀 까탈스러웠나 봐요?"

"아니요. 대화가 안 되는 환자들만 많이 보다가 농담하고 책 보고 그러니까 재미있었죠."

"정말 교수님 대단하신 것 같아요. 어쩜 이렇게 멀쩡하게 만들어 놓을 수 있는지 모르겠어요. 저희에게도 상담할 때 '환자분이' 이렇게 안 하고, '동완이가'라고 말해주시면서 따뜻하게 대해주고. 교수님 굉장히 다정다감하신 분 같아요."

"그럴 리가, 얼마나 괴팍한데요. 말도 못해요, 진짜."

수간호사는 팔짱을 끼더니 고개를 절레절레 흔들었다. 침대 정리가 마무리되고 병실 침대로 옮겨졌다.

"아!"

폴리가 발에 걸렸다. "아직 너는 중환자여야만 해!"하고 떼쓰는 이 놈을 언제 떼 놓을 수 있는지 물었다.

"폴리는 배뇨 훈련을 한 다음에 뺄 수 있어요. 환자분은 폴리한 지 얼마 안 되어서 금방 회복하시기는 할 텐데, 보통 폴리를 1~2주 하다 보면 괄약근에 힘이 없어져서 소변을 흘리는 사람이 많아요. 훈련하고 검사를 통과해도요. 그래서 환자복을 자주 갈아입어야 하거든요."

"훈련은 어떻게 해요? 금방 끝나요?"

"사람마다 달라요. 지금 폴리를 잠가 놓을 거예요. 그러다가 소변 누고 싶은 마음이 들면 여기를 푸세요."

폴리 비닐관 위쪽에 달려 있는 흰 잠금장치를 쥐어주며 계속 말을 이었다.

"그리고 누고 나면 다시 잠그고 저희를 불러주세요. 양이 적당하고 상태가 괜찮다 싶으면 초음파로 방광에 잔뇨량을 체크할 거예요. 기준을 통과하면 그때 빼 드릴게요. 뇨의가 안 느껴져도 3시간 이상은 잠그면 안 돼요. 그때는 다시 풀고 저희를 불러주세요."

중환자실의 40시간에 비하면 3시간쯤은 아무것도 아니련만, 또 기다려야 한다는 생각에 심란해진다. 원래 잡힐 듯 말 듯할 때 더 마음이 힘든 법이다. 간호사들이 자리를 떠나자 부모님께 휴대폰을 달라고 부탁했다.

"거 봐, 내 말 맞지? 동완이 돌아오자마자 폰 찾을 거라 했잖아."

의기양양한 미소를 지으며 어머니는 100% 충전된 폰을 꺼냈다. 몸이 불편한 지금 병원 바깥과의 통로는 오직 스마트폰뿐. 수많은 히키코모리를 양산한 주범이라 욕먹는 온라인 세상이지만, 뒤집어 생각하면 히키코모리도 생존할 수 있는 환경을 만들어낸 것 또한 온라인 세상이다. 나처럼 반강제적으로 유폐된 이에게는 '사람답게' 지낼 수 있는 유일한 공간이다.

폰을 받자마자 '완의 귀환'을 알리기 위해 카톡을 열었다. 제일 먼저 선택한 곳은 공보의 단체 카톡방. 내가 없는 사이 이야기를 얼마나 많이 했는지 밀린 메시지가 300개가 넘어 표시도 다 되지 않았다. 지난 3일 간 어떤 일이 있었는지 찬찬히 읽어보았다.

내 상황에 대한 걱정, 골프 잘 치는 법, 민성이 형의 목 디스크, 기타 등등. 그러다 충격적인 이야기를 보게 되었다.

> 승현 : 동완이 방금 수술 끝났대요. CT 찍은 후에 중환자실 갈 거 같네요. 주변 High Signal로 보였던 부분이 다 악성이라 LT를 대부분 들어낸 거 같아요.
>
> 덕경 : 딴 카톡에서 해야지. 요거 혹시나 보면 어쩔.

그 후부터 대화가 끊겨있었다. 궁금하다. 상황이 꽤 심각했나보다. 'LT'는 아마 병소라던 Left Temporal lobe, 좌측 측두엽을 의미할 것이다. 이걸 모두 들어냈다니 상상이 안 간다. 잠시 걱정하다가 이내 마음을 거두었다.

'지금 내 머리에 측두엽 하나가 없다 이거지? 그래도 되나? 그런데 그것치고는 말짱하네? 뭐, 다 제거했으면 좋은 거지. 지금 멀쩡하고, 거기에 많이 없애기까지 했으면 이보다 좋은 결과가 어디 있겠어?'

최대한 아무 일도 없었다는 듯, 2박 3일 여행 갔다 온 것처럼 한 마디를 적었다. 무사히 돌아온 나를 반가워하는 메시지들이 쏟아졌다. 열심히 대답하며 덤으로 힘들었던 일을 하나둘 늘어놓았다.

> 동완 : 중환자실에서 나오기 직전에, 두피에 철심 박아 둔 거 뽑아갔는데 통증이 장난 아니네요. 겁나 아파요, 진짜. 감각도 운동도 문제없습니다! 중환자실에서 얼마나 심심했는지 몰라요. 라디오 틀어주기는 했

는데 잘 들리지도 않고, 책은 눈에 들어오지도 않고.

한참 메시지를 주고받고 있는데 인턴이 들어왔다.

'폴리 빼는 건가?'

이제는 외간 여자에게 아래를 보이지 않아도 된다는 생각에 기쁘지만, 또다시 치부를 드러낼 생각에 심란하기도 하다. 그러나 그녀의 손이 향한 곳은 아래가 아닌 목이었다. 카테터를 뽑는다고 했다.

"아!"

인턴의 입에서 흘러나온 외마디 비명. 짜증이 치민다. 의료인이 당황하면 어쩌자는 건지 답답하다. 그러면 환자는 더 불안해지는데 말이다. 국가고시 통과한 지 얼마 되지 않은 인턴이라 이해하며 넘기려던 그때, 인턴이 갑자기 내 경정맥을 압박하기 시작했다. 극심한 통증이 목을 넘어 혈관을 타고 전신에 퍼졌다. 1시간 같은 5분이 지난 후에야 시퍼런 멍을 하나 남기고 모든 상황이 종료되었다.

인턴이 간 뒤 부모님은 나에게 그동안 있었던 여러 일을 이야기해 주었다.

"동완아, 중환자실에서 나올 때, 출입문 바로 옆에 누워있는 사람 봤어?"

"보기는 봤지. 엄청 말랐더라. 할아버지로는 안 보이던데. 나올 때까지 의식은 없는 것 같던데, 그건 왜? 아는 사람이야?"

"아니, 고등학생이래. 너랑 같은 날 수술했어."

"무슨 병이래?"

"보호자 대기실에서 그 애 엄마한테 대충 들었는데, 출혈이니, 종양이니, 그러더라. 여튼 애가 갑자기 쓰러져서 119 타고 병원 갔는데, 병원마다 수술실이 꽉 차서 여기로 왔다네? 마침 교수님 한 분이 남아있어서."

"다행이네. 큰일 날 뻔했다."

"그런데 그 교수님이 왜 있었냐면, 왜 저번에 형이 너 좀 부탁한다고 병원에 이야기 해줬잖아. 그래서 그때 교수님 한 분이 더 참관했고. 그분이 얼른 먼저 그 아이 처치한 다음에 너 수술한 김 교수님이 이어서 수술했대."

"오, 형 덕분에 한 명 더 살았네?"

"무슨 전산 착오가 있었는지 전광판에는 너 계속 수술 중이라고 뜨고, 교수님은 나오지도 않는데 너는 갑자기 나오고, 어찌나 가슴이 철렁 내려 앉던지……."

"전광판도 있어? 수술 중이라고도 나오고?"

"응, 수술실 앞 TV 화면에 누구누구 수술 중이다, 회복실에 있다, 이런 거 다 떠. 너 다음에 수술실 들어간 사람 5명이나 되는데 먼저 나가버리고 너는 계속 수술 중이라고 뜨고. 가슴 타들어가는 줄 알았어."

《모모》의 회색 신사가 먹어치운 나의 9시간이 어머니에게는 9년, 어쩌면 90년이었을지도 모른다. 지만이 형의 배려로 죽음의 위기에서 벗어난 고등학생 정호는 2주 가까이 의식을 찾지 못했고, 3주를 훌쩍 넘긴 다음에야 중환자실에서 나왔다. 가끔 친구들이 찾아와 정호를 휠체어에 태워 바깥으로 데리고 나가곤 했다.

여러 정황 증거를 맞추어 보았을 때, 정호의 병명은 '종양 내 출혈'. 종양 세포는 다른 정상 세포에 비해 빠르게 자라고 증식한다. 그래서 많은 에너지를 필요로 하며, 필요한 에너지를 흡수하기 위해 혈관을 많이 만들어내고 굵어지게 한다. 그러면 자연히 터질 확률도 높아지는데 그러다가 혈관이 터져버린 게 지금의 '정호'다.

1분 1초가 지체될 때마다 급격히 떨어지는 생존 확률 속에서 그를 살린 것은 과연 무엇이었을까? 지만이 형의 부탁으로 교수님이 참관하지 않았다면, 지만이 형에게 부탁할 인맥이 없었다면, 나와 지만이 형이 모르는 사이였다면, 내가 아프지 않았다면 정호는 어떻게 되었을까?

사선(死線) 아닌 사선을 넘은 이후로 '운명'의 존재에 대해 많은 생각을 해보게 된다.

이런 이야기를 비롯하여 중환자실에서 있었던 여러 에피소드를 무용담처럼 한참 늘어놓았다. 확실히 같이 있으니 혼자 있을 때보다 시간이 빠르게 흘렀다. 그 사이 요의를 느껴 일러준 방법대로 한 후 간호사를 불렀고, 소변량을 확인한 간호사는 곧바로 초음파 기기를 가지러 갔다. 얼마 뒤 이루어진 검사도 무리 없이 통과, 주홍글씨를 제거했다.

내가 일반 병실로 돌아왔다는 소식을 듣고 승현이 형이 연가까지 쓰며 병원에 왔다. 내가 좋아하는 고구마 케이크도 하나 들고 와서 진단서 문제부터 여러 가지 신경 써야 할 것들을 한 방에 해결해주었다. 어머니 말로는 형이 병원 측에 여러 전문 용어로 항의하는 모습이 마치 구세주처럼 보였다고, 당장 진단명을 내놓으라는 것이 아니라 지금의 몸 상태가 공무를 수행할 수 없음을 입증할 문서가 필요할 따름이라며 조목조목 따지는 모습이 멋있었다고 했다. 아버지와 어머니가 번갈아서 몇 번을 찾아가도 만질 수 없었던 진단서는 형이 도착한 지 30분 만에 수중에 떨어졌고, 형이 직접 진단서를 보건소장에게 전달해주기로 했다.

형은 나를 보자마자 증상들을 체크했다. 수술 전에 비해 현저히 줄어들었지만 그래도 남아있는 어지럼증, 이따금 찾아오는 가슴 두근거림 등을 듣고 간단히 설명해주고, 감각 및 운동 능력도 확인했다. 별 문제없음을 축하해주면서 '휴민트(HUMINT)'[10]를 통해 얻어낸 수술 경과 및 소견, 향후 있을 법한 치료를 포함한 여러 조언을 해주고

---

10) Human(사람)과 intelligence(정보)의 합성어. 인적 네트워크를 활용해 얻은 인적 정보.

돌아갔다. 엘리베이터까지 배웅하는 것조차 만류하고 떠나는 형을 보며 내게 이런 인연을 만들어 준 운명을 다시 한번 감사히 여겼다.

수술 당시 소견은 악성에 가깝지만 양성일 가능성을 배제할 수 없다. 악성이라도 grade는 낮아보였다. 뇌는 악성이라도 위치나 subtype이 괜찮다면 그렇지 못한 양성보다 예후가 좋다. 양성으로 판정 난다면 간단한 치료로 끝나기도 하고 혹은 방사선 치료를 할 수도 있다. 방사선 치료를 한다고 해서 악성이라는 뜻은 아니다. 수술은 잘 되었다. 걱정 말고 마음을 굳게 먹는 게 중요하다.

형이 전해주고 간 이야기들. 나중에 알게 되었지만 이 이야기는 실제 내 상태보다 축소해서 말한 거였다. 수술 후 소견은 전혀 희망적이지 않았고 지난 2년간 막내의 평소 모습을 보았던 형들은 이렇게 판단했다.

'그렇지 않아도 미리 걱정하고 불안해할 동완이에게 진실을 전해주는 것은 좋지 않다. 우선 희망적인 얘기를 전해주자.'

이익이나 복지를 위해서 자율성을 방해해도 된다는 생명 윤리 원칙 중 하나인 '온정적 간섭주의'의 발동. 그것은 결과적으로 대성공을 거두었다. 이때 모든 것을 이야기해주었다면 지금의 나는 여기 없을지도 모른다. 이렇게 모두의 침묵으로 쌓아올린 조작된 희망의 댐은 후에 조직검사 결과가 가져온 충격과 공포에 휩쓸리지 않도록 하는 1차

방어선이 되었다.

일반 병실로 돌아온 다음 날부터 보건소와 지소에 감사가 시작됐다. 다들 문제가 될 소지는 없는지 점검하느라 병문안이 모두 취소되었다. 좀 심심하겠구나 싶었는데 내가 있던 지소에서 문제가 터져 도리어 바빠졌다. 운수지소의 김 여사님이 보험용 한약 엑스제나 침, 뜸, 부항 같은 소모품 재고 파악을 어려워하여 내가 도와드려야 했다. 내가 지소에 있었으면 간단히 끝날 일이었는데 병원에서 움직일 수 없는 상태가 되니 꽤 오랜 시간이 걸렸다.

그렇게 문제를 해결하고 있던 사이 병실에도 문제가 발생했다. 부덜이 아저씨가 떠난 옆 침대에 20대 이비인후과 환자가 혼자 입원해 있었는데 외출 준비 중에 갑자기 호흡곤란을 일으키며 쓰러져버렸다. 급하게 의료진이 달려오는 등 한바탕 소동이 벌어지더니 다른 곳으로 급하게 이송되었다. 그가 떠난 빈자리는 2시간 뒤 50대쯤으로 보이는 아저씨가 다시 채웠다.

감사의 칼바람이 휘몰아치는 보건소이지만, 사실 공보의 형들에게는 큰 타격이 없었다. 그래서인지 오히려 카톡방은 전보다 더 활기를 띠었다.

처음에는 골프 이야기로 흥했다. 시일이 많이 흐른 것 같아도 입원한 지 2주밖에 안 되었는데 그새 다들 고수가 되었다. 그렇지 않아도 내가 꼴찌였는데 이제는 같이 치자고 하기 민망할 수준. 복귀할 때쯤이면 평소 잡던 똥폼조차 다 망가졌을 거라 생각하니 살짝 섭섭하다가도 수술 전 생존을 걱정하던 때가 생각나서 웃음도 났다.

해외여행 이야기도 흥했다. 전역을 앞둔 형들이 여행 계획을 짜는데 규모가 자못 컸다. 3개월짜리 유럽 여행을 떠나는 용현이 형, 용현이 형과 한 달을 동행하는 민성이 형. 부럽다. 내일로 여행[11] 5번, 틈틈이 국내 여행은 그럭저럭 했지만 살면서 바다를 건너 본 적은 딱 2번뿐이었다. 4년 전 대학교 졸업 여행으로 간 제주도와 8년 전 3박 5일 일본 여행. 그래서 공보의 때는 꼭 해외여행을 하리라 마음먹었었다. 다만 돈이 문제였다. 월급을 받으면 그 중 100만원은 학자금 대출을 갚는데 쓰고, 나머지 돈을 아끼고 아껴 해외여행 경비로 모았다. 그렇게 알뜰히 돈을 모아 두었는데 병원에 누워있는 신세가 되어 모든 계획이 흐트러지고 말았다. 다 낫고 나면 미래의 나에게 돈을 빌려서라도 해외여행을 꼭 가보고 말리라.

1년 차 공보의가 훈련소를 들어간 이야기로 한참 떠들썩하던 카톡방도 퇴근 시간이 되니 시들해졌다. 골프 연습장에 가고, 집에 가고, 데이트하러 가고, 술 마시러 가고. 제각기 할 일을 찾아 떠난 자리에 홀로 남은 나. 다시 돌아온 현실, 슬프다. 방금 전까지만 해도 점심시간마다 모여 수다 떨던 고령 읍내의 카페에 있었는데 어느새 병원 침대에 앉아있다. '나'라는 톱니바퀴 하나가 빠져도 세상은 잘 굴러간다. 조금의 삐걱거림도 없이, 원래도 없었던 것처럼.

재고 확인, 진단서 발급, 병실 짐 정리 등등 급한 불들이 하나둘 꺼져갔다. 이제 조직검사 결과를 기다리는 일만 남았다. 이 시간을 어떻

---

[11] 한국철도공사에서 청년을 대상으로 판매하는 패스형 철도 여행 상품.

게 보내면 좋을지 고민하는 내 앞에 놓여있는 노트 하나. 수술 전 힘들었던 내가 담긴 노트. 그때처럼 무언가를 쓰고 싶다. 하지만 이 노트에 쓰고 싶지는 않다.

첫 노트가 불안과 공포의 기록이라면, 두 번째 노트는 기다림과 희망의 기록이기를 원한다. 퇴근길에 들르는 어머니께 노트 하나를 부탁드렸다. 아래는 3월 12일부터 검사결과가 나오기 전 날까지의 기록 중 일부이다.

2016년 3월 12일 토요일

오후 6:30

내가 고등학생 때인 10여 년 전 아버지는 암 진단을 받았다. 그 후 하시던 학원 일을 그만두시고 주말에 과외를 몇 개 하신다. 어머니는 경북 구미의 한 고등학교에서 사회를 가르치신다. 주중에는 아버지, 주말에는 어머니, 이렇게 두 분이서 번갈아 24시간 나를 간호하고 있다. 어머니는 주중에도 퇴근길에 꼭 병원에 들러 몇 시간씩 내 얼굴을 보고 간다. 그러므로 대개 6시부터 10시까지는 부모님 모두와 함께 있다.

그런데 오늘은 3명이 아니다. 가족 4명 모두 모였다. 나를 걱정한 동생이 예고 없이 병원에 온 것이다. 부모님은 당황했다. 빨래, 설거지, 청소 등 밀린 집안일이 산적해 있는데 여기 와 있으니 놀랄 수밖에 없는 노릇.

한 사람이 아프다는 것은 이렇게 힘든 일이다. 4명의 가족이 각자의 일을 다 해도 삐걱거리는 게 일상이다. 그런데 아프다고 1명이 빠지고, 아픈 사람을 24시간 간호하기 위해 또 1명이 빠진다. 2명이 4명 몫을 해야 하고, 심지어 그 2명 중 1명은 이제 대학생이 된 꼬꼬마라 1명 몫은커녕 스스로 제 몸 하나 건사하기 힘들다. 그래도 그 일손이라도 빌려야 하는 마당에 이렇게 와버린 것이다.

뒷감당을 걱정하는 부모님과 나, 자신의 방문을 반갑게 여기지 않는 가족에게 실망한 동생. 잠시 병실이 소란스럽다. 옆 침대 아저씨가 외출 나간 게 그나마 다행이다.

2016년 3월 13일 일요일

오전 6:00

밤에 식겁했다. 화장실에서 쓰러질 뻔했다. 곤히 주무시는 어머니를 깨우고 침대에서 발을 내려 신발을 신었다. 좀 어지러웠지만 늘 그랬던 터라 이상하게 생각하지 않고 살짝 비틀거리며 도착한 화장실. 안에서 소변을 누기 위해 바지를 내린 순간 눈앞이 아찔해지며 몸의 모든 기능이 일시 정지되었다. 쓰러지는 몸뚱어리를 오로지 문고리를 잡은 팔 하나에 의지하여 간신히 버텼다. 무서운 경험이었다. 어렵다는 수술도 잘 이겨내고 돌아왔는데, 낙상사고로 도루묵이 된다면 이 얼마나 허무한가. 조심해야겠다. 나는 아픈 몸이다.

오전 11:00

이종사촌 형 내외가 병문안을 왔다. 예기치 못한 방문이라 놀랐다.

늘 그렇듯 무용담을 늘어놓았지만 왠지 평소처럼 신이 나지는 않았다. 이미 이모나 사촌누나들을 통해 이야기를 많이 들었을 거라는 짐작도 한몫했지만 무엇보다 어젯밤의 충격이 아직 남은 탓이다. 조금은 진중한 분위기에서 이야기가 나온다. 똑같은 경험을 똑같이 이야기하건만 더 짠하다. 병원에 와서 실제로 눈물을 글썽인 것은 오랜만이다.

나에게 EFT[12]를 가르쳐주셨던 최우석 선생님은 '기억의 편향성'이라는 개념을 이렇게 설명했다.

> 기억을 떠올리는 행동은, 단순히 컴퓨터에 저장된 기억파일을 불러와 재생하는 개념이 아니다. 그 파일을 클릭하는 순간부터 다시 작성하게 된다. 따라서 그 시점의 감정이나 기분에 따라서 기억파일은 변형된다. 그때는 지나쳤던 시어머니의 말에 대한 기억도 부부싸움 후에는 더 기분 나쁘게 기억되고, 이야기하다가 신이 나면 기억에 더 살이 붙는 것도 다 그 이유 때문이다.[13]

기억 자체는 변한 것이 없지만, 기억을 회상하는 현재의 기분과 상황에 따라 기억에 부여된 의미가 달라진다는 것.

사실 이 글은, 박완서 작가의 말마따나 '순전히 기억에 의지한 소설'이다. 차츰 상황이 안정되면서 글이 정돈되었지만, 폭풍 속에서 험난한 항해를 해야 했던 초기에는 그러지 못했다. 밀려오는 파도에 맞

---

12) 특정 타점(경혈)을 두드려 신체 에너지 시스템의 혼란을 해소하는 기법.
13) 《나쁜 기억 지우기》 이진희, 송원섭. 정신세계사. 2011. 40p.

서 싸우기 위해 숨 가쁘게 키를 돌려야 했던 그때엔 깊은 생각이 자리할 곳은 없었다.

생각은 수없이 날뛰었다. a를 생각하다 b를 생각하고, b를 생각하다 c를 생각하고, c를 생각하다 a′를 생각했다. 영화 〈사토라레〉의 주인공처럼 생각이 주변에 생중계되었다면 혹자는 정신의학 증상 중 하나인 '수미일관성[14]의 부족'을 의심했을 것이다. 시간이 흘러 상황도 마음도 진정된 후에야 조각나버린 생각들의 조립에 도전할 수 있었다.

생각의 조립작업은 쉽지 않았다. 아무리 짜 맞추어도 생각의 도자기에는 빈 곳이 많았다. 없어진 게 아니라 애초에 없던 부분이리라. 그 당시에는 두려움, 불안이라는 두꺼비가 그 자리를 메꾸었을지 몰라도 지금은 사라지고 없다. 결국 적당히 그때 기분을 상상해서 메꿀 수밖에.

문제는 그 '상상'이다. 지금의 기분에 따라 '상상'의 색이 달라진다. 기분이 울적하면 울적한 색으로 위로가 필요할 때는 희망의 색으로 색칠된다. 그래서 이모 앞에서 만든 도자기와 사촌 형 앞에서 만든 도자기는 전혀 다른 색이다.

이 글도 그러하다. 기억에 의존하여 쓰는 이상 '기억의 편향성'에서 자유로울 수 없다. 그렇기에 이 글은 사실이 아닌 fiction이다.

오후 8:00

---

14) 하나의 생각이 다른 생각으로 질서 있게 연결되고 진행되는 것.

어릴 때부터 교류가 많았던 규진이 아주머니가 왔다 가셨다. 내가 몰랐던 내 어린 시절 이야기를 들었다. 나는 어릴 때부터 참 많이 아팠다고 그래서인지 애늙은이 같았다고 한다. 아픈 것으로만 속 썩여서 그나마 다행이다. 다른 문제로도 속상하게 했다면 쌍욕을 먹어도 할 말 없는 불효자다. 이야기를 듣다보니 내 자식도 나처럼 아프면 어떡할까 하는 걱정이 든다. 아프다는 거 아무나 할 수 있는 게 아니다. 잘 아프기는 오직 나만이 할 수 있다. 그러니까 나만 아프고 싶다.

2016년 3월 14일 월요일

오전 10:00

컨디션이 좋아진 김에 병동을 거닐어봤다. 6층 병동을 끝에서 끝까지 한 번 왕복하는 데 걸리는 시간은 1분 남짓. 10번을 왕복해도 10분이다. 복도는 카트를 끌고 이 병실 저 병실 다니는 간호사, 난간을 붙잡고 후들거리는 다리를 열심히 옮기는 할머니, 휠체어를 굴리며 바깥구경 나가는 할아버지로 혼잡스럽다. 조심해야 할 사람들이 많다. 운동하기에 썩 좋은 곳이 못 된다.

멀리 나가고 싶다. 하지만 CT 검사가 언제 있는지 몰라 그럴 수 없다. 아버지의 시야에서 잠시 벗어난 지금 전화 통화 하나가 아쉽다. 폰을 열어 연락처를 찾아보았다. 400개 가까이 되는 전화번호. 그러나 전화 걸 곳도 올 곳도 마땅치가 않다.

언제부터인가 전화는 '이벤트'가 되었다. 카톡 메시지는 쉽게 보내도 전화는 어렵다. 텍스트로는 전하지 못하는 무언가가 있는데, 그게 필요한데 방법이 없다. 위로 하나, 위안 하나가 필요하다. 가족이 아닌 누군가에게.

이쪽으로 다가오고 있는 저 사람이 나에게 힘내라고 응원의 한 마디를 건네준다면 얼마나 좋을까? 옷을 보니 환자도 의료인도 아닌 것이 누군가의 보호자인 듯하다. 저 사람도 위로와 위안이 필요하리라. 위로와 위안이 필요한 사람들이 모여 있는, 이곳이 바로 병원이다. 같이 힘내자고 말하고 싶다. 하지만 용기가 없다. 환자복을 걸치고, 머리를 배포장지[15]로 싼 사람이 대뜸 힘내자고 소리치면 미친놈 취급받기 십상이다. 머리 수술을 받고 이상하게 된 줄 알고 짠하게 바라볼지도 모른다.

오후 5:00

교수님이 아니라 PA 간호사[16]가 왔다. 교수님은 지금 응급수술 중이라 했고, 교수님을 대신해서 오늘 있었던 검사 결과를 전해주었다. CT 검사상 뇌부종이 많이 가라앉았으며 혈액검사에서 나트륨 수치가 많이 낮게 나왔다고 했다.

그에 대한 처치는 신선했다. 식사 때 따로 소금 봉지를 2개 줄 테니 적당히 간을 추가해서 먹으라는 것. 언제부터인가 내 머릿속의 병원

---

15) 뇌수술 후 머리에 쓴 의료용 tubular net bandage를 지은이는 '배포장지'라고 표현한다.
16) Physician's Assistant. 의사의 최측근에서 진료 및 치료, 수술 시에 보조하는 '의사 보조인력' 간호사를 말한다. 이는 정식 명칭이라 볼 수 없으며, PA 중 간호사인 사람을 가리킨다.

식은 간을 최소한으로 한 저염식단이었다. 한국인의 나트륨 섭취량이 WHO 권고량을 훨씬 상회하고, 이는 성인병과 직결되는 문제라며 하루가 멀다 하고 나트륨 섭취에 관해 언론은 보도한다. 그럼에도 나는 별로 신경 쓰지 않고 짜게 먹었다.

의외로 병원식은 어느 정도 간이 되어있었다. 물론 맛은 없었지만. 심지어 잘 먹는 게 최선이라는 의료진의 지시에 충실히 따라 병문안 오는 사람들에게 햄버거, 피자, 베이크 등을 부탁하고 그걸로 매 끼니를 해결했다. 그런 사람에게 소금을 더 먹으라니 정말 신기한 노릇이다.

종양의 grade에 대해서 살짝 물어보자 아직 나온 게 없다며 대답을 피했다. 스테로이드를 많이 사용하고 있기 때문에 미성숙힌 백혈구가 많으니 염증 및 청결에 많이 주의해야 한다고 당부했다.

보이는 듯 보이지가 않는다. 진행 상황도, 그 끝에 무엇이 있는지도 모든 것이 그러하다. 답답함이 또 한 번 스쳐 지나간다. 초조하다.

2016년 3월 15일 화요일

낮 12:00

동생이 왔다. 살다보니 동생한테도 의지할 순간이 온다. 항상 모자라 보이고, 챙겨줘야 할 것 같고, 둘만 남게 되면 어떻게 책임져야 하나 걱정만 되던 동생인데 반대가 되었다. 가끔 표독스럽게 굴고 고집도 세지만, 착할 때는 또 한없이 착한 동생이 가족이 진 짐을 나눠 들러 왔다. 이제 막 대학 새내기가 되어 자신의 환경 변화에 적응하는데도 많이 힘들 텐데, 내가 아픈 바람에 응당 받아야 할 관심을 뺏겨버렸다. 미안하다.

대학교 생활에서 염두에 두면 좋을 것들, 지금 같은 비일상적인 상황에서 어떤 행동을 하는 것이 가장 옳은지 등등, 하고 싶었던 이야기를 전하며 시간을 보냈다. 한두 마디쯤은 투정할 법 한데 군말 없이 내 말을 다 들어주었다. 고맙다.

평소 나는 경상도 남자답지 않게 말투나 단어 선택이 부드럽다는 평가를 많이 들었다. 사랑 표현에도 적극적이었으며 느끼하고 달콤하고 오글거리는 단어를 사용하는 것에도 거리낌이 없었다. 그런데 가족에게는 그게 잘 안 된다. 멋쩍다. 사랑한다는 말은커녕 고맙다는 말도 어렵다. 결국 고맙다는 말 대신 미안하다가 입 밖으로 튀어나온다. '미안하다'는 말밖에 못해서 더 미안하다.

부모님과 함께 있다가 동생이랑 있으니 운신의 폭이 넓어져서 좋다. 잠시 가진 자유 시간. 20분 정도 산책했다. 오늘도 연락처를 훑어보지만 마땅히 연락할 곳이 없다. '이야기'가 하고 싶다. 하지만 들어줄 사람이 없다. 오늘은 조금 먼 곳을 거닐며 먼 산을 보았다는 것에 의의를 두자.

2016년 3월 16일 수요일

오전 8:00

지금까지 온 것도 기적인데 더 바라는 것은 너무 염치가 없는 짓일까? 다가올 운명이 무섭다.

오후 2:00

지루하기도 하고 마음이 붕 뜨기도 한다. 누구든지 붙잡고 이야기를 좀 하고 싶다. 이 타이밍에 누구 한 명 병문안 오면 얼마나 좋을까?

오후 4:00

기나리다 지쳐 주치의라도 찔러바야겠다고 자리를 박차고 문을 열었는데 눈앞에 교수님이 서있었다. 깜짝 놀랐다. 병리과에서 내일 검사 결과가 나온다고 했단다. 결국 오늘도 아니다. 허망하다.

오후 5:00

'지금쯤 나오겠거니'가 아니라 '내일 나온다'로 바뀌었다. 허탈해서 병동 안을 잠시 돌아다녔다. 그래도 아까보다 지금 마음이 더 낫다. 이제는 확정되었으니까.

오후 8:00

지금까지의 몸 상태를 보았을 때 양성이 분명하다. 불안해할 필요 없다. 이제 퇴원 이후를 걱정해야 할 차례다. 병가는 30일이 한계다. 퇴원하자마자 강제로 근무해야 할 수도 있다. 빨리 내일이 왔으면 좋겠다.

Chapter 2

희망은 어둠에서 시작된다.
당신이 단지 확고한 희망으로 보고
묵묵히 옳은 일을 하면 새벽이 올 것이다.
기다리고 지켜보고 행하라. 포기하지 말라.

앤 라모트

던져진 주사위

2016년 3월 17일 오후 5시 24분, '조직검사 결과 : 악성'이라고 통보받은 시각. 가장 먼저 머릿속을 비집고 들어온 것은 엘리자베스 퀴블러 로스(Elisabeth Kübler-Ross) 박사의 죽음의 5단계 모형이었다. 환자가 아닌 의사로 남고 싶었던 마지막 자존심이었을까? 암이라는 거대한 병마 앞에서 나는 거짓말처럼 나 자신을 타자화하며 '암 선고를 받은 동완'이 앞으로 어떤 심리 변화를 겪게 될지 궁금했다.

심리학자 엘리자베스 퀴블러 로스 박사는 사람이 죽음을 선고받고 이를 인지하기까지의 과정을 5단계로 구분 지었다. 대개 죽음을 맞이하는 과정에서 일어나는 심리 변화를 설명할 때 사용하는 모델이지만 모델이 꼭 죽음에만 적용되는 것은 아니다. 실제로 퀴블러 박사의 저서 《상실 수업》에서는 '슬픔의 다섯 단계'라는 표현으로 등장하며, 저자는 인간이 상실을 경험하거나 예감했을 때 보이는 반응을 모아둔 틀이라는 설명을 곁들였다. 내게 뇌수술은 분명 상실의 예감을 불러 일으킬만한 사건이었다. 생명 혹은 인격의 소실을 감내하고 들어갔던 수술이었으니까.

슬픔의 다섯 단계는 부정, 분노, 타협, 우울, 수용이다.

1단계 부정(Denial).

환자는 보통 자신의 진단을 받아들이지 못하고 현실을 부정한다. 다른 병원에서는 똑바로 진단을 내릴 것이라 믿으며 자신이 생각하는 정답을 이야기해 줄 누군가를 계속 찾는다. 나 역시 처음 MRI를 보았을 때 단순히 뇌부종에 불과할 것이라 생각하고 응급실에서 원외탕전실로 전화하여 뇌의 부기를 빼는 한약을 주문했다. 지금도 집 구석 어딘가에 남은 약들이 처박혀 있으리라. 하지만 진단명 '뇌종양'이 나온 이후로는 그러지 않았다. 진단명과 검사 결과를 부정하기에는 의학적 지식을 너무나 많이 가지고 있었고 의료시스템에 대한 믿음 역시 너무나 컸다. 무의식적으로 '암 진단' 대신 '암에 걸린 나 자신'을 부정하는 방법을 택했을 수도 있다. '아픈 동완'은 동완이 아니다. 단지 나는 '아픈 동완'을 떠안아야 할 운명에 처했다, 라고.

2단계 분노(Anger).

부정의 단계가 지나고 사실을 직시하게 되면 '왜 하필 나인가?'라는 의문과 함께 분노가 찾아온다. 나에게는 이 단계가 찾아오지 않았다. '왜 하필 나인가?'에 대한 답을 이미 가지고 있었던 나에게 분노가 자리할 곳은 없었다. 물론 담배 한 번 피운 적 없고, 술도 자주 마시는 편이 아니었다. 다른 암도 아니고 뇌종양은 이렇다 할 정확한 인과관계가 밝혀진 원인 물질이 없다. 결국 '유전'을 제일 먼저 떠올릴 수밖에 없고 가족력은 충분했다. 외할머니의 뇌종양, 아버지와 이모의 암 투병. 그러나 그 생각에 매몰되는 것은 어머니 건강에 대한 걱정으로 이어졌기에 내 지난 삶들의 실수와 잘못, 모순이 축적되어 하늘이 벌준 것이겠거니 여기는 게 마음 편했다.

3단계 타협(Bargaining).

피할 수 없는 현실을 인정하고 대신에 현실이 다가오는 것을 연기하려 한다. 대개 신과의 타협으로 나타난다. 봉사도 하고 선행도 할 테니 대신 D-day를 늦춰달라는 식이다. 자식이 결혼할 때까지만 또는 고등학교 졸업하는 것이라도 보게 해달라고.

하지만 누워있는 내가 어떻게 선행을 베풀고 봉사를 할 수 있을까? 그저 절대자를 붙잡고 살고 싶다고 부탁하는 것 말고는 방법이 없었다. 다만 무신론자였던 내가 절대자의 존재를 인정한 것을 '타협'이라고 볼 여지가 있을지도 모르겠다.

4단계 우울(Depression).

열심히 치료를 받았지만 현실은 달라지지 않는다. 더 쇠약해진 몸과 지친 마음, 모든 것이 어우러져 우울감으로 발전한다. 체념하기도 하고 계속 울기도 한다. '타협' 단계를 거치지 않았던 탓인지, 뇌종양 진단 후 수술까지의 기간이 짧았던 탓인지 수술 당일까지도 살아있기를 강렬히 소망하며 미래에 대한 고민을 멈추지 않았다. 체념하지 않았다. 울고 싶었지만 그건 우울해서가 아니었다. 단지 힘들어서였다.

마지막 5단계 수용(Acceptance).

자신의 운명에 대해 더 이상 부정, 분노, 우울해하지 않고 모든 것을 받아들이는 단계이다. 방법론은 각기 다를지 몰라도 모든 심리 치유 기법이 궁극적으로 도달하고자 하는 경지이기도 하다. 수용도 나에게는 없었다. 수술실로 들어가기 직전까지도 '죽었으면 좋았을 텐데.'라고 생각할만한 삶이 이어질 거라면 차라리 수술실에서 죽여 달라고 간절히 빌었다.

퀴블러 박사는 이야기한다.

전형적인 상실의 모습이 정해져 있지 않듯 전형적인 반응도 존재하지 않는다. 우리의 삶이 다양하듯 슬픔 역시 그렇다.

이 다섯 단계는 사랑하는 사람을 잃었지만 그 상실과 함께 삶 속에서 배우게 될 것을 한데 모아 놓은 하나의 틀이다. 느끼게 될 감정들을 선명하게 해주며 구별 지어주는 하나의 도구이다. 하지만 각 단계가 순서대로 지나게 될 슬픔의 정거장은 아니다. 모두가 이 다섯 단계를 전부 겪거나 정해진 순서대로 경험하지는 않는다.[1]

순서대로 모두 경험하지 않는다고는 하지만, 나는 5단계 중에 맞는 것이 거의 없었다. 이유가 무엇일까? 모자란 지식을 가지고 두 가지 가능성을 생각해봤다.

① 별 문제가 아니라고 생각했다.
② 의식하지 못했을 뿐이다. 무의식이 모든 것을 처리했다

왠지 2번 같다. 분명 나는 무척 힘들어했다. 끝도 없이 굴을 파 내려가지 않았던가. 억압(Repression)[2]이라는 방어기제[3]를 발동시키지 않았나 생각해본다. 입원하기 며칠 전에 봤던 《상실 수업》의 내용이 머릿속에 잔뜩 남아있어서 '상실'이 너무 적나라하게 다가왔을지도 모른다. 혹은 한 단계 한 단계 과정을 밟아가는 것이 '의식'이 감당하기에 너무 큰 짐이었을지도 모른다. 비전문가이기에 답은 알 수 없다.

박완서의 소설 《그 산이 정말 거기 있었을까?》는 1.4 후퇴 당시 총기 오발사고로 다리에 관통상을 입은 오빠 때문에 피난 가지 못하고

---

1) 《상실 수업》 퀴블러 로스. 이레출판사. 2007. 26p.
2) 잊고 싶은 생각이나 기억, 용납되지 않은 욕구를 회피하는 방어기제로 억압과 억제가 있다. 억압은 무의식에서 일어나는 신경증적 방어기제이며 억제는 의식이나 반의식에서 일어나는 성숙한 방어기제이다.
3) 인체 내외의 자극이나 위협에서 자신을 방어하며 상충하는 충동 사이에서 타협을 찾고 긴장과 불안을 덜려는 심리 작용. 방어기제에 문제가 있거나 성숙하지 못한 방어기제가 작용할 때 정신증상이 발생할 수 있다.

서울에 남게 되어버린 상황에서 시작한다. 국군이 대부분의 시민을 피난시키고 남하하여 텅 비어버린 서울. 그러나 어째서인지 한동안 인민군은 내려오지 않는다. 국군도, 인민군도, 아무도 없는 이데올로기의 진공 상태 속에서 오빠는 겁에 질리고 만다.

나도 그랬다. 수술상륙작전 성공에 힘을 얻었던 희망은 '좋은 경과'라는 지원군의 도움을 받아 절망을 괴멸 직전까지 몰아붙였다. 하지만 '악성 진단'이라는 외부세력의 개입에 희망은 작전상 후퇴를 감행하고, 그렇게 희망은 잠시 내 몸을 버렸다. 그러나 절망 또한 쉬이 찾아오지 않는다. 그날 밤 희망도 절망도 없는 그곳에서 불이 꺼질 때까지 하염없이 나는 서 있었다.

일반 병실로 돌아온 뒤부터 늘 그랬듯이 2016년 3월 17일, 그날 아침도 희망과 기대로 시작했다. 오늘은 무조건 결과가 나온다. 승현이형 말로는 검사 결과가 양성이면 그대로 치료가 종료되는 경우도 종종 있다고 했다. 기대된다. 게다가 어제 PA 간호사도 수술로 손상된 뇌가 회복되기를 기다린 후에 치료에 들어가기 때문에 바로 연달아 치료하는 일은 거의 없다고 했다. 잠시라도 퇴원해서 재충전의 시간을 가지고 싶다. 내일은 신사 아저씨가 퇴원하기 때문에 지금 같은 편안한 입원 생활은 앞으로 누리기 힘들 것이다. 검사 결과가 빨리 나왔으면 좋겠다. 초조하다.

생각의 나무가 바람에 흔들려 뽑히려고 할 때는 땅을 다져줘야 한다. 늘 하던 '과거 들여다보기'를 해본다. 많이 흔들린 탓에 이번 생각 다지기는 꽤 오래 걸렸다.

그 당시 했던 행동, 생각을 떠올려본다. 이 정도면 잘 보낸 것 같다. 그래도 조금 아쉽다. 수술을 앞둔 그때 지금의 내가 그 자리에 누워있었다면 더 잘 보내지 않았을까? 혼자 굴을 파지 않고 부모님과 더 많은 이야기를 나누고 더 깊은 마음을 공유했을 텐데.

한참 생각하고 있을 때 갑자기 문이 열렸다. 혹시 면담인가 싶어 잔뜩 긴장하고 쳐다보니 바이탈을 체크하러 온 학생 간호사였다. 순간적인 긴장의 여운 탓인지 혈압도 체온도 높게 측정되었다. 당황한 학생 간호사는 간호사를 부르러 갔다. 다행히 조금 있다 찾아온 간호사가 체크할 때는 정상이었다. 별 문제없으니 신경 쓰지 말라며 미소 짓는다. 친절하다. 환자 입장에서 보니 좋은 의료인이 되기에 필수적인 요소들이 잘 보인다.

- 환자에게 건네는 따뜻한 말 한마디와 친절한 행동
- 신뢰를 주는 중저음의 부드러운 목소리
- 권위자의 여유로운 모습에서 느껴지는 확신

벼랑 끝에 내몰린 환자에게는 위의 요소 하나하나가 한 걸음을 내딛게 하는 신뢰가 되고, 그 신뢰를 바탕으로 환자는 위기에서 탈출한다. 나도 그런 사람이 되고 싶다.

시간이 잘 안 간다. 나올 듯 말 듯한 검사 결과를 기다리느라 주변 사람들에게 전화 한번 못 했다. 특히 임 여사님에게 연락 한번 못 한 게 영 마음에 걸린다. 분명 걱정을 많이 하고 계실 것이다.

병동 안을 산책하면서 PA 간호사나 전공의를 마주칠 때마다 검사 결과를 몇 번이고 물어봤다. 그러나 돌아오는 대답은 '아직'. 누군가 조직 샘플을 훔쳐간 게 아닌가 하는 망상에 사로잡힌다. 그렇지 않고서는 이토록 검사결과가 늦게 나올 리가 없다. 어제 읽은 박완서 작가의 소설 《그 가을 사흘 동안》의 한 구절이 자꾸만 생각난다. 다시 책을 꺼내 펴보았다.

> 카운트다운이 제로를 앞둔 긴박감과 도저히 단념할 수 없는 절실한 소망이 두 가닥의 새끼줄이 되어 나를 쥐어짜는 것 같다. 나는 그 일이 안 일어날 것을 알고 있다. 그러면서도 기다림을 멈추지 못한다.[4]

주체할 수 없는 이 마음을 이토록 기막히게 설명, 아니 예언할 수 있음에 전율을 느낀다. 하지만 다르다. 기다림을 멈추지 못하는 것은 맞지만 난 그 일이 일어날 것만 같다.

이런 마음을 열심히 노트에 옮기던 오후 3시. 간호사가 아버지를 모시고 갔다. 심장이 뛴다. 터질 듯이 뛴다. 이리 심장을 뛰게 만드는 것이 기대감인지 공포인지 분간할 수 없다. 생각보다 아버지는 금방 돌아와 어머니가 병원에 오기를 기다렸다가 같이 면담하기로 결정했

---

4) 《환각의 나비》 박완서. 푸르메. 2006. 55-56p.

다고 이야기하셨다. 바로 어머니께 연락했고 곧 출발한다고 들었다. 이제는 오시는 길 급하게 운전하다가 사고가 나지 않을까 걱정된다.

면담까지 앞으로 한 시간. 어머니 걱정하랴 검사 결과 걱정하랴 마음만 분주하다. 어머니가 달리고 있을 고속도로, 검사 결과가 전송된 교수님의 진료실, 한 시간 뒤의 병실. 이리저리 내달리는 생각을 쫓기 위해 심장이 마구 뛰고 손발에는 땀이 주르륵 흐른다. 벌써 지쳤는지 다리는 후들거리고 목소리도 떨린다. 불안하다. 긴장된다.

다행히 어머니는 별 탈 없이 도착했고 바로 두 분이서 면담을 받으러 떠났다. 1시간 뒤 아버지와 함께 무표정한 얼굴로 나타난 어머니는 내 손을 꼭 잡았다. 다 괜찮다고, 이겨낼 수 있다고, 엄마가 무슨 수를 쓰든지 다 낫게 해주겠다고, 걱정하지 말라고 담담하게 이야기를 이어갔다. 그러나 오래 지나지 않아 어머니 눈가에 차오르던 눈물이 적정 수위를 넘기고 쏟아져 내렸다. 막지 못한 슬픔의 홍수. 댐을 뚫어버린 슬픔의 격렬함은 어마어마했다. 악성이라고, 엄마가 미안하다고, 계속 우셨다. 나는 그런 어머니를 안고 싱긋 웃었다.

"엄마. 울 필요 없다. 다 예상했던 일이다. 뇌는 악성이냐 양성이냐 별로 안 중요하다. 중환자실에서도 교수가 그랬다 아이가. 뇌에서 자라는 놈이 나쁜 놈, 좋은 놈 따로 있냐고. 나 다 알고 있었다. 두개골 안이 비좁다 보니까 크기가 중요하고, 아무래도 뇌니까 자리가 중요하고 그런 거지, 악성이랑 양성이랑은 크게 상관없다. 양성이어도 다 제거 못하고 찜찜하면 방사선 치료하고 그럴 텐데 약물 치료 하나 더 추가되는 거뿐이다. 까짓 거 항암제 먹으면 머 어때. 침놓으면서 증상

조절하면 임상 경험도 되고 좋지. 그리고 악성인 게 왜 엄마 잘못이야. 암이 머 누구 잘못으로 생기는 건가? 그냥 운이야 운. 누가 잘못해서 암이 생길 것 같으면 내가 제일 잘못한 거지. 근데 아니잖아. 그니까 엄마 잘못 아니야. 그만 울어. 나 괜찮다니까? 참, 성상세포종이다 핍지교종이다 그런 이야기는 뭐래? 양성, 악성보다 그게 더 중요한데 교수님이 머라고 말했어?"

 마지막 물음에 두 분 모두 대답하지 못했다. 그 질문을 듣고 놀란 어머니는 눈물도 잠시 멈추었다. 악성이라는 말을 듣고 그다음부터 나온 이야기는 귀에 들리지 않았던 게 분명하다. 워낙 충격적이었으니. 자꾸 중요한 면담에서 나를 제외해버리는 병원의 처사가 못마땅하다. 양성, 악성의 차이보다도 성상세포종, 교모세포종의 차이가 예후에 더 큰 영향을 주는데 그것을 부모님이 어찌 알겠는가, 또 처음 듣는 용어를 어떻게 기억하겠는가? 그러니까 내가 갔어야 했다. 답답한 마음에 이러지도 저러지도 못하고 있는데 마침 교수님이 들어왔다.

 "이야기 들었어요. 악성이라면서요? 아쉽네요. 하긴 악성이냐 양성이냐가 크게 중요하겠어요? 그나저나 저 subtype은 뭔가요? 성상세포종이죠?"

 잠시 뜸을 들이던 교수님이 맞다고 대답했다. 그리고 다시 부모님을 모시고 나갔다. 왜 자꾸 나를 배제하는 걸까? 화가 난다.

방금 전 상황이 꿈만 같다. 악성 판정을 받은 건 나인데 도리어 내가 어머니를 위로했다. 걱정할 필요 없다고, 별 거 아니라고, 예상한 거라고. 심지어 교수님 앞에서도 웃으며 이야기했다. 스스로 생각해도 나는 좀 이상한 놈 같다.

어머니와 아버지의 면담은 의외로 길었다. 한참 있다 돌아온 부모님은 향후 치료계획에 대한 이야기를 전해주었다. 상황 변화가 너무 컸던 탓일까? 실감이 나지 않았던 탓일까? 그저 남의 이야기 같다. 별로 집중이 안 된다. 소식을 목 빠지게 기다리고 있을 형들에게 결과를 알렸다. 마치 친한 사람의 웃긴 소문을 주워듣고 퍼다 나르는 것처럼.

'악성이라더라. 성상세포종인데 1~2주 입원하고 통원치료 6주 하면 치료과정은 끝난다고 했다. 이제 빼도 박도 못하게 의병 제대 확정이다. 2달 아파서 1년 확보했다. 머리카락 좀 자라고 나면 열심히 놀러 다녀야겠다.'

한참 메시지를 주고받는데 덕경이형이 grade는 얼마냐고 물었다. 생각해보니 들은 바가 없어 의국실로 문의하러 가던 도중 마침 밖에 나와 있던 2년 차 레지던트에게 grade와 subtype를 물었다. 가르쳐주지 않았다. 몇 번을 캐물어도 말을 빙빙 돌리며 거부했다. 이상하다고 생각하며 병실로 돌아왔다. 왠지 모르게 들떠있던 영혼과 함께.

알딸딸하다. 이제는 현실을 직시해야 한다. 아까 들었던 내용을 바탕으로 앞으로 어떻게 살면 좋을지 계획을 짜고 부모님께 보여드렸다. 찬찬히 읽어보시던 부모님은 충격적인 이야기를 전했다. 치료 기간은 8주가 아니었다. 8개월 정도. 너무 대충 들은 나머지 실수한 것이다. 가슴이 철렁 내려앉는다. 누가 내 심장을 뭉툭한 망치로 세게 때린 기분이다. 당황스럽다. 혼자서 견디기가 힘들어 덕경이형에게 도움을 요청했다.

> 동완 : 치료 기간이 두 달인 줄 알았는데 아니었어요. 8개월이나 잡네요. Grade도 subtype도 안 가르쳐줘서 좀 불안해요. 모르는 게 속 편할까요? 주치의 한번 쪼아서 물어볼까 싶다가도 괜히 판도라의 상자 여는 걸까 봐 두려워서 못 했어요.
>
> 덕경 : 알아서 뭐하게. 모르는 게 멘탈에 나아. 시키면 시키는 대로 그런가 보다 하고 치료받아.

그래, 지나간 일은 어떻게 할 수 없다. 법륜스님이 이야기했다.

'이미 일어나 버린 일은 잘 된 일이다.'

눈앞에 있던 시험지가 예상보다 좀 길어졌고 어려워졌을 뿐이다. 이제 풀기만 하면 된다. 내일 간호사를 보면 이 병동에 뇌종양 환자가 나 말고 더 없는지 그 사람들의 삶의 질은 어떤지 물어봐야겠다. 이제 주치의 볼 일이 많을 것이다. 전공의 1년 차면 임상 2년 차이다. 난 3년 차니까 나이도 비슷할 것이다. 친구가 되든 어찌 하든 라포[5] 형성에 신경을 써야겠다. 앞으로 어떤 일이 벌어질지 대충 확정이 되었으니 전보다 차라리 지금이 나은 것 같다.

  한참 우시느라 몸이 많이 힘드셨는지 아니면 혼자서 남은 눈물을 쏟아낼 요량인지 어머니는 평소보다 일찍 집으로 가셨다. 나를 위한 배려일까? 신사 아저씨도 평소보다 일찍 잠자리에 드셨다. 아버지도 나도 각자 침대에 누웠다. 혼자 생각할 시간이 좀 필요했는데 워낙 일이 바쁘게 돌아가서 그러지 못했다. 이제 차근차근 생각할 시간이 생겼다. 좋다.

  3월 17일 오후 10시. 평소보다 병실의 불이 일찍 꺼졌다. 마음 깊은 곳에 자리했던 어둠이 차차 모습을 드러내기 시작했다.

  가슴이 뛴다. 쿵쿵거리는 심장 때문에 온 몸이 들썩거린다. 심호흡을 해보아도 이미 달려버린 황소처럼 멈출 수 없다. 뒤늦게 찾아온 슬픔, 분노, 공포, 절망이 머릿속을 가득 채운다. 두 눈에는 눈물이, 입으로는 분노가 새어 나온다. 울고 싶다. 화내고 싶다. 하지만 그럴 수 없다. 옆에 누워있는 아버지에게 슬퍼하고 괴로워하는 모습을 보여주기 싫다. 참아야 한다.

  누워서 입을 틀어막고 울었다. 조용히. 입 안에 든 팔뚝을 물어뜯으며 울었다. 그렇게 뒤늦게 울었다. 모두가 위로해줄 때 별 것 아니라며 주인공 자리를 거부했다. 나는 나약하지 않다고 생각했다. 그러나

---

5) 의료 스태프와 환자, 환자 가족 간에 상호 양호한 의지의 소통이 되어 신뢰관계가 맺어지는 것.

혼자가 되어버린 밤, 위로해줄 사람들이 자기만의 시간을 가지고 있을 지금. 그것의 필요성을 느낀다. 슬프고 힘들다. 위로받고 싶다. 이미 늦었다. 억울하다. 억울해서 눈물이 난다.

'다 괜찮다고 이야기하지 말 걸. 하나도 괜찮지 않은데……. 이겨낼 수 있다고, 걱정 말라고 하지 말 걸. 못 이길 것 같은데…….

힘들지만 별 수 있겠냐며 남 이야기하듯 말하지 말 걸. 내 이야기인데…….'

앞선 모든 시간이 후회스럽다. '의사'라는 알량한 자존심을 지키기 위해 응당 '환자'가 받아야 할 위안을 갖다버렸다. 정작 울어야 할 사람은 나였는데, 도리어 안심시키고 설명하고 위로했다. 도대체 왜? 그냥 울었어야 했다. 그때 울었으면 지금은 덜 아팠을지도 모른다. 하지만 주인공 자리를 걷어찬 사람에게 눈물 흘릴 수 있는 무대는 주어지지 않는다.

성상세포종이라도 양성과 악성의 차이가 있다는 걸 그때는 왜 중요하게 생각하지 않았을까? 머리에 박혀있는 더러운 암세포들이 금방이라도 뇌를 다 잠식할 것만 같다. 다리에 힘이 안 들어가 휠체어를 타고, 손이 떨려 글씨를 못 쓰고, 고집을 부리고, 오줌을 싸고……. 서서히 진행하는 암의 위력을 그대로 지켜보는 내 모습이 떠오른다. 어쩌면 치매처럼 정신줄을 놓고 살다가 갑자기 돌아온 제정신에 자괴감을 느끼고 무너져버릴지도 모른다. 나는 이제 죽어가는 것이다. 서서히. 주변 사람의 고통을 먹이 삼아 생명을 유지하겠지. 그렇게 살 바에는 차라리 지금 없어지는 게 낫다. 밑바닥을 까뒤집으면서까지 살기 싫다. 동물의 본능만 남은 껍데기는 내가 아니다. 사람으로, 손상되지 않은 내 모습 그대로 모두의 기억 속에 남고 싶다.

슬며시 앉아 침대에 친 커튼을 걷고 창문을 바라봤다. 여기서 뛰어내려도 죽는다는 보장은 없다. 오히려 죽지 않고 장애가 남아 내가 피하고 싶은 길에 더 빨리 도달할지도 모른다. 따뜻한 욕조에 상처 낸 손목을 담그고 과다출혈을 노려볼까? 아마도 죽기 전에 발견될 것이다. 독성 높은 한약재를 먹어보면 어떨까? 역시 죽기 전에 발견되어 살아날 것이다. 의사에게 부탁해볼까? 말이 안 되는 소리다.

'존엄사'하고 싶다. 하지만 방법이 없다. 무엇보다 자식의 자살을 막지 못했다는 자책감에 시달릴 부모님, 이제 막 대학생이 된 동생. 모두 마음에 걸린다. 내가 없는 세상은 나에겐 없는 세상. 그것을 알면서도 못내 마음에 걸린다. 수술실에서 죽었어야 했다. 이대로 어둠에 녹아버리고 싶다. 처음부터 없었던 존재처럼.

죽고 싶지만 죽는 것이 무섭다. 죽는 것이 싫어 죽고 싶다. 수술 전에도 죽음에 대한 고민을 많이 했지만 그때의 끝은 마취 상태에서의 종말이었다. 다가올 미래처럼 '서서히 죽어감'을 보고 듣고 느껴야 하는 끝이 아니었다. 치료된 미래가 도저히 떠오르지 않는다. 앞으로 어떻게 살아갈까? 나을 수 있을까? 이대로 심장이 빨리 뛰어 죽었으면 좋겠다.

미친 듯이 영혼의 굴을 팠다. 조금만 더 팠다면 되돌아올 수 없는 심연의 나락에 떨어졌을지도 모른다. 다행히 어느 선에서 나는 멈췄다. 그곳에서 올려다본 하늘, 흘러나온 빛 한 줄기. 나는 환상을 봤다.

문 위로 복도 형광등 불빛이 비치는 652호. 빛줄기는 방향을 틀어 나를 덮쳤다. 어두운 밤 명암의 차이만 존재하던 공간은 수많은 색깔로 물들여졌고 방 안에 모든 것은 깊은 잠에서 깨어나 웅성거렸다. 생각의 구멍을 꽉 막고 있던 온갖 어둠이 빛줄기에 녹아내렸고 열린 구멍에서는 환희가 쏟아져 나왔다. 환희의 폭발. 폭발은 어둠에 짓눌렸던 시간을 보상이라도 하려는 양 격렬했다. 복도에 나가 미친 듯이 외치고 싶었다. 혼자만 알고 있기에 너무 아까웠다. 세상에 자랑하고 싶었다. 새벽 3시, 칠흑 같은 어둠 속에서 가라앉던 내 영혼이 다시 숨 쉬기 시작했다.

'나는 죽지 않는다.' 여기서 모든 반전이 시작되었다. 암이 곧 죽음을 의미하던 시절 이모는 살아 돌아왔다. 머리가 다 빠져 모자를 써야 했고 항암제 주사만 보아도 반사적으로 올라오는 구역질을 견딘 그녀는 지금 내 옆에 있다. 그제는 입원한 나를 위해 내가 좋아하는 수육을 삶아왔다. 아마 어제는 부처님께 나의 쾌유를 바라며 열심히 기도 드렸을 것이다. 옆에서 고단한 잠을 이루고 있는 아버지. 아버지도 10년 전 암을 앓으셨지만 완치되었다. 어제는 그 경험을 돌이켜 앞으로 일어날 일을 자세히 설명해주기도 했다.

이모와 아버지는 더 많은 나이, 부족한 의학 기술 아래에서 암을 이겨냈다. 회복력도 체력도 내가 더 좋고, 의술도 더 발달해서 삶의 질과 생존율 모두 높다. 게다가 의학, 한의학 지식도 있어 무지에서 오는 두려움이나 잘못된 선택도 제어할 수 있다. 떨 이유가 전혀 없다. 교수님은 8개월이라는 치료 기간을 언급했다. 근거 없이 나온 이야기가 아닐 것이다. 치료 기간을 제시했다면 이는 분명 끝이 존재하는 게임이다.

나의 면허번호는 23,000번 대. 면허를 딴 지 2년이 지난 걸 감안하면 현재 대한민국에는 25,000명의 한의사가 있다. 그중에서 젊은 나이에 뇌종양을 앓고, 무사히 돌아온 한의사가 몇 명이나 될까? 이 경험은 나만의 'identity'가 될 것이다.

> 암에 걸렸지만 신체적으로도 정신적으로도
>
> 아무 탈 없이 극복해낸 인간.

임무를 완수한 내가 누군가를 진료한다면 그 자체만으로도 몸과 마음이 힘든 환자에게 희망이 될 수 있다. 이모와 아버지가 내게 희망인 것처럼.

모든 것이 아름답고 희망차다. 어릴 적 미술 학원에서 그려보았던 '스크래치화'가 생각난다. 어둠 뒤에 숨겨진 아름다운 세상은 희망의 손길로 긁을 때마다 조금씩 모습을 드러낸다. 그렇다. 난 지금 그림을 그리고 있는 것이다. 완성된 그림은 과연 어떤 모습일까?

어둠이 만든 빠른 심장 박동과 빛이 만든 빠른 심장 박동. 몸의 반응은 같을지 몰라도 마음은 다르다. 흘러나오는 기쁨을 주체할 수 없어 웃음이 터져 나왔다. 악성 뇌종양 진단이라는 거대한 벽을 불과 5시간 만에 넘겼다는 자부심은 불안감도 공포도 다 잊게 하는 마취제가 되고, 귀한 약재를 넣어 끓인 보약처럼 몸과 영혼에 난 상처를 금방 고친다. 울음을 막기 위해 깨물었던 팔뚝은 이제 웃음을 막고 있다. 오늘 밤 잠들기는 글렀다.

몇 번이고 돌려보는 드라마 속 달달한 장면처럼 생각을 곱씹으며 아침이 밝아오기를 기다리는 새벽. 역시나 시간은 느리게 흐르지만 오히려 이 좋은 기분을 오래 느낄 수 있어 좋다. 오늘은 아침부터 해야 할 일이 많다. 좀 바쁘겠다.

훈련소에서 함께 생활했던 신경외과 전문의 만규형에게 여유 있을 때 연락 부탁드린다고 현 상황을 덧붙여 장문의 메시지를 남겼다. 바로 전화가 왔다. 무한 긍정이 아닌 현실적인 이야기와 자세한 정보를 들을 수 있었다. 희망에 들뜨는 것도 좋지만, 두 다리는 현실을 딛고 서있어야 하는 법이다.

성상세포종은 1, 2 grade는 양성, 3 grade부터는 악성이라고 했다. 그리고 상태가 더 심각하면 교모세포종으로 분류한다고 설명했다. 교모세포종이 아니라면 치료 기간이 길더라도 충분히 이겨낼 수 있으며 이때는 체력 및 정신력 관리가 중요하다고 강조했다. 형은 내 집도의인 교수님이 실력이 좋은 분이니 그대로 따라가기만 하면 된다며 용기를 북돋아주었다.

전화를 마치고 세면도구를 챙겨 샤워를 하고 면도도 깔끔하게 했다. 어제까지만 해도 금방 나갈 거라는 생각에 병원에서 대충 지냈다. 그러나 이제 병원 생활을 인정해야 한다. 병원은 더 이상 잠시 머물 공간이 아니다. 나의 새로운 연구실이다. 폐인처럼 있을 수 없다.

화장실에서 돌아와 이불을 개고 책상을 펴서 한의학 서적을 읽었다. 그러다 오늘 병문안 온다는 형철 형에게 전화를 걸어 고령에서 오는 길에 운수 보건지소에 들러 책을 몇 권 들고 와달라고 부탁했다. 《내가 비록 암에 걸렸지만》은 잊지 말고 꼭 들고 와달라고 당부했다. 전화를 시작한 김에 미처 하지 못했던 연락을 하나씩 돌렸다.

운수에 계신 김 여사님. 다음은 얼마 전까지 운수면에서 8년 같은

8개월을 함께 보낸 임 여사님. 그 후로 몇 분에게 더 연락드리고 병실로 돌아오니 퇴원 준비를 하고 있던 신사 아저씨가 나에게 커피 한 잔을 건넸다. 자신의 상사도 뇌종양에 걸려 수술했지만 지금은 복귀하여 유능한 실력을 뽐내고 있다, 재활의학과 교수인 자신의 형에게 내 이야기를 했더니 뇌를 절제하고 이렇게 멀쩡하기가 드문 일이라고 놀라워했다 등등 여러 힘이 되는 이야기를 많이 해주고 떠났다. 많이 아쉬웠다. 신사 아저씨 형의 말을 들으니 중환자실에서 돌아온 나를 보고 승현이 형이 했던 말이 생각났다.

"내가 돌팔이가 된 기분이다. 긴 싸움에 조민부디 힘 빼고 중간에 지쳐 버릴까 봐 신경 쓰여서 일부러 어머니랑 너한테 일반적인 케이스를 가르쳐드리고 마음 단단히 먹으라고 부탁했는데, 다 틀렸네. 이런 경우는 처음 봐서 머라 말을 못 하겠다."

마음이 즐겁다. 다 이겨낼 수 있을 것 같다. 침대를 복도 쪽에서 창가 쪽으로 옮겨서 쾌적하다. TV도 마음 놓고 볼 수 있다. 앞으로 당분간 지낼 이 자리가 꽤 마음에 든다. 마음이 편해지고 장소도 쾌적해지니 뒤늦게 잠이 몰려왔다. 기다림도, 불안도, 공포도 괴롭히지 않는 잠. 이게 정말 얼마만일까? 더 이상 나빠질 것이 없다는 생각이 가져온 평화 속에서 간만에 깊은 잠을 잤다.

푹 자고 일어나니 옆에 어머니가 서 있었다. 오늘 있을 방사선 종양학과 교수와의 면담 때문에 조퇴했다고 했다.

'이번에는 꼭 따라가야지. 직접 들어야 더 많이 알아듣고 필요한 질문도 할 수 있을 거다. 미성년자도 아닌데 왜 자꾸 배제시켜? 자율성 존중의 원칙이 우리나라에서는 너무 자주 무시되는 거 아냐?'

부모님이 보호자만 오라고 했다고 만류했지만 나는 바득바득 우겨 따라나섰다. 지하 1층에 있는 방사선 종양학과 외래에 도착하여 간호사의 안내에 따라 대기실에 앉아 기다렸다. 10분 뒤 간호사는 만날 수 없다는 이야기를 전했다. 면담을 거부당했다. 괜히 객기 한 번 부렸다가 나도 부모님도 헛걸음한 것. 어쩔 수 없이 다시 병실로 발걸음을 돌릴 때 외딴 섬에 유배되었던 불안이 탈출에 성공했고 머리에 상륙하여 모든 생각과 감정을 굴복시키고 다시 권좌를 차지했다.

나만 모르는 거대한 비밀이 하나 존재하는 것 같다. 담담하게 이야기하다 결국 울음을 참지 못한 어머니. 교수님께 뇌종양 종류를 물었을 때 잠시 있었던 텀(term). 다시 부모님을 모셔간 교수님. 그때는 무심코 넘어갔던 것들이 전부 다 의심된다.

〈트루먼 쇼〉가 떠오른다. 생각하지 않으려 하면 할수록 더 떠오른다. 트루먼은 진실을 알고 싶었고, 결국 조작된 세상 너머로 도전하기를 선택했다. 아래 말을 남기고.

"다시 못 만날 수도 있으니 하루치 인사를 모두 해두죠. 좋은 오후, 좋은 저녁, 좋은 밤 되세요."

하지만 나는 무서웠다. 용기가 나지 않았다. 그저 거짓으로 쌓아올린 바벨탑 안, 나만의 왕국 속에서 호의호식하며 살고 싶었다.

결국 나는 외면하고 도망쳤다. 다시 면담하러 내려오라는 연락이 왔을 때 따라가지 않겠다고 말했다. 종양 크기만 알아와 달라고 부탁하고 병실에 남았다.

혼자 남겨진 병실. 요동치는 감정을 주체할 수가 없어 누웠다 앉았다 섰다 걸었다 자세 바꾸기만을 수십 번. 노트를 꺼내 닥치는 대로 휘갈겨 썼다. 천재 수학자 갈루아가 결투 전 날 죽음을 예감하고 남긴 메모처럼 글씨는 날아다니고 곳곳에는 쓰다만 낙서들이 가득하게.

한참 생각의 늪에서 허우적거리고 있을 때 어머니에게서 전화가 왔다. 면담이 끝나서 올라가는 중인데 가는 길에 카페에 들러 조각 케이크를 사서 가겠다고 했다. 어머니의 밝은 목소리. 믿을 수 없다. 분명 방사선 치료가 가져올 수 있는 부작용에 관한 이야기를 들었을 것이다. 생겨날 수 있는 모든 안 좋은 가능성에 대한 설명을 듣고 동의서를 썼겠지. 그러면 기분이 좋을 리가 없다. 전화하기 전에 얼마나 마음을 다잡아야 했을까? 한바탕 우느라고 전화가 늦었을 수도 있다. 금방 올라올 것처럼 이야기하던 부모님은 꽤 오랜 시간이 지난 후에야 병실로 돌아왔다. 짐작이 된다.

착잡한 마음으로 부모님의 말씀을 들었다. 의외의 말이 가장 먼저 나왔다. 가장 듣고 싶었던 한 마디.

"너도 면담 잡혔어"

모든 걱정이 일시에 사라졌다. 트루먼 쇼가 아니구나. 무서운 건 현실이 아니라 내가 만든 상상이구나. 머릿속을 지나갔던 모든 어두운 생각은 눈물에 담겨 밖으로 배출되었다. 병원에 입원한 뒤로 가장 크고 서럽게 누구의 눈치도 보지 않고 울었다. 걱정한 나 자신이 한심해서, 그 시간이 너무 억울해서.

마음이 진정되자 종양 크기를 비롯하여 여러 이야기를 자세히 들을 수 있었다. 얼마 뒤 내가 부탁한 책을 들고 형철 형이 왔다. 금방 올 것 같던 우민이와 민성이 형이 늦어서 형철 형과 병원 이곳저곳을 돌아다니며 이틀 동안 있었던 일과 내 생각을 이야기했다. 그때 형이 말했다.

"너 잡생각 많은 거 패시브 스킬[6]인가보다. 짧은 시간에 그만큼 많이 생각하는 것도 능력이라면 능력이다. 그게 니가 멘탈 잡는 방법인가 보네, 신기한 놈. 여튼 너무 붙잡아 두지 말고 둥둥 흘려보내라. '아 내가 잡생각 하고 있구나.' 이렇게 생각하면 좀 낫다. 나도 밤에 잠 못 자고 생각 많을 때 자주 쓴다."

얼마 뒤 우민이와 민성이 형이 햄버거를 사들고 왔다. 뒤이어 예고도 없이 현재 형도 찾아와 주었다. 고맙고 반갑다. 비어있는 옆 침대, 자리를 비켜주신 부모님. 우리밖에 없는 2인실에서 나는 조언을 듣고 때로는 강한 척하며 으스대어 보기도 했다.

---

6) 따로 시전하지 않아도 자동으로 발현되는 스킬을 뜻하는 게임 용어.

다시 잦아온 불안감 우대요

의사 간호사의 차라리 의식 잃기전 순간으로 아무 생각없이

앓은 2대로

방아들일 수 있을까?

용기가 안난다

이렇게

세기말에서 현실을 목도할 권리

살고싶다

겁이나서 지금 모두에게 약

도망 치고있다 큰 거짓말 트루먼쇼의

반격의 시작

 아침 6시. 일어나자마자 밤새 흘린 땀의 흔적을 지우기 위해 샤워를 했다. 나이트와 데이 근무를 교대하느라 정신없는 간호사들의 틈바구니 속에서 눈치껏 초록 테두리 XL사이즈 환자복을 받고 세면도구를 챙겨서 화장실로 향했다. 머리 위에서 누가 연필이라도 깎은 것처럼 흑연가루가 흩뿌려진 머리. 계속 누워있었던 탓에 욕창처럼 몸에 우툴두툴 돋아난 빨간 뾰루지. 줄어든 운동량 때문에 한층 늘어난 뱃살. 모든 일이 끝난 다음에는 원래대로 돌아가기를 바라며 흰 거품으로 머리끝부터 발끝까지 덮어본다. 씻겨 내려가는 거품 속에 모든 것이 녹아 사라지기를 소망하며 물을 틀었다.

 뿌옇게 흐려진 거울을 보며 머리카락보다 수만 배는 빠르게 자라는 수염을 면도하고 챙겨온 속옷과 새하얀 환자복을 입고 얼굴에는 새하얀 마스크 팩을 붙였다. 커튼을 걷어 아침 햇살을 받으며 이불을 정리하고 허리를 곧게 펴고 자리에 앉아 책을 읽으며 의료진을 기다렸다.

어제 형철 형이 가져다준《내가 비록 암에 걸렸지만》에서 옮긴이는 저자의 말하고자 하는 바를 이렇게 요약한다.

> 대부분의 사람은 암이 사형신고나 다름없다고 생각하지만 저자는 암이 어쩌면 축복일 수 있다는 관점을 제시합니다. 암 진단을 받은 시점을 기준으로 해서 삶을 완전히 받아들이고, 내적으로나 외적으로 질병을 일으켰던 것들에 변화를 주고, 새로운 자기 가치와 믿음, 진실함, 사랑으로 보람 있고 힘을 가진 삶을 살 기회가 되어 줄 수도 있다고 믿기 때문입니다.[7]

악성 판정을 받은 그날 밤 변화의 계기로서 '암을 극복한 한의사라는 identity의 확보'를 떠올렸다. 이는 '새로운 자기 가치'와 어느 정도 연관성이 있을 것이다. 배우기도 전에 일부를 스스로 깨쳤으니 나머지도 무난히 할 수 있을 것 같은 예감이 든다. 치료가 끝난 시점에는 모든 과업을 완수하여 보람차고 힘 있는 삶을 살리라.

다만 마음에 걸리는 것이 하나 있다. 책은 암환자 본인뿐만 아니라

---

7)《내가 비록 암에 걸렸지만》에머 로버츠. 대성의학사. 2014. 5p.

보호자나 주위 사람도 죄책감이나 슬픔과 같은 극도의 스트레스에서 자유로울 수 없으며, 심지어 보호자의 80%가 우울증을 경험한다는 통계를 제시했다. 모든 것이 자신의 탓이라며 자책하던 어머니가 떠오른다. 밖에서 모든 수분을 짜내고 들어와 담담하게 검사 결과를 이야기했지만, 결국 솟아 나오는 눈물을 참지 못했던 어머니다. 걱정된다. 어쩌면 이 심리 기법은 나보다도 어머니에게 더 필요할지 모른다. 빨리 읽고 정리해서 어머니께 알려드려야겠다. 너무나 커서 넘어설 수 없는 거대한 벽 같았던 어머니는 어느새 아픈 내가 걱정하는 대상이 되었다.

옮긴이의 말, 추천사, 작가의 말, 목차. 모두 지나고 맞이하는 책의 첫 글귀.

> 희망은 어둠에서 시작된다.
> 당신이 단지 확고한 희망으로 보고
> 묵묵히 옳은 일을 하면 새벽이 올 것이다.
> 기다리고 지켜보고 행하라. 포기하지 말라.[8]
> – 앤 라모트

모든 것을 믿고 주어진 길을 걸음 하나하나마다 최선을 다해서 걷

---

8) 《내가 비록 암에 걸렸지만》 에머 로버츠. 대성의학사. 2014. 27p.

는 것이 네가 앞으로 해야 할 일이라던 혜정 누님의 말이 생각난다. 이미 새벽은 왔다. 다가올 찬란한 햇빛의 시간을 기다리고 맞이하겠다.

> 일반 진료의 대부분을 이루는 사소한 질환들인 감기, 두통, 불면, 허리통증의 치료를 돕는 열쇠는 약이 아니라 의사의 지혜와 태도에서 나오는 편안함일 경우가 많다는 것이다.
> 신뢰와 공감 어린 처방을 받은 환자들은 어떤 유효 성분 없이도 자세직으로 치유를 일으키곤 했다

'연구의(醫)의 적이자 임상의(醫)의 친구'라는 별명을 가진 플라세보에 대한 설명이 이어졌다. "다 잘 될 거예요." 수술 직전 마취를 앞두고 불안해하는 나를 진정시켜준 의사의 따뜻한 말 한마디. 회진할 때 보여준 교수님의 편안한 말투와 미소. 플라세보의 효과를 누구보다도 절실히 느꼈다. 간호사였던 옛 연인의 말도 함께 생각난다.

"있잖아. 내가 암 병동에서 근무하는데, 터미널(terminal)[9] 환자들은 통증 많이 호소하잖아. 그때 모르핀 같은 거 넣어주거든. 너무 아프니까 하루에도 4번, 5번 달라는 사람이 많아. 그런데 다 해줄 수가 없어. 다른 환자들 것도 확보해 둬야 하고 수가 문제나 부작용도 있으

---

9) 어떤 질환의 말기 단계. 주로 환자의 향후 생존 가능성이 불량한 경우를 가리킨다.

니까. 그때 어떻게 하는지 아나?"

"어떻게 하는데?"

"생리 식염수 달아준다. '할아버지, 이제 좀 있으면 덜 아플 거예요. 조금만 기다리세요.'라고 말하면서. 그런데 신기하게 그렇게 하면 편안해한다? 암성 통증은 장난 아니잖아. 그런데도 편안해한다?"

"플라세보가 대단하네."

단순히 농도 0.9%의 소금물에 마약의 힘을 불어넣은 건 마음이 아니었을까? 플라세보를 단순히 '속임수'라고 치부하기에는 아깝다. 만약 플라세보의 강도를 더 높이는 기법이 존재한다면 그것은 의술일까? 사술일까? 마음의 힘을 높이 사는 입장에서 참으로 고민되는 문제다.

덩달아 떠오른 옛 연인과의 추억에 잠시 잠겨있을 때 전공의들이 찾아왔다. 불편 사항을 묻는 치프에게 이상 상태가 보이지 않는데 굳이 보호자가 밤을 지킬 필요가 있는지 문의했다. 기대와는 달리 '보호자는 24시간 대기해야 합니다.'라는 이야기가 돌아왔다. 싫다. 나 때문에 부모님이 비좁고, 딱딱하고, 차가운 침대에서 잠들어야 하는 것도, 내가 자유를 잃어버린 채로 계속 지내는 것도.

자취의 최대 장점은 엄마가 없다는 점이고, 최대 단점 역시 엄마가 없다는 점이라는 이야기가 있다. 자취를 하게 되면 비교적 자유로운 사생활을 가질 수 있지만, 반대로 생활의 전반적인 케어를 잃게 된다는 이야기를 위트 있게 표현한 말이다. 이 말인즉슨 생활의 전반적인 케어와 사생활의 보호는 양립하기 힘들다는 이야기. 이번 사건으로 나는 케어가 절실히 필요해졌고 그로 인해 지난 2년간 철저히 보호했던 사생활이 송두리째 사라졌다. 24시간 내내 교대로 내 주위를 지켜야 하는 부모님과 어딜 가나 존재하는 CCTV와 간호사. 숨이 막혔다.

새벽 즈음에 바이탈 체크하러 오는 간호사에게 행여나 조조 발기로 텐트 친 모습을 보여주지는 않을까 걱정되는 병원에서 조금이라도 탈출하고 싶었다. 그러나 치프는 거절했다. 아마 내가 치프였어도 거절했을 것이다. 대수술을 마친 환자 상태는 언제 어디서 어떻게 변할지 모르니까. 그래도 환사로서는 십섭히기 그지없다. 자식을 위해 사생활을 포기한 부모님 앞에서 보호받지 못하는 사생활을 아쉬워했던 그때 나는 나를 악마처럼 여겼다.

전공의가 떠나고 책을 마저 읽기 시작했다. 옆에서 어머니는 내가 쓸 모자를 뜨개질했다. 옆 침대에 누가 들어오기 전까지는 어머니와 나, 둘뿐인 2인실. 옆 사람 눈치 볼 필요 없이 자유롭게 이야기할 수 있는 시간이다. 어느 순간 독서와 뜨개질은 뒷전이 되었다. 홀로 사색하고, 기록하고, 독서하는 행위들은 분명 의미 있었지만 실재하는 위협 앞에서 빛이나 용기를 주기에 부족했다. 그것은 'solo'의 한계였다. 그러나 지금은 아니다. 함께 시간을 보내고 있으니까.

보호자 또한 스트레스에 노출되며 우울증을 경험할 수 있다는 저자의 말을 인용하며 전에 들었던 EFT 강의를 토대로 책 내용을 어머니께 곱씹어 전달했다. 그리고 어머니 몰래 전 여자친구와 여행했던 사실을 고했다. 평소였으면 엄청 혼났겠지만 아픈 사람을 혼내지는 못할 거라는 엉큼한 생각에서 한 행동이었다. 환자 노릇은 성공이었다. 4박 5일간 찍었던 사진을 같이 보고 에피소드를 나누었다. 순천만 정원은 얼마 못 있었던 것이 아쉬울 정도로 좋았고 오동도 가느라 여수 엑스포를 못 가 봐서 아쉽다며 다가오는 여름에 10년 만의 가족여행을 떠나자는 제안도 했다.

이야기는 꼬리에 꼬리를 물고 계속 이어졌다. 그동안 갔었던 내일로 여행이나 대구 근교 여행 경험을 모두 이야기했다. 부산 불꽃 축제의 화려함, 문화재로 넘쳐나던 경주, 화려한 조명의 청도 프로방스, 소수서원과 부석사가 인상 깊었던 영주, 바다 내음 풀풀 나는 강릉, 정동진, 동해 묵호, 보령머드축제로 유명한 대천 해수욕장, 제빵왕 김탁구의 배경이 된 대전의 성심당, 꽁꽁 얼어버려 빙어 한 마리 먹어보지 못했던 제천 의림지, 걸어서 건넌 금강 하굿둑, 맛집 가득한 전주 한옥마을, 단풍이 아름다운 정읍의 내장산, 한반도 최남단에 자리한 해남 땅끝 마을, 바다와 녹차 밭이 어우러졌던 보성, 경치가 아름다웠던 담양 죽녹원과 메타쉐콰이어길 등등 모든 밑천을 털어내었다.

바다 건너는 많이 못 가 보았지만 내륙은 많이 가봤다. 그때는 다 거기서 거기 같아 시큰둥하게 보았던 것들이 병원 침대에 앉아 사진을 통해 바라보니 느낌이 남다르다. 각기 그 나름대로 매력이 넘친다. 상황이 좀 나아지면 여행을 가고 싶다. 직접 차를 운전해서 기차 시간과 대중교통에 얽매이지 않는 자유로운 여행을 하고 싶다. 순천만 정원에서 하루 종일 거닐고 버스가 잘 다니지 않아 가기 힘든 보성 제2다원도 가고 담양에서는 소쇄원도 가보고 싶다.

《내가 비록 암에 걸렸지만》에서는 '암이 당신의 소중한 일부이며, 다만 당신에게 무언가 긍정적인 의사소통을 하기 위해 부적절한 방법을 사용하는 존재'라고 한다. 그렇다면 지금 내가 하고 있는 것이 종양세포가 전하고자 한 메시지를 실천하는 게 아닐까 하는 생각이 들었다.

공보의가 되자마자 가족의 사랑과 관심을 간섭으로 여기며 도망쳤던 나에게 부모님과 터놓고 많은 대화를 나눌 시간을 주고, 대인관계에 자신 없어했던 나에게 주변 사람의 사랑과 관심을 느낄 기회를 주고, 상황에 휘둘려 소극적인 반응만을 일삼던 과거에서 벗어나 적극적으로 상황을 변화시키고 대처하도록 큰 그림을 그린 것이 아닐까? 그 주체가 암세포이든, 운명이든, 신이든, 절대자이든 간에.

점심쯤 PA 간호사가 희소식을 가지고 찾아왔다. 본격적인 치료는 다다음주 수요일부터 있을 예정이니 다음 주 화요일에 잠시 퇴원했다가 일요일에 복귀해도 된다고 전했다.

치료를 앞둔 나에게 이보다 더 큰 위안은 없다. 남에게는 별 다를 바 없는 일상도 상실의 위기를 겪은 나에게는 특별하다. 병원에 온 이후로 입에 달고 산 말이 "일상생활이 하고 싶다"였다. 그때부터 5박 6일의 외출을 손꼽아 기다렸다.

퇴원까지 앞으로 3일. 해결할 문제가 아직 많았다. 악성 판정이 난 이상 보건지소 관사를 비워야 한다. 문제는 2년간 쌓아온 많은 짐을 옮기는 것이었다. 작년 이맘때 보건소 관사에서 지소 관사로 이사할 때는 10년도 더 된 중고 소나타로 열 번 넘게 왔다 갔다 해도 모자랄 만큼 짐이 많았다. 그래서 결국 보건행정 계장님이 직접 1톤 트럭을 수배하여 도와주셔서 겨우 마무리했다. 이후 지소에서 1년 동안 살면서 짐이 더 늘었다. 그때는 2년 동안 지낸다고 생각한 터라 다이어트를 위한 헬스 사이클, 헬스용 벤치 및 아령 세트, 봉 등등 큰 부담 없이 다 사들였다. 이제는 그 짐을 본가로 옮겨야 한다.

그렇지 않아도 제자리를 찾지 못한 채 상자에 담겨 동선을 방해하는 짐이 천지삐까리인 본가였다. 모든 짐을 수용하기는 불가능했다. 가족과 상의한 끝에 세간 중 책과 옷, 이불과 컴퓨터, 실내자전거만 들고 오기로 결정했다. 냄비를 비롯한 그릇, 책장, 전자레인지, 밥솥 같은 가재도구는 아깝지만 후임의 판단에 맡기기로 했다. 관사마다 전임 공보의가 놔두고 간 쓸 만한 가재도구가 많았던 게 이해가 되었다. 모두 들고 가기에 그들도 공간이 부족했으리라.

아버지에게 내 방을 최대한 비우라는 미션이 주어졌다. 책장을 4개나 채우고도 남는, 사놓고 읽지도 않은 책이 최대 관건이었다. 지소에서 가져올 책도 책장 2개 분량은 족히 된다. 주중에는 관사, 주말에는 본가에서 지냈기에 매번 옷을 들고 다니기 귀찮아 하나둘 사 모으기 시작했던 옷도 문제였다. 눈앞이 깜깜했다.

대책이 필요했다. 32평인 이 집에 살기 시작한 지도 만 15년. 널찍했던 집은 나잇살을 먹어 매우 비좁아졌다. 당장 이번 일이 없었더라도 다이어트가 많이 필요했던 집. 물러설 곳은 없었다.

아버지와 동생은 합심하여 내 방에서 연신 짐들을 버렸다. 집에 돌아왔을 때 아들의 건강을 해칠 수 있는 먼지가 하나라도 남아 있어서는 안 된다는 지엄한 어명을 받들어 열심히 쓸고 닦았다. 그러나 한계는 있었다. 내 물건이니 만큼 버릴지 말지 최종 선택은 내가 해야 했고, 그건 병원에서는 할 수 없는 일이었다. 잠시라도 퇴원할 수 있어 정말 다행이었다.

운수의 김 여사님께 연락드려 이사 날짜를 정하고 복잡한 병무청 관련 일은 아버지께서 도맡아 처리하기로 했다.

급한 문제를 해결하는데 만 하루를 다 썼다. 피곤했지만 마음은 편안했다. 옆 침대에 누가 있었다면 이렇게 긴 통화는 힘들었을 것이다. 아무도 입원하지 않은 현실이 반갑다. 2인실만이 가질 수 있는 특권. 이 특권을 다시 누릴 수 없을지도 모른다. 퇴원했다가 복귀했을 때 2인실에 자리가 있다는 보장이 없으니까.

고민했다. 결국 부모님께 외출 갔다 돌아오더라도 2인실에 있고 싶다고 용기 내어 말씀드렸다. 그 말은 집에서 지내는 수, 목, 금, 토요일 동안 쓰지도 않을 병실 사용료를 내겠다는 이야기. 이번 일로 얼마나 많은 돈이 들었을지 짐작도 안 가는 상황에서 던진 무책임한 욕심이다. 하지만 사람이 많은 6인실에서는 2인실보다 신경이 더 쓰이고 코 고는 소리에 잠 못 드는 스트레스가 있을 것이다. 스트레스 때문에 회복이 더디게 되는 것보다 욕심을 부리는 게 낫다고 합리화했다. 이왕 중환자실에서 나올 때 어리광 부린 마당에 한 번 더 부리자며 욕심을 부렸고 현실이 되었다. 나중에 부모님이 아프시면 그때는 으리으리한 1인실에 입원시켜드리겠다는 말을 속으로 삼키며 기뻐했다.

어머니는 돈 쓰는 김에 하나 더 질러야 한다고 갖고 싶은 것을 말하라고 하셨다.

"노트북."

병원을 새로운 집무실로 만들기 위해서 가장 필요한 것은 컴퓨터였다. 이미 주변 사람에게 물어물어 적당한 가격에 성능 좋은 컴퓨터를 눈여겨 봐두고 통신 요금도 무제한 요금으로 바꿔놓았다. 어머니는 내가 고른 중소기업 제품에 반신반의하여 웃돈을 얹어 홈쇼핑에서 파는 대기업 노트북과 태블릿 PC를 주문해주셨다. 대학교 입학 후 무엇 하나 먼저 사 달라한 적 없던 아들의 무리한 요구에 아낌없이 돈을 지불해주셨다.

이제 다시 병원에 왔을 때 심심한 일은 없겠지. 노트북과 태블릿으로 동영상 강의, 영화, 드라마를 보고 그로 인해 얻은 마음의 안정으로 몸도, 마음도, 건강도, 지식도, 모두 발전된 나로 탈바꿈할 것이다.

일상으로의 초대

 퇴원 당일 몸만 빠져나가면 끝일 줄 알았는데 병원비 중간 정산과 외출증 발급 절차가 의외로 복잡했다. 집에 들고 갈 짐과 병실에 놓아둘 짐은 이미 잘 갈무리해 두었지만 아버지께서 업무를 처리하시는 동안 혹시나 빠진 것은 없는지 계속 확인하며 시간을 보냈다.

 퇴원 수속이 길어져 너무 심심하여 환자복을 내던지고 임 여사님이 사주신 프랑스 국기가 연상되는 골프용 비니 모자, 누워있느라 살찐 나를 위해 어머니께서 새로 사 온 파란 체크 셔츠, 집에서 가져온 따뜻한 검정 면바지, 병원에 입원할 때 신고 온 갈색 단화, 머리끝부터 발끝까지 일반인으로 변신하고 병원을 활보했다.

환자가 아닌 것 같다. 생각해보면 병원에 입원하기 전 운수 보건지소에서 먹고 자며 환자를 치료할 때보다 지금이 더 건강한 몸 상태 아닐까. 내 머리에 박혀있는 종양세포도 분명 지금보다 그때가 더 많다. 달라진 것은 오직 '병식'이 있느냐 없느냐의 차이. 깎인 머리가 이를 상징하듯 알려줄 뿐이다.

 SNS에 주치의의 이름을 슬쩍 검색해보았다. 아무래도 나이가 비슷하니 어딘가에 접점이 있지 않을까 소소한 기대에서 한 짓이었는데 수확이 꽤 컸다. 주치의는 내 대학 동기의 고등학교 동창이었다. 기쁜 마음에 동기에게 바로 전화를 걸어 소식을 전하고 간호사실로 찾아가 주치의가 어디 있는지 탐문했다. 마침내 의국실에서 나오는 주치의를 발견해서 동기 이야기를 하고는 전화번호를 교환했다.

 뜻밖의 인맥을 기뻐하며 병실로 돌아오자 수속을 마친 아버지와 PA 간호사가 이어서 들어왔다.

 "이제 퇴원하셔도 되고요. 일요일에 돌아올 때 7시까지는 와주세요. 늦으면 다른 환자에게 방해되니까. 그리고 집에 계실 때 명심할게 몇 가지 있어요. 절대 무리하시면 안 돼요. 아직 스테로이드 때문에 백혈구 수치가 굉장히 높아요. 그렇지만 이 중에 제대로 기능하는 건 10개 중 1개도 될까 말까 해서 면역력이 매우 낮아요."

 "저, 이사해서 좀 움직여야 하는데……."

 "감기 걸리면 아예 방사선 치료를 시작하지 못할 수도 있어요. 몸 관리 하셔야 돼요."

"조심하겠습니다."

"열이 나거나 손이나 발에 갑자기 힘이 빠지면 병원에 와야 해요. 외래가 아니라 응급실로 오셔야 해요. 그럼 바로 병동으로 올려 보내 줄 거예요."

주의사항이 많았지만 집에서 잘 수 있다는 사실 앞에서는 한 줌의 걱정거리도 되지 않았다. 그녀는 이어서 MRI를 찍으러 중간에 병원을 방문해야 하는데 운이 나쁘면 하루 정도는 다시 입원할 수 있다는 말도 전했다. 그런 일은 절대 없기를 바라며 병원을 나섰다.

퇴원하는 순간, 오늘 아침까지 누웠던 그리고 다시 입원하면 누울 침대를 돌아보았다. 내 눈에 보인 건 빈 침대가 아니라 수술 전 엎드려서 마지막 할 말을 노트에 적던 나, 검사 결과가 나온 날 팔뚝을 물어뜯으며 소리 없이 흐느꼈던 나였다. 흘린 마음은 그대로 내버려두고 밖으로 나와 택시에 올라탔다.

여전히 밖은 쌀쌀했다. 언제 봄이 올까? 내가 다 낫기 전에는 오지 않았으면 좋겠다. 빼앗긴 들에 찾아온 봄의 풍요는 배만 아프게 할 뿐이다. 내가 할 수 없는 온갖 재미난 것을 다른 사람들이 즐길 거라 생각하니 너무 싫다. '나'라는 톱니바퀴가 빠져 멈춰버린 세상을 잠시 상상해본다. 현실은 그럴 리가 없지만.

집에 도착하자마자 내 방문을 열었다. 3주 만에 돌아온 방은 많이 깨끗해져 있었다. 머리 다친다며 기겁하는 아버지의 외침을 뒤로하고 침대에 몸을 던졌다. 푹신한 느낌, 부드러운 감촉, 익숙한 냄새, 많이 본 풍경. 어떠한 형태로도 표현이 불가능한 그런 감정을 느낀다. 옷을 훌렁훌렁 벗어버리고 모자도 집어던지고 이불 속으로 기어들어갔다. 아버지는 "좀 씻고 눕지 그러냐."하고 한 마디 툭 던지시고는 자리를 피해주셨다. 침대에 누워 간만의 일상을 만끽하며 집에 있을 동안 할 일을 생각했다.

지금 가장 시급한 것은 책 정리. 아버지께선 먼지도 많고, 춥고, 힘쓰기 버거울 거라며 주의사항을 일깨워주셨지만, 나는 괜찮을 거라고 우겼다. 지소에 남아있는 책의 양을 헤아려 내 나름의 질서대로 꽂고 싶었다. 방안의 책을 모두 꺼내 쌓아 두고 한 권, 한 권 고민하며 분류했다. 보관할 것은 A, 애매한 것은 B, 버릴 것은 C. 서점에서 결제하거나 택배 상자에서 뜯은 후로 한 번도 내 손길을 거치지 않은 책이 엄청 많았다. 동호회에 나가서 '취미가 뭐냐'라는 질문을 들으면 "책 모으기예요."라고 농치던 내 모습이 떠오른다.

'농담이 아니군. 거짓말은 안 했네.'

처음은 만화책. 다음은 일반 소설 및 교양서적. 마케팅 서적, 여행 및 역사 관련 자료와 처세술 관련 책. 다가올 미래에 필요할 다이어트 서적과 정신 건강 관련 서적. 마지막은 한의학 서적. 거르고 걸러 C로 분류한 책은 100권도 넘었다. 그러나 지소에서 가져올 책을 생각하면 아직도 자리는 부족했다. 결국 B로 분류한 책 중 상당수를 버려야 했다. 안 볼 것 같지만 버리기에는 아까운 책들 중 큰 놈은 박스에 넣고, 작은 놈은 책상 밑 가장 아래 칸에 쌓아두는 유배형에 처했다.

나름의 꿈을 가지고 샀던 책들이었는데 아쉽다. 버리는 책, 남아있는 책, 구석에 박아둔 책, 가져올 책, 도합 1000권이 넘건만 그중에 읽은 것은 몇 프로나 될까. 대학교 1학년 때 나이가 지긋하던 동기 형은 책 앞에서 살지 말지 고민하는 나에게 책은 서문만 읽어도 남는 거라며 용기를 북돋아 주었다. 그런데 지금 서문도 읽지 않은 책을 버리고 있다. 아깝다. 시간이 있다면 기부라도 했을 텐데. 나의 게으름 때문에 귀중한 지적 재산이 소비되지 못한 채 폐지로 전락해버렸다.

여러 번에 걸쳐 내다 버린 후 소파에 몸을 던졌다. 잠시 쉬다가 뒤처리를 시작했다. 허전해진 책장에 책을 꽂았다. 자세한 배치는 관사의 책을 가져와야 할 수 있을 것이다. 하루 종일 매달린 대작업이 드디어 끝에 다다랐다. 그 끝에서 나는 지금의 나를 보았다.

'지금은 좀 어지럽지만, 과거의 묵은 것을 비우고 새로운 것을 받아들이는 과정이다. 그저 스쳐 지나갈 시간이다. 최종 도착지는 아니다.'

고단했던 하루가 끝나고 병원이 아닌 집 화장실에서 샤워를 했다. 온 가족이 모여 저녁식사를 하고 드라마를 봤다. 그토록 하고 싶었던 일상생활. 그러나 병원 생활의 흔적을 모두 지우지는 못했다. 병실의 불이 꺼지는 11시가 되자 저절로 하품이 나왔고 부모님은 어서 자야 한다며 나를 방에 밀어 넣었다. 게다가 혼자 두기에는 안심이 안 된다며 기어코 이부자리를 끌어 와 내 방바닥에 자리하셨다. 병원 생활의 연장 같아 울상이 되어 거부했지만 완강한 부모님을 이겨낼 도리가 없었다. 결국 투덜거리며 침대에 누웠다. 몸을 움직였던 탓인지 집에 돌아왔다는 안정감 때문인지 그날 밤은 정말 깊게 잠들었다.

벨소리에 잠이 깼다. 휴대폰을 보니 벌써 9시가 넘어있었다. 어젯밤 내 방에서 주무셨던 어머니는 이미 출근하고 안 계셨다. 모르는 번호라 받을까 말까 고민하다 받았더니 병무청에서 온 전화였다. 의병 제대 관련 일정을 가르쳐주는 연락이었는데 그 내용이 심히 황당했다. 2주 후 직접 징병 검사장으로 가서 검사를 받고 통과되면 대구에 있는 중앙 신체 검사소에 가서 제대 처리를 받으라는 얘기였다. 답답하고 짜증이 난다. 아픈 것이 마치 내 잘못인 것처럼 직접 자료를 모으고 찾아가도록 만든 병역 시스템이 무척 야속했다. 지금도 생각한다. 병역이 형벌이 아닌 진정으로 신성한 의무이고 나라를 위한 헌신이라면 의병 제대나 의가사 제대는 국가에서 책임지고 처리해야 한다고.

늦은 아침 식사를 한 후 쉬고 있는데 택배가 도착했다. 태블릿과 노트북. 받자마자 필요한 애플리케이션을 설치하고, 클라우드에 저장해 두었던 자료들을 내려받았다. 입원하면 전부 다 볼 생각이었다. 지금에서야 하는 말이지만, 노트북 속 수많은 자료 중 입원해서 본 자료는 극히 일부분이다. 방 안을 가득 메운 책장에도 읽은 책은 일부분. 영락없는 태음인의 모습이다. 그중에서도 욕심만 많고 실천력은 떨어지는 유형.

《애노희락의 심리학》이라는 책에서는 태음인을 이렇게 설명한다.

태음인은 확실히 선(先)접수, 후(後)판단의 경향이 두드러진다.

태음인은 정보를 받아들이는 능력이 뛰어나기 때문에 다른 체질의 사람들이 소화해내지 못할 정도의 정보량도 소화해낸다. 섣불리 판단하려 하지 않고 일단 쌓아두기 때문에 받아들이는 부담이 적기 때문이다. 따라서 정보의 홍수 상황에서는 가장 적응이 쉽다.

하지만 아무리 알아봐도 끝도 없이 새로운 정보가 나오게 되므로 판단을 마냥 미루는 악습이 더 심해질 가능성이 존재한다.[10]

받아들이는 능력을 과신한 나머지 너무 과도한 정보량을 수집해 버리고 그 양에 질려 쌓아두고만 있는 '실수한 태음인'이 바로 나, 김동완이다. 수술 후부터 나는 운명론적 사고에 심취하여 가끔 이렇게 생각힌다.

'지금 이 시간은 쌓아둔 정보를 소화하라는 의미에서 운명이 나에게 부여한 시간이 아닐까?'

저녁에 갑자기 병원에서 전화가 왔다. MRI를 찍기 위해 내일 저녁에 입원하라고 했다. 속상했다. 목요일 저녁에 입원해서 금요일 아침에 퇴원. 집에서 머무는 하룻밤이 줄어든 것이다. 얼마 전까지만 해도 나는 일요일 밤에 집에서 자면 월요일 아침에 일찍 일어나야 하기 때문에 귀찮아서 일요일 오후에 지소로 가버리곤 했다. 그런 나를 울상 지으며 만류하던 어머니의 마음이 이러했을까? 뒤늦게 불효자는 자책했다. 그래서 그날만은 일찍 자야 한다며 재촉하시는 어머니 말에 토 하나 달지 않고 바로 침대에 누웠다.

---

10) 《애노희락의 심리학》 김명근. 개마고원. 2003. 56-70p.

아침에 일어나자마자 샤워를 하고 노트북을 켰다. TV를 보며 한창 빈둥거리고 있는데 병원에서 다시 연락이 왔다. 금요일 아침으로 잡혔던 MRI가 10시로 조정되었다고 했다. 그래서 굳이 오늘 올 필요가 없고 내일 아침 일찍 와서 잠시 입원하면 된다는 소식을 전했다. 신났다. 깨방정을 떨며 기뻐했다.

'오늘 밤도 편안히 잠들 수 있겠구나.'

안 하던 행동을 하면 사고를 치는 법. 기쁨을 주체하지 못하다가 탁자를 쳐서 물을 쏟아버렸다. 머쓱하게 얼른 걸레를 가져와 닦다가 아직 먹지 않은 오늘 아침 약을 발견했다. 병원에 있을 때는 간호사가 때맞추어 챙겨주고 일일이 확인해 주었는데 집에 있다 보니 깜빡한 것이다. 약 먹는 것을 잊었을 경우 식사에 구애받지 말고 최대한 빨리 먹으라는 PA 간호사의 말을 상기하며 급히 약을 삼켰다.

병원에서는 맛볼 수 없었던 평온함. 이 평화는 그리 오래가지 않았다. 집안의 평화를 깨뜨린 건 다름 아닌 '야채수'였다. 부모님은 조직검사가 나온 그날 바로 야채수를 주문했다. 도착한 야채수를 두고 항암치료에 도움이 된다면서 꼭 마셔야 된다는 두 분과 거부하는 내가 양립했다. '한의사'라는 알량한 자존심이 문제였다. 의학과 한의학이라는 주류의학을 놔두고 굳이 그런 걸 먹을 필요가 있을까, 돈 낭비라는 생각이 들었다. 그런 나를 두고 부모님은 답답해하시며 아주 우격다짐으로 먹이려 드셨다.

"동완아, 이거 먹어야 돼. 도움 된다니까? 먹고 나은 사람 많아."

"그게 무안 단물[11]도 아니고 그걸로 어떻게 나아. 같이 받은 치료 때문에 나았겠지. 알았어, 먹어는 볼게. 먹어서 손해 보는 건 없으니."

"아냐, 낫는다고 생각하면서 먹어야 효과가 나지. 그냥 먹으면 되나."

"그게 안 되는 걸 어떡해."

"아빠도 처음에는 안 먹는다고 그러더니, 이거 먹은 다음부터 항암제 먹고 구토 안 하니까 그 다음부터는 안 챙겨줘도 잘 찾아먹더라. 그러니까 한번 믿고 먹어봐."

어머니는 어두운 표정으로 자리를 떴다. 10년 전이 떠오른다. 아버지께서 암 투병하셨을 때 외할아버지는 아픈 사위를 위해 손수 채소를 고르고 집에서 말려 직접 야채수를 끓였다. 우리 집 바로 앞에 있는 외갓집의 베란다에서는 항상 표고버섯과 무청, 갖가지 풀이 일광욕을 하고 있었다. 햇빛에 반짝이던 그 모습이 아직도 기억난다.

'항암제를 먹은 아버지에게서 쏟아져 나오던 토사물이 야채수를 만나고 힘을 잃었다……'

---

11) 만민중앙교회 이재록 목사가 자신의 고향인 전라남도 무안군에서 나오는 물에 권능을 주어 신묘한 효과를 낸다고 주장한 신비의(?) 액체. MBC 뉴스후 보도진의 취재 결과, 식용 부적합 판정을 받은 것으로 확인되었다.

구토를 멈추게 한 것은 야채수가 아니라 사위를 향한 외할아버지의 정성이 아니었을까. 나는 항암제를 병원에서 처방받고, EFT를 비롯한 여러 한의학 정신 요법을 하고, 침으로 신체 증상을 관리했다. 거기에 부모님의 마음이 끼어들 자리는 없었다. 그래서 야채수를 주문한 것이 분명하다. 견고해 보이지만 분명히 있을 틈 사이로 당신의 정성도 밀어 넣고 싶었으리라. 그렇다, 이 야채수는 부모님의 마음이다. 야채수 값은 부모님의 마음을 편안하게 하고 내가 부모님의 사랑을 느낄 수 있도록 하는 비용이고. 그렇게 반성하며 야채수를 한 잔 마셨다.

금요일 아침은 무척 바빴다. 8시 반까지 병원에 도착, 입원 수속 후 MRI를 찍고 운수로 가서 이사를 해야 했다. 병원에 도착하자마자 간호사실에서 환자복을 받았다. 환자복으로 갈아입고 병실에서 MRI를 기다렸다. 내가 없는 동안 2인실을 마음 편히 혼자 쓰셨던 분은 70대쯤으로 보이는 할아버지였다. 새하얀 백발이 아닌 흰 배포장지로 덮인 머리는 그가 나와 마찬가지로 신경외과 환자임을 알렸다.

병원이 시간과 공간의 방[12]도 아닐진대 집에서는 빠르게 흐르던 시간이 또다시 느리게 흐르기 시작했다. 1시간 정도 지나자 폰 게임 기회도 모두 소모되어 할 게 없었다. TV에서도 생전 본 적 없는 아침드라마만 나올 뿐이다. 태블릿, 책, 공책 어느 하나 챙겨오지 않은 나를 책망하며 30분쯤 더 기다렸을까? MRI 조영제 사용 동의서를 들고 인

---

[12] 만화 《드래곤볼》에 등장하는 시간이 느리게 흐르는 방.

턴이 찾아왔다. 동의서 내용을 설명해주며 인턴은 나에게 뇌수술을 한 적이 있는지 물었다. 매뉴얼대로 행동하는 것이겠지만, 빡빡머리에 스크래치까지 나 있는 내 머리를 보면서 물어보는 그를 보고 있자니 괜스레 놀림 받는 느낌이 들었다. 썩 기분이 좋지 않았다. 필시 자격지심이리라.

조영제를 넣기 쉽도록 수액을 정맥에 연결하고 MRI 검사실로 내려갔다. 거기서도 30분 정도 더 기다린 후 MRI를 찍었다. 한 달 동안 도대체 몇 번을 찍었는지 모르겠다. 그래도 찍는다는 건 좋은 일이다. 확인할 필요가 있다는 것은 변화에 대한 기대를 전제로 하는 거니까. 자수 찍어 수석 판찰이 질 되면 좋겠다는 생각을 해 본다. 지금 내 몸 상태가 어떤지 궁금해서 매일 찍고 싶다는 생각도 해 본다. 아직 치료를 시작하지 않은 터라 그새 종양이 많이 자라지 않았을까 겁도 나고.

집으로 돌아와 운수지소에 갈 채비를 했다. 사촌 매형도 같이 도와주기로 했다. 여사님께 이제 출발한다고 연락드리고 매형 차에 탔다. 늘 출근하던 길의 풍경. 조수석에서 바라보니 생경하다. 이제 이 길을 출근하기 위해서 지나갈 일은 더 이상 없다. 갑작스럽고 준비되지 못한 이별이기에 더 뼈아프다.

대구에서 태어나 쭉 대구에서 자랐다. 명절마다 찾아간 친가도 부산, 외가는 정읍시 한복판. 모두 시가지였기에 흙과는 거리가 먼 삶을 살았다. 흙이라고는 놀이터의 모래, 소풍 때 가보는 몇몇 산이 전부인 '도시인'이었다. 그래서 문학작품에 종종 등장하는 자연과 벗 삼을 수 있는 고향은 상상 속의 존재에 지나지 않았다. 그런 나에게 고령은

'마음의 고향'이었다.

고령은 나와 인연이 깊다. 어머니의 첫 발령지는 고령군 성산면의 성산중학교. 내가 5살이던 해까지 근무하셨다. 다음 부임지는 고령군 고령읍의 고령중학교. 지금은 대가야읍의 고령고등학교이다. 여기에서 어머니는 내가 초등학교 4학년 때까지 근무하셨다. 중간에 동생을 낳느라 육아휴직 중이던 기간을 제외하면 태어났을 때부터 초등학교 4학년까지 고령은 나에게 '어머니가 계신 곳'이었다. 방학 때는 어머니께서 감독하는 보충 수업에 따라가 교실 맨 뒷자리에 앉아 학습지를 푼 적도 있었다. 어린 나를 돌볼 사람이 없어서 낸 고육지책이었는데 그 덕에 나는 교감 선생님과 함께 근처 고등학교 농장에서 타조도 보고 토끼 먹이도 주는 경험을 맛보기도 했다.

멀미가 심했던 터라 멀리 놀러가는 것이 힘들었던 나와 내 동생에게 고령은 최적의 소풍장소이기도 했다. 지산리 고분군, 대가야 왕릉전시관, 대가야 박물관, 대가야 역사 테마 관광지 등등 지금처럼 관광지의 구색을 갖추기 이전부터 수도 없이 드나들었다. 그랬던 터라 고령에서 근무하기로 결정되었을 때 얼마나 기뻤는지 모른다. 집에서 30분 만에 갈 수 있다는 장점도 있었지만 왠지 고향으로 간다는 느낌이 특히 더 설레게 만들었다.

공중보건의사 1년 차 때는 읍내에 있는 고령군 보건소에서 근무했다. 관사는 대부분의 건물이 김해로 떠나고 없는 가야대의 옛 원룸촌에 있었다. 읍내의 보건소와 구 대학가에 자리한 관사. 벌레가 무진장 많다는 것 말고는 도시와 별반 차이가 없었다. 그러나 출퇴근길은 도시와는 많이 달랐다.

원룸촌에서 길가로 5분 정도 내려오면 왕복 4차선의 아스팔트길이 잘 닦여 있었고 옆에는 인도와 자전거도로가 마련되어 있었다. 동네에서 읍내로 가는 길은 그것 하나뿐이었는데 그 길에 자전거 도로가 있는 것이 아이러니했다. 그 언덕은 매우 가팔랐기 때문이다. 언덕을 자전거로 올라가면 허벅지가 터지려고 할 게, 내려오면 속력을 주체하지 못하고 굴러 떨어질 게 자명했다. 그래도 능선을 따라 헉헉대며 올라가면 한쪽에는 논이, 다른 쪽에는 넓디넓은 들판과 푸른 산이 보였다.

그리고 걷다보면 어디서 나타났는지 모를 강아지들이 하나, 둘 내 뒤를 따라왔는데 보건소에 도착할 무렵이면 열댓 마리로 불어나 있었다. 주택가 골목으로 접어들면 친구를 보러 가는지 뿔뿔이 흩어졌지만, 피리 부는 사나이가 된 기분은 자칫 지루하고 힘들 수 있는 출근길을 즐겁게 해주었다.

2년 차에 운수면 보건지소로 자리를 옮겼다. 지소 남쪽에는 논이 넓게 펼쳐져 주변을 산책하면 왜가리 한두 마리 구경하는 것은 예사였다. 가끔 비 오는 날이면 개구리들이 비를 피하려고 지소 문을 두드렸다. 동쪽에는 수박 밭이 있어 여름밤이면 수박을 수확하느라 꽤나 시끌시끌했다. 재작년에 근무했던 의사 형이 실수로 주말에 불을 켜 놓고 퇴근했다가 벌레가 2 cm 두께로 쌓여있었다는 에피소드가 있을 정도로 자연과 함께 할 수 있는 곳에서 나는 살았다. 거기에서 1년 더 지낼 수 있다는 생각에 늘 기뻤는데 느닷없이 빼앗겨버렸다. 상으로 받은 막대사탕 껍질을 급히 뜯다 떨어뜨린 아이처럼 마냥 슬프다.

한참 상념에 젖어있을 때 지소에 도착했다. 김 여사님이 알아봐 주신 이사 업체 사람들은 미리 이야기해둔 대로 책과 이불, 옷과 컴퓨터, 실내 자전거를 모두 챙겨놓고 우리를 기다리고 있었다. 여사님께 얼른 인사를 드리고 챙길만한 물건이 더 없는지 확인하기 위해 2층 관사로 올라갔다. 마지막 내 방의 모습을 사진으로 남기고 싶었지만 이미 초토화된 방은 내 것이 아니었다. 다시는 여기서 잘 수 없음을 상기하며 방을 둘러보았다. 술에 취해서 뒹굴었던 현관. 라면조차 몇 번 끓인 적 없는 부엌. 소주와 맥주로만 가득 찼던 냉장고. 직접 설치한 찍찍이 방충망이 붙어있는 창문. 얼마 전까지 나의 잠자리였던 푹신한 침대. 읽다 만 책들이 잔뜩 쌓여 있었던 책상. 하나하나 많이 아쉽다. 나중에 몰래 찾아와 한번 자고 싶은 마음이 든다.

책상 위 잡동사니를 정리했다. 가져갈 것, 버릴 것 구분하다가 옛 연인의 흔적도 발견했다. 헤어지고 얼마 지나지 않아 일이 벌어진 터라 그리워할 여유조차 없었다. 모든 것이 쓰나미처럼 몰아쳤다. 어떤 것은 사라졌고, 어떤 것은 흔적만 남았고, 어떤 것은 되찾고, 어떤 것은 기적처럼 살아있다. 잘 추스를 수 있을까? 지난날의 모습을 모두 되찾고 앞으로 더 나아갈 수 있을까? 마음이 알듯 말듯 복잡 미묘하다. 고민하다 버리기로 하고 쓰레기통에 넣었다. 지켜보던 사촌 매형은 나중에 후회할 거라며 다시 주워 내 주머니에 찔러 넣으셨다.

동행해 준 매형 덕에 2층 관사는 수월하게 정리되었다. 마지막은 진료실. 진료실 컴퓨터에서 내 개인 정보는 지우고 개인 문서는 USB에 담았다. 두 박스 가량 되는 쌓아둔 책도 챙겼다. 이것들을 머리에 넣어두었다면 더 좋은 진료를 할 수 있었을 텐데 아쉽다. 무엇 하나 아쉽지 않은 것이 없다.

병무청의 느린 일처리 때문에 한동안은 옆 지소의 한의사가 출장 와서 진료할 것이다. 일주일에 많아봐야 이틀 진료할까 말까. 요일을 착각하고서 휴가 때도 찾아와 허탕 치고 가시는 분들이 부지기수인 지소였다. 힘들게 걸어온 길로 별 수확 없이 돌아서야 할 분들이 눈에 선하다. 내가 아픈 바람에 지난 한 달간 이미 헛걸음 하신 분들이 많았을 것이다.

차게 식어버린 베드에 한번 누웠다 가볼까 하다가 마음을 거두었다. 병자의 기운을 남겨서 좋을 게 없었다. 여사님께 마지막 인사를 했다. 종종 찾아뵙겠노라고, 3달 정도밖에 같이 못 있어서 아쉽다고 내 마음을 전했다. 여분의 열쇠를 돌려드려야 했지만 도로 들고 나왔다. 그러고 싶었다. 아직은 내 집이라고 믿고 싶은 마음에, 금방이라도 아무 일 없다는 듯 지소 문을 열고, 관사에서 자고, 아침에 일어나 진료하고, 그럴 수 있을 것 같은 마음에 부적처럼 간직하고 싶었다.

집으로 돌아오니 이사 업체 직원은 벌써 도착해 있었다. 아버지와 매형이 짐을 옮기면 나는 방 안에서 정리를 했다. 도서관처럼 구역을 정해놓고 전공 서적, 교양서적, 다이어트 및 정신 건강 서적, 소설책을 배치했다. 이리 넣었다 저리 넣었다 하며 꽤 바빴다. 생각보다 책이 많아서 또다시 재활용 쓰레기로 버려야 했다. 정리는 끝없이 이어졌고, 잘 때쯤이 돼서야 비로소 마무리할 수 있었다.

사실 그날 저녁에는 공보의 모임이 있었다. 오래전부터 예약되어 있었던 골프 필드 모임의 뒤풀이 자리였다. 실력이 모자라서 골프 필드 모임에 참가하지 않기로 했는데 그게 신의 한 수였다. 내가 참가하기로 했다가 빠졌더라도 나 대신 누군가가 그 자리를 채웠겠지만 마냥 즐겁지는 못했을 것이다. 그리고 오늘은 이틀 뒤 결혼할 지만이 형의 축하 파티도 겸했다. 때마침 장소도 동네 근처라서 가는데 큰 부담은 없었다. 그러나 가지 않았다. 좋았던 일을 되새기고, 새롭게 출발하는 사람을 축하하는 자리에 '나'라는 존재는 걸맞지 않다는 생각 때문에. 내가 간다면 주인공 자리를 빼앗고 골프나 결혼 생활이 아닌 나의 병상 생활이 주제가 될 것이다.

그래도 가고 싶었다. 지금 입원하면 언제 퇴원할지도 모르고 다음 달 14일이면 3년 치 형들은 고령을 벗어나 각자 자신의 일터를 찾아 떠난다. 어쩌면 우리가 결혼식장이 아닌 곳에서 다 같이 만나 마음 편히 놀 수 있는 자리는 이번이 마지막일지도 모른다. 같이 배드민턴하고, 축구하고, 볼링치고, 탁구치고, 골프하고, 여행도 가고, 술도 자주 마셨다. 각자 스케줄 따라 멤버 구성이 바뀌긴 했지만 나는 항상 함께 했다. 그래서 형철 형은 "이 모임은 동완이 니가 징징거리는 거 우리가 받아주면서 유지되었다."고 농담하곤 했다. 이 모임의 시작이 된 '점심시간 배드민턴'도 내가 제안한 거였다. 시작에도, 중간에도 항상 내가 있었는데, 끝에는 오직 나만 없다.

먹고 자고 일하던 지소에서 방을 빼고, 같이 놀던 무리의 마지막 모임에도 나가지 못했다. 일상에서의 이탈을 격렬하게 느끼며 그날은 그렇게 잠들었다.

다음 날, 대강의 책들은 정리했지만 이불, 베개, 옷가지 등등 아직 집어넣지 못한 짐이 많이 있었다. 그래도 주말이라 온 가족이 집에 있어 일손이 많았다. 덕분에 먼지 날린다며 카페로 피신할 것을 명받고, 책 이외의 짐에는 별 관심을 두지 않았기에 기쁜 마음으로 집을 나섰다. 감염되어 염증이 생기면 방사선 치료가 연기된다는 PA 간호사의 말을 상기시키며 부모님은 마스크를 쓰고 옷을 '단디' 껴입기를 당부했다. 두꺼운 검은 양말과 등산복 바지, 회색 셔츠에 짙은 갈색 니트, 빨간 다운 점퍼, 머리에는 골프용 비니, 얼굴에는 검은 뿔테 안경과 파란 마스크. 스타일은 전혀 신경 쓰지 않고 오로지 보온 기능에만 초점을 맞춘 채 3월 말의 토요일, 동네 카페로 길을 나섰다.

병실과 집, 항상 부모님과 같이 있었다. 온전히 혼자 마주하는 바깥세상은 정말 오랜만이다. 내가 혼자서 운전하고 일하고 돈 벌고 돈 썼다는 사실이 먼 옛날처럼 까마득하게 느껴진다. 이제 카페 알바생에게 레모네이드를 주문하는 것조차 약간의 용기가 필요하다. 음료를 받아들고 창가에 자리를 잡았다. 앞으로 어떤 일이 벌어질까, 멍하니 앞을 바라본다.

'연인은 생길 수 있을까?'

생각해보면 난 항상 누군가를 좋아하고 있었다. 중2 때부터 대학교 1학년 때까지 학창 시절 내내 한 여자를 짝사랑했다. 힘들었던 시절 나를 버티게 해 준 그녀에게 크리스마스를 앞두고 고백했다가 시원하게 차였다. 고백은 도전이 아닌 확인이라는 걸 몰랐던 어린 시절의 부끄러운 기억이다.

거절당하고 바로 다이어트를 시작했다. 1년 반에 걸쳐 121.5 kg에서 78 kg까지 43.5 kg을 감량했고, 어느 순간부터 또다시 누군가를 좋아하고 있었다. 그러나 매력으로 느껴지던 그 사람의 모습이 단점으로 보이기 시작하면서 마음이 차갑게 식었다. 혼자 시작하고 혼자 끝냈다.

그리고 본과 1학년 가을, 살을 뺀 뒤부터 폭발한 근거 없는 자신감은 온 세상이 내 발아래 있는 것처럼 느껴지게 했다. 그러다가 분에 넘치는 인연을 만나 모태솔로를 탈출했고 많은 시간을 함께 했다. 정말 과분한 사람이었다. 처음이라 실수도 잦았을 텐데 크게 싸운 적이 단 한 번도 없을 정도로 날 이해해 주는 사람이었다. 하지만 졸업하고 장거리 커플이 되면서 만나는 빈도도 줄고 결국 헤어지고 말았다.

그 후로 매 순간 누구에게든 마음을 주고 있었다. 혼자인 나를, 누군가를 좋아하고 있지 않은 나를 경험한 일이 없었기에 지금 더 불안하고 외로움을 탈지 모른다는 생각이 든다. 중환자실에서는 결혼을, 지금은 연애를 꿈꾸는 나. 종족 번식의 욕구가 괜한 본능이 아님을 느끼는 지금이다.

다시 병원으로

집에서 앞으로의 계획을 세웠다. 병원에서 필요한 책이 생기면 가족들이 찾아오기 쉽도록 집에 있는 책 목록을 작성하고 분야별로 두세 권씩 뽑아 남아도는 시간을 이용하여 숙지하기로 다짐했다. 뿐만 아니라 다이어트 계획도 세우고 마음 수련에 정진할 시간도 배당하였다. 모든 것이 계획대로 이루어진다면 나는 지, 덕, 체를 모두 갖춘 사람으로 탈바꿈해 있으리라. 나의 거창한 계획을 들은 준수 형은 1/3만 읽어도 성공이라며 불가능하다고 했지만, 난 자신감에 가득차 결과로 증명해 보이겠다며 단호하게 말했다.

입원기간 동안 지루하지 않도록 노트북과 태블릿, 그리고 공부할 책을 챙겨 들고 병원으로 출발했다. 언제쯤 다시 빠져나올 수 있을지를 가늠하며 들어간 병실에는 MRI를 찍으러 간 날 계셨던 할아버지이 그 모습 그대로 동상처럼 자리에 앉아 계셨다.

어머니는 한층 좁아진 자리에 불만을 표했다. 우리에게 할당된 면적은 확실히 많이 줄어 있었다. 사람이 없는 자리를 놀리느니 조금은 더 쓰는 게 낫지 않을까 싶어 할아버지 측에서 내 침대를 구석으로 옮긴 게 분명했다. 잠시 가족끼리 의논한 결과 먼저 말을 꺼내서 얼굴을 붉히느니 그쪽에서 먼저 비켜주기를 기다리기로 결정했다. 부모님이 챙겨온 짐을 이리저리 정리하는 동안 침대에 앉아 집에서는 단 한 번도 손댄 적 없는 책을 꺼내 들고 읽기 시작했다.

그날 밤 여러 가지 이유로 밤잠을 설쳤다. 집이 아닌 병원, 새벽같이 일어나 부산스레 움직이는 옆 침대 할아버지, 지난 목요일부터 먹기 시작한 야채수가 가져온 배뇨 욕구. 연신 하품을 하며 아침 식사를 했다. 방사선 종양학과로 면담하러 내려오라는 연락이 왔다. 아픈 이후로 처음 해보는 면담. 어떤 부작용으로 마음을 휘저어 놓을지 살짝 걱정이 됐다. 환자복에 점퍼 하나를 걸치고 출발했다. 라파엘관 6층에서 스텔라관 지하 1층까지는 거리가 좀 멀었다.

'앞으로 이 길을 많이 지나가겠지.'

대기실에서 잠시 기다리다가 아버지와 함께 방사선 종양학과 선생님을 만났다. 동문 선배를 똑 닮은 그분은 매우 친절했다. 선생님은 부작용에 대해 설명한 후 치료 계획용 CT를 찍을 거라고 말했다. 내 상태를 적나라하게 보여주는 CT와 MRI 영상을 모니터에 띄우고 앞으로의 계획을 설명했다. 하지만 내 눈과 의식은 CT와 MRI 영상을 띄운 모니터가 아니라 주치의의 소견을 띄운 모니터로 향했다. SOAP[13] 형식에 맞추어 기록된 차트는 온통 영어로 빼곡했다. 선생님의 말씀을 귓등으로 들으며 차트를 읽었다.

'어차피 듣더라도 내가 개입할 수 있는 영역도 아니고, 믿고 따르는 게 장땡이야.'

차트에 적힌 각종 수치는 꽤 긍정적이었다. 흡족한 마음으로 보다가 충격적인 것을 하나 발견했다.

'A : Glioblastoma'

모든 사람이 입을 모아 말했다. Glioblastoma만 아니면 된다고. Glioblastoma는 교모세포종이다. 예후가 무척 나쁘다고 외웠던 게

---

13) SOAP (Subjective, Objective, Assessment, Plan)
　Subjective : 환자의 직접 표현에 의한 자료.
　Objective : 의료진에 의한 관찰, 검사결과 같은 객관적 자료.
　Assessment : 환자의 질병 진행과정 및 상태에 대한 평가.
　Plan : 향후 치료 계획 및 변경에 대한 결정.

아직도 기억난다. 여러 복합 치료에도 불구하고 평균 생존 기간은 12~15개월에 불과하다는 악명 높은 병. 그때부터 방사선 종양학과 선생님이 이야기하는 모든 부작용에 관심이 사라졌다.

"…… 위해서 방사선을 쏘면 왼쪽 귀를 지나칠 수밖에 없거든요. 방사선이 지난 부위에는 상처가 생기고, 염증도 발생하고, 그래서 만성 중이염이 자주 옵니다. 귀에 물이 차거나 멍멍한 느낌을 받을 수 있어요. 여기 이 부위는 해마인데 여기에 종양들이 좀 있어요. 가이드라인을 지키면 이도 저도 안 될 확률이 높아요. 그래서 동의만 해주시면 가이드라인을 넘어서는 치료를 해볼까 합니다. 기억력이 좀 떨어질 수는 있는데 오른쪽 해마도 있으니까 일상생활에는 큰 지장이 없을 거예요. 공부나 그런 것들은 전보다 좀 힘들 수 있습니다."

"네, 그렇게 해주세요."

죽음 앞에 귀가 좀 멍멍하고 기억력 나빠지는 게 뭐 대수인가? 다 덧없는 것이었다.

"내가 교모라니……."

한 마디를 나직이 내뱉고 CT를 찍으러 갔다. CT라고 하기에 금방 끝날 줄 알았는데 꽤 오랜 시간이 소요되었다. 이미 마음을 비워서인지, 제대로 충격이 오려면 시간이 더 지나야 하는지, 꽤 평온한 마음을 유지했다. 깊은 굴 안에서 남은 시간을 어떻게 보내야 할지 고민했다.

'1년간 뭐든지 써서 내가 세상에 존재한 흔적을 남겨야겠다. 부정하고 분노하고 우울하기에는 하루하루가 너무 소중하다. 뇌종양이 쉬운 질병도 아니고 죽음은 이미 감내해야 할 범주였을지도 몰라. 최대한 평화롭게, 주변 사람들에게 못난 모습을 보이지 말아야지. 가족끼리 멀리 여행 가보고 싶다, 죽기 전에.'

20분 동안 남은 1년을 살아보고 CT에서 내려오자 방사선 종양학과 선생님이 숨을 헐떡이며 들어왔다.

"교모세포라고 누구에게 들었어요? 신경외과에서 성상세포라고 하지 않았어요?"

"차트에 그렇게 적혀 있던데요? Glioblastoma라고."

"아, 맞다. 한의사랬지. 자초지종을 설명해줄게요. 잠시 기다려 봐요."

신경외과 교수님도 급히 내려왔다. 두 분의 설명은 이러했다. 내 상태는 교모세포종이라고 봐도 되고, 성상세포종이라고 봐도 되는, 의사의 판단에 따라 다르게 해석할 수 있는 상태였다. 두 분은 고민 끝에 최선의 치료가 가능하도록 교모세포종으로 진단을 내렸다. 그렇게 부모님께 말씀드리고 나에게는 성상세포종이라 말하기로 한 것이다. Subtype을 알려주지 않던 전공의, 성상세포종이냐 물었을 때 잠시 주춤하던 교수님, 다시 면담하러 갔다 온 부모님. 그때서야 미심쩍었던 모든 것이 이해되었다. 맞춰지지 않던 퍼즐의 아귀가 들어맞기 시작했다. 나를 둘러싼 거대한 트루먼 쇼의 세트장이 무너져 내렸지만 기뻤다. 한번 시작한 의심은 이미 번진 불처럼 다시 되돌릴 수 없다. 언젠가는 그 세트장도 의심의 불길 앞에 불태워졌으리라.

성상세포종이라고 판단할 수도 있다고 교수님은 다시 한번 강조했다. 최선의 치료를 위해 진단을 '교모'라 내리고 치료도 그에 준하여 진행하지만, 자신도 '성상'이라 본다고 이야기했다. CT를 찍자마자 다급히 찾아온 선생님과 교수님. 나는 진정성을 느꼈다. 그리고 다짐했다.

'이렇게 날 신경 써주는 사람이 진료하는데 내가 죽을 리 없다. 나도 이처럼 한 명, 한 명 진정성 있게 다가서는 한의사가 되고 싶다. 난 살아야겠어.'

Cancer is a word, not a sentence.

– 존 다이아몬드

'Sentence'에 문장과 형벌이라는 두 가지 뜻이 있음을 이용한 언어유희. '암은 문장(형벌)이 아니라 한낱 단어이다.'쯤으로 번역할 수 있다. 《내가 비록 암에 걸렸지만》이라는 책에서는 암 진단을 받으면 '암'이라는 단어가 내적으로나 외적으로, 내 생각이나 다른 사람의 생각, 특히 의사소통에서 빈번하게 등장할 거라 예고한다. 따라서 이 단어를 생각하거나 말할 때 나타나는 에너지의 혼란, 마음의 동요를 이해하고 해결하는 행동을 취하라고 강력히 추천한다. 소리 내어 '암'

이라고 말하고 반응을 살핀 뒤 더 이상 이 단어에 대해 과도한 감정적, 신체적 반응을 느끼지 않을 때까지 계속 떠올리라고 했다.

다음날 아침 옆 침대 할아버지께 따님이 찾아왔다. 생업이 따로 있어 자주 찾아뵙지 못하는 듯했다. 모처럼 옆 침대에서 활기가 돌자 안도의 한숨이 절로 나왔다. 영 자리를 원상 복귀할 기미가 없던 차에 말이 통하는 사람이 온 것이다.

할아버지 옆에는 늘 할머니만 있었다. 생기가 넘쳐야 할 낮에도 침대에 누운 할아버지와 의자에 앉은 할머니에게서는 1 ㎜의 미동도, 1 ㏈의 소리도 나오지 않았다. 이른 새벽에 모든 에너지를 써버린 것처럼 멈춰있었다. 칠칠맞지 못한 얼음 요정이 실수로 쏜 마법에 걸려 통째로 얼려진 것처럼 그대로 박제된 두 분을 조금이라도 녹여보려고 화장실을 다녀올 때마다 공연히 인사드리곤 했다.

그런 할아버지도 아주 가끔은 눈물로써 자신이 살아있음을 증명했다. 그럴 때도 할머니는 어떤 반응도 보이지 않고 자리에 가만히 앉아 있었다. 침대에서 꺽꺽 우는 할아버지와 옆에 앉아 오직 땅만 보는 할머니. 되려 그 모습을 지켜보는 아버지와 내가 고역이었다. 게다가 할머니는 환자 곁을 지켜달라는 의료진의 부탁도 무시하고 가끔은 자기 몸도 가누기 힘들다며 중환자 보호자 대기실에서 쉬다 오기도 했다.

응답받지 못한 할아버지의 소리 없는 울음. 그 이유를 따님을 통해 들을 수 있었다. 할아버지는 뇌종양으로 수술하였으며 양성 판정을 받았다고 했다. 수술 후 급격한 시야장애 때문에 충격을 받고 종종 우신다고 했다. 양성이라는 사실이 내심 부러우면서도 다행이라 생각했다. 노인 분에게 화학 요법은 견디기 쉬운 치료가 절대 아니다.

나는 의료진이 괜히 부작용을 들먹이며 나를 겁주는 게 아닐까 의심했다. 할아버지의 울음은 내 의심을 사라지게 했다. 찾아온 행복을 당연시하지 말라는 메시지로 다가왔다. 나는 할아버지와는 달리 수술 후 아무 부작용이 없어 다행이라는 생각이 들었고 살짝 기뻤다. 하지만 곧 실망했다.

'남의 불행을 가지고……. 이러고도 나에게 환자를 치료할 자격이 있을까? 다른 이의 아픔으로 나를 치유하려고 들다니 부끄럽다. 정말.'

들어줄 사람이 생긴 할아버지의 울음은 좀처럼 그치지 않았고 결국, 교수님이 직접 오셨다. 교수님은 "할아버지 30년은 더 사시라고 이렇게 살려놨는데 죽겠다고 하면 되겠습니까?"하며 한참을 어르고 달래셨다. 떡 본 김에 제사 지낸다고 내 회진도 같이 시행했다. 경과는 어떤지 다시 한번 물어보았다. 교수님은 경과가 좋기는 하지만 내일부터 이루어질 방사선 치료가 몸에 잘 받는 것이 관건이라 말씀하셨다. 말을 마치고 떠나는 교수님에게 물었다.

"침구치료를 병행해도 될까요?"

"침 치료에 대해서는 저도 잘 몰라서 해줄 말이 없기는 한데 일단 침 맞고 나빠졌다는 이야기는 들은 적이 없어요. 그러니까 하고 싶은 대로 하세요. 의사가 자가 치료하겠다는데 누가 그걸 말릴 수 있겠어요. 감염에 유의하세요."

생각했던 것보다 훨씬 우호적인 반응에 신기해하며 침구과 전공의인 정희에게 연락해서 종양 치료에 도움이 될 만한 정보를 모아달라고 부탁했다. 그 사이 할아버지 침대에 적절한 조치를 취해줄 것처럼 보였던 따님은 급작스런 할아버지의 울음에 놀랐는지 기척 없이 사라졌고 할아버지의 침대는 옮겨지지 않았다.

9시가 되기도 전에 할아버지가 주무셨다. 내일은 또 몇 시부터 일어나서 움직이실지 아득하다. 내일이나 모레쯤 퇴원한다고 하니 그나마 다행이다. 할아버지를 위해 9시에 불을 끄는 652호도 얼마 남지 않았다.

원래라면 9시 반쯤에 어머니는 집으로 가셨지만, 할아버지가 일찍 주무시는 탓에 9시에 자리를 떠야 했다. 아쉬워하는 어머니를 배웅하며 입원할 때 슬쩍 챙겨온 공진단을 손에 쥐어드렸다. 힘들고 지친 하루를 좀 더 쉬이 견디라고 드리는 아들의 사랑. 모든 일이 시작된 날로부터 3일 전, 공보의 형들과 함께 직접 만든 공진단이었다. 100개밖에 만들지 않았던 것이 아쉬웠다. 모든 일이 끝나려면 아직 200일은 남았고, 두 분이 드시려면 400개가 필요하다. 퇴원하면 다시 만들거나 선배에게 부탁해서라도 구해보리라. 이렇게라도 아들이 한의사라서 누릴 수 있는 특권을 느끼게 해드리고 싶다.

3월 30일, 방사선 요법과 화학 요법을 시작하는 날의 아침이 밝았다. 떨리는 마음으로 일어나 샤워를 하고 간호사들에게 양해를 구한 후 간호사실의 체중계로 몸무게를 체크했다. 앞으로 변화할 나의 상태를 기록으로 남기기 위해서였다.

'89 kg'

입원한 후로 4 kg이나 불었다. 감염에 대한 우려 때문에 바깥 활동을 거의 하지 않은 데다가 너무 심심해서 자꾸 주전부리를 집어 먹는 통에 생긴 참극. 하지만 별 상관없다. 어차피 오늘부터 치료가 시작되므로 이제 살이 빠질 일만 남았으니까. 입맛이 떨어지는 것도, 잘 먹지 못하는 것도 하등 걱정할 필요 없다. 치료 부작용이 아니라 다이어트다. 스스로의 의지로는 좀체 꺾기 힘든 식욕을 억제하는데 큰 도움을 받을 수 있으니 얼마나 좋은 일인가?

'이 입맛은 언제까지 유지될까?'

달콤한 고구마 케이크로 아침 식사를 하고 마음을 가다듬었다. 30분 후 긴장된 마음으로 간호사가 주고 간 약봉지를 뜯었다. 이상하게도 어제와 약이 똑같았다.

'항암제는 왜 없지? 따로 먹는 시간이 있는 건가? 설마 간호사가 깜빡했나?'

약과 함께 많은 의문을 속으로 삼켰다. 그리고 《내가 비록 암에 걸렸지만》을 읽으며 부모님을 위해 정리하는 작업을 시작했다.

나는 신께서 내가 감당할 수 없는 일을 주지 않으신다는 것을 안다.
나는 다만 그분께서 나를 지나치게 신뢰하지 않으시기를 바랄 뿐이다.[14]

- 테레사 수녀

재미있으면서도 와 닿는 구절 하나. 이미 지나친 신뢰를 받은 것 같다. 이제 그 신뢰에 부응하는 일만 남았다.

뇌파검사와 방사선 치료가 예정되어 있건만 아무런 연락이 없었다. 전공의도, 간호사도 찾아오지 않았다. 간간이 혈압과 체온을 체크하러 학생 간호사만 오갔다. 언제 찾아올지 모르는 방사선 치료에 대한 부담감/불안/공포/설렘/기대 같은 여러 감정의 홍수 속에서 붙잡을 것이라고는 책 정리 작업이라는 지푸라기 하나. 잠시 진도를 건너뛰어 방사선 치료와 관련된 부분을 먼저 읽었다. 책은 '시각화'를 병행하라고 권유했다. 상상해본다.

'포도처럼 생긴 괴물이 머리를 차지하고 있다. 끈적끈적 불쾌한 덩어리들을 녹여버리기 위해 강력한 방사선 총을 가져왔다. 한 번에 하나씩 차근차근 녹여버릴 계획이다. 효과적으로 타격할 수 있도록 도와야 한다. 멀리서도 잘 볼 수 있게 찬물로 씻어버리자.'

---

14) 《내가 비록 암에 걸렸지만》 에머 로버츠. 대성의학사. 2014. 191p.

4시 반이 돼서야 방사선 치료 오더가 나왔다는 소식을 듣고 간호사가 찾아왔다. 치료실로 내려가는 동안 아버지는 10분 정도만 누워 있다가 나오면 된다며 다독여주었다. 좀 시끄러울 거라는 이야기도 하셨다. 스텔라관 지하 1층에 마련된 방사선 치료실. 통로 끝에 열린 문 사이로 설비실이 보였다. 〈터미네이터〉, 〈매트릭스〉 같은 SF 영화처럼 기계 세계와 인간 세계 그 사이를 지나는 느낌.

'사이보그가 되러 가는 것 같다.'

간호사의 안내를 받아 대기실에서 기다리다가 마침내 들어간 치료실. CT나 MRI와 비슷하게 생긴 거대한 장비가 하나 있었다. 좁은 철판 위에 누우면 기계 안으로 빨려 들어가는 구조. 떨리는 마음으로 누웠다. 입 안이 바싹 마르고 깍지 낀 두 손에는 땀이 흘러내렸다. 조금이라도 움직이면 방사선이 종양 아닌 다른 곳을 지나갈까 봐 몹시 두려웠다. 숨조차 크게 쉬지 못하고 잔뜩 얼어있는 내 머리 위로 마스크가 씌워졌다. 얼굴 전체를 감싸는 마스크는 너무 꽉 조여서 당황한 나머지 호흡곤란이 왔다. 방사선사는 진정하고 천천히 호흡하라고 권했다. 천천히 숨을 들이쉬자 마스크에 뚫린 구멍 사이로 치료실의 찬 공기가 들어와 놀란 머리와 마음을 차갑게 식혔다.

금방 굴 안으로 들어갈 것 같았지만 방사선사는 계속해서 혀를 차며 이리저리 나의 자세를 수정했다. 내 몸이 비뚤어서 문제가 생긴 건 아닌지 불안하기 시작했다. 좌우 귀 높이가 달라 한참을 고민하던 안경사의 모습이 머리를 스친다. 내 몸을 믿을 수 없는 현실. 살면서 내 몸을 신뢰한 적이 한 번이라도 있었나. 방사선 치료를 앞두고 이런 고민을 하는 환자가 또 있을지. 억울하기도 하고 한심하기도 하다. 한참을 헤맨 끝에 치료가 시작되었다. '삐-' 하는 소리가 주기적으로 들린다.

'이 소리가 아까 아빠가 말한 시끄러울 거라던, 방사선을 쏜다는 신호인가?'

주기적으로 나는 소리에 맞추어 포도알을 열심히 찬물로 닦는 상상을 했다. EFT 상상 두드리기 기법도 같이 병행했다. 치료는 통증 하나 없이 20분 만에 끝났다. 자세와 위치를 잡느라 오래 걸린 것이고 다음부터는 10분 정도 걸린다는 이야기를 들으며 치료실을 빠져나왔다. 기다리고 계시던 아버지는 수고했다며 생수를 건네주셨다.

치료가 끝나고 병동으로 올라와 652호 문을 열자 안에는 교수님이 계셨다. 옆 침대 할아버지와 잠시 이야기를 나눈 교수님은 나에게 항암제는 자기 전에 한 번 먹고, 구토는 심하지 않을 것이라 말씀하셨다. 만약 2~3시간 이내에 구토해버리면 다시 약을 먹어야 한다는 말도 전했다.

그게 화근이라면 화근이었다. 수많은 걱정거리 중 하나였던 Temodal 부작용이 교수님 입에서 흘러나오는 순간 내게 현실로 다가왔다.

'항암제를 먹는다.' 내가 처음 경험해보는 일. 여태껏 한 번도 할 필요가 없었던 상상이 현실이 되어 문을 두드린다. 어두운 밤, 혼자 사는 원룸에 울리는 노크소리처럼 불쾌하고 무섭고 또 불안하다. 책을 폈다. 화학 요법 부분을 찾았다.

'화학 요법'이라는 단어 자체에 집중해 보자. 그렇다. '화학'이라는 단어가 있다. 하지만 당신은 지금 '요법'이라는 말을 단어에서 지우고 있지는 않은가? 궁극적으로 화학 요법은 회복과 치유라는 의미에서 치료를 목적으로 한다. 단지 굉장히 치료 같지 않아 보이는 방법으로 그 일을 해 나갈 뿐이다.[15]

지금 내 앞에 놓여 있는 것은 부작용의 경험이 아닌, '회복과 치유'라는 의미의 치료이다. 이걸 잊고 있었다. 책의 지시에 따라 두드림을 실시해본다.

Temodal의 실체를 직접 마주했을 때 감정이 어떨지 모르지만 상관없다. EFT에서 중점을 두는 것은 '지금' 일어나고 있는 '감정 과잉 상태'의 '제거'이다. 문제가 생기면 그때 다시 EFT를 시행하면 된다. 책은 그 외에도 방사선 치료 때와 마찬가지로 시각화 기법을 추천했다. 화학 요법을 은빛 생명의 묘약, 치유의 액체, 샘솟는 건강의 흐름, 회춘의 기운으로 받아들이는 것. 항암제를 정맥 주사로 투여받는 경우가 많아서 그런지 예시의 질감은 액체였다. 상상력을 발휘해서 알약의 질감에 적당한 이미지를 생각해보았다.

Temodal은 '강력한 생명력을 담은 결정'
야채수는 '정화의 손길'

---

15) 《내가 비록 암에 걸렸지만》 에머 로버츠. 대성의학사. 2014. 355p.

지시에 따라 야채수와 함께 어떻게 생겼는지도 모르는 Temodal을 수없이 복용했다. 벌써 건강해진 기분을 느끼며 저녁식사를 시작했다. 최후의 만찬으로 선택한 것은 햄버거 세트. 몇 입 베어 물지도 않았는데 금방 사라진 식사를 아쉬워하며 치우고 있을 때 형석이 형이 왔다. 내과 전문의인 형을 통해 궁금했던 점들을 다시 한번 해소했다.

"아까 치료 대기하면서 '혹시 뇌종양이 다른 곳에서 전이된 상태거나 다른 곳으로 전이됐으면 어떡하지?' 하는 걱정이 들었어요."

"아, 그거 걱정 안 해도 된다. 너는 당장 눈앞에 있는 것도 큰데 별걸 다 걱정하네. 만약에 뇌종양이 다른 곳에서 전이된 거라면 이미 원발 병소에서 증상이 나타났을 거다. 증상이 빨리 안 나타나는 간에서 전이됐다고 해도 지금쯤이면 이미 발견되고도 남았을 걸? 그리고 암은 세포가 혈액을 타고 돌아다니다가 비슷한 세포조직에 정착해서 증식하는 방식으로 전이되거든? 그런데 너는 암세포가 성상세포고, 우리 몸에서 성상세포는 뇌밖에 없다. 아주 특별한 케이스가 아니고서야 그럴 일은 없어."

구토에 대한 이야기도 들었다. 구토는 약물의 양이 많이 누적될수록 심해지는 경우가 많아서 시간이 갈수록 힘들어질 거라며 형은 마음 단단히 먹으라고 응원했다.

"아, 맞다. 감기 걸린 사람은 만나지 마라. 항암제 먹으면 호중구 수치 많이 떨어지거든. 면역력 떨어진 상태에서 감염되면 큰일 난다. 밖에 꽃 많이 폈더라. 한번 나가서 구경하면 좋을 텐데."

"봄 되면 운수랑 덕곡 사이, 운수랑 용암 사이에 벚꽃 길 드라이브도 하고, 딸기 채취 체험도 하려고 장소 다 알아봐 뒀는데 망했네요."

"같이 갈 사람도 없으면서 많이 알아봤네. 조만간 병원에서 나올 수 있을 거야."

약물로 인해 나타나는 위장장애는 침으로 해결하면 되고, 날이 따뜻해지면 감기는 별로 큰 문제가 되지 않을 것이다. 이래저래 청신호만 가득하다. 기분 좋은 마음으로 한참 책 정리 작업을 하고 있을 때, 아버지께서 봉투를 하나 내미셨다.

"아까 온 사람이 나한테 주고 갔다. 너한테는 이야기하지 말라고 하던데 그게 말이 되나. 고령 공중보건의사들이 주는 거란다."

두툼한 편지봉투. 시니컬한 형들 답지 않게 편지를 썼나 싶어 열어본 봉투 속에는 누런 종이들이 가득했다. 금액도 금액이지만 그 안에 담긴 마음이 너무 기뻤다. 못난 동생을 이렇게 생각해주다니……. 벅차오르는 감정을 억제하지 못하고 그만 눈물이 흘렀다. 아무리 힘든 일이 있더라도 이 마음만 있으면 무엇이든지 할 수 있으리라. 이 돈은 쓰지 않을 것이다. 이건 내가 사랑받고 있다는 증거이고 앞으로 살아갈 이유 중에 하나니까.

뇌파검사는 결국 하지 않았다. 내일 오전 중에 할 거라는 허울뿐인 약속만 남았다. 늘 그렇듯 어머니는 퇴근길에 들리셨고, 어머니께 형들이 주고 간 선물, 방사선 치료 때 있었던 일, 화학 요법에 대한 여러 감정을 감추지 않고 모두 이야기하며 시간을 보냈다. 어머니는 아들이 처음으로 항암제를 먹는 모습을 함께 하고 싶어 하셨지만 한사코 거부했다. 결국 10시쯤 어머니는 자리에서 일어나셨고 아버지는 배웅하러 따라나섰다.

옆 침대의 노부부는 이미 취침 중. 간만에 가지는 혼자만의 시간이다. 나의 감정을 온전히 느껴본다. 떠오르는 공포, 불안, 초조 등의 감정에 대해 EFT 작업을 했다. 감정을 하나, 하나 지우다가 남은 건 '2~3시간 안에 토하면 약을 다시 먹어야 한다.'는 교수님의 한마디뿐. 지우려고 열심히 두드려보지만 소용없다. 오늘은 안고 가야 하는 기억인 듯하다. 생각은 생각을 낳고 계속 이어진다.

'2~3시간 안에 토하면 약을 다시 먹어야 한다는 경고는 결국 Temodal을 먹으면 토하는 경우가 많다는 것……. 토하면 어떻게 하지? 많이 힘드려나?'

아버지께서 돌아오시기 전에 아무런 일도 없었다는 듯 책 정리 작업을 시작했다. 그리고 11시. 구역감에 대한 공포를 억누른 채 강력한 생명력을 담은 결정을 입안에 털어 넣고 삼켰다. 뇌를 휘감는, 넘치는 생명력을 느끼며 자리에 누웠다.

카운트다운

깊게 잠들지 못했다. 중환자실에서와는 다른 의미로 잠들기 힘들었다. 가뜩이나 좋지 않은 속이 흔들리는 침대로 인해 더 심해졌다. 결국 눈을 뜨고 휴대폰을 열어 시간을 확인했다.

'A.M. 03 : 12'

2~3시간은 충분히 지난 시간. 다행이다. 토해도 문제없다. 그래도 그러고 싶지는 않다. 문제는 옆 침대. 평소에도 9시에 잠들고 5시면 일어나 부산스레 움직이는 탓에 겨우 든 잠을 깨우시던 두 분은 그날

의 시작을 새벽 3시로 정했다. 할아버지는 퇴원을 앞두고 익숙한 곳으로 돌아간다는 설렘으로 할아버지의 침대뿐만 아니라 내 침대도 줄창 흔들었다. 파도에 출렁이는 배에 탄 나는 멀미를 하기 시작했다.

'이럴 줄 알았으면 얼굴에 철판을 깔고서라도 침대를 원위치로 옮겨달라고 요구할걸. 그놈의 체면이 머라고 이리 고생이냐. 그래도 오늘이 마지막인 게 천만다행이다.'

억지로 두 눈을 질끈 감고 잠을 청해보지만 짐을 챙기고, 냉장고에서 남은 음식을 꺼내고, 옷장에서 옷을 정리하는 소리 하나하나가 신경을 건드린다. 자신들만 생각하는 배려 없음에 분노한다. 옆에서 깊은 잠을 주무시는 아버지를 보며 내가 예민한 건 아닌지 생각해보지만 아무래도 새벽 3시는 너무 한 것 같다. 야밤에 화장실 가는 것조차 미안해했던 나와 신사 아저씨였다. 이제는 노부부가 떠난 자리에 어떤 사람들이 찾아올지 두려워진다.

한 시간 가량 계속된 준비가 마무리된 듯 두 분은 밖으로 나갔다. 자리에서 벌떡 일어나 앉았다. 침대의 흔들림은 멎었지만, 나의 의식은 여전히 파도에 일렁이는 배 위에 있다. 그런 내 눈에 냉장고가 들어왔다. 아버지 몰래 침대에서 내려와 냉장고 문을 열고 야채수를 꺼냈다. 뚜껑을 열고 배고픈 아기처럼 힘껏 빨아 당겼다. 그건 실수였다. 음식을 잘못 먹어 속이 더부룩하고 구역감이 발생하는 '식상(食傷)'의 제1 치료법이 '금식'이라는 것은 의료인이라면 알아야 할 상식 중의 상식. 고통은 기초 상식마저 잊게 했다.

입에서 침이 미친 듯이 분비되기 시작했다. 입을 벌린 채 숙이고 있었다면 끊임없이 떨어지는 물방울을 볼 수 있었으리라. 침이면 응당 가지고 있어야 할 점성 따위는 없었다. 왈칵 올라오는 욕지기. 혹시 몰라 옆에 준비해두었던 조그마한 대야에 물을 토했다. 아니, 쏘아냈다는 표현이 더 정확하다. 한참 참은 소변을 배출하는 아저씨의 물줄기처럼 계속 이어졌다. 그렇게 한참 뱉어내고 나니 속이 한결 편안해졌다. 한 번 해본 이상 두 번은 어렵지 않은 법이다. 까짓것 속 안 좋으면 다시 토하면 된다는 생각이 들자 마음이 편안해졌고 달아났던 잠도 슬그머니 되돌아왔다.

7시까지 선잠을 잤다. 살짝 울렁거리는 속을 참으며 계속 누워있을까 했지만 변의에 못 이겨 일어났다. 설사였다. 큰일을 본 김에 샤워도 하고 간호사실에 가서 갈아입을 환자복을 받아오며 몸무게도 체크하였다. 89.2 kg. 위아래로 그렇게 쏟아내었는데도 오히려 0.2 kg이 불었다.

병원에서는 8시가 되면 밥차가 돌아다닌다. 나는 밥차가 가져다주는 병원식을 무척 싫어했다. 웬만하면 아침은 고구마 케이크나 베이크 같은 병문안 올 때 손님들이 가져온 맛난 음식으로 해결하곤 했다. 그날 아침도 아버지께서 깨끗이 설거지한 접시에 고구마 케이크 한 조각을 잘라주셨다. 그러나 오늘은 내키지 않았다. 먹는 것이 두려웠다.

'온종일 속이 메스껍지는 않을까? 먹었다가 울렁거려 구토하면 어떡하지?'

약을 먹기 위해서는 안 먹을 수 없는 노릇. 억지로라도 먹어야 했다. 꾸역꾸역 케이크를 목구멍에 밀어 넣고 있을 때, 전공의들이 찾아왔다. 간밤에 있었던 일을 이야기했다. 걱정스러운 표정을 짓던 전공의들은 교수님께 이야기해서 항구토제를 처방해준다고 했다. 그때 갑자기 아버지께서 말씀하셨다.

"좀 참아봐. 이거 먹는다고 항구토제 먹으면 나중에 용량 늘어나면 어떡하려고 그래?"

"아니에요, 아버님. 여기 의사 많고 해결책도 있는데 굳이 참을 필요 없어요. 이런 거 해결하려고 입원하고, 간호사가 있고, 의사도 있고, 그런 거죠. 참지 마세요."

전공의가 가고 나서 얼마 되지 않아 뇌파 검사 오더가 내려왔다. 머리에 전극 같은 것 몇 개를 꽂고 누워있다 오는 것이 전부였지만 상당히 긴 시간이 소요되었다. 아무것도 하는 일 없이 누워만 있다 보니 굉장히 졸려 EFT를 실시하면서 겨우 졸음을 참아내었다. 검사를 끝내고 졸린 기운이 가시기 전에 어제 미처 채우지 못한 잠을 자려고 바삐 올라왔더니 PA 간호사가 기다리고 있었다.

그녀는 걱정스러운 눈으로 쳐다보며 요즘 스트레스를 받는 일이 많은지 물었다. 스트레스 없이 하루하루 모든 것에 감사하며 살고 있다고 대답했지만 그녀는 믿지 않는 눈치였다. Temodal 160 ㎎을 먹고 구토하는 사람은 없다며 필시 마음의 부담감이 작용했을 거라고 이야기했다. 위로가 필요하면 10살 넘게 차이 나는 아줌마라도 한번 안아주겠다며 다독여주고 떠났다. 항구토제 처방은 하루 더 경과를 지켜보기로 하고 소화제 하나를 대신 처방받았다.

'역시 마음의 문제구나.'

오후에는 연주 형이 찾아왔다. 훈련소 동기로 처음 만난 형은 작년 내내 추나학회 아카데미를 같이 들으면서 정말 친하게 지냈다. 형은 미리 부탁한 침을 가져다줬다. 밤새 있었던 일과 치료 목적을 설명하고 어디에 자침하면 좋을지 논의했다. 심인성인 것을 염두에 두어 침을 놓을지 증상에 조섭을 맞추어 침을 놓을지 이야기를 나누다가 상황이 상황이니만큼 본치[16]보다는 표치[17]에 무게를 두어 소화기를 다스리는 침을 쓰자고 결론 내렸다.

떠나는 형을 배웅하고 돌아와 내 몸에 침을 시술했다. 스스로 몸에 통증을 주려고 하니 여간 힘든 게 아니었다. 약간만 망설여도 침은 피부를 뚫지 못했다. 표피만 간신히 통과한 침은 서 있지 못하고 이내 누워버리기에 아프기만 할 뿐.

저녁 먹을 때까지도 입원하는 사람이 없어 오늘은 편하게 잠들 수 있겠다고 여겼는데 8시쯤 30대 중반으로 보이는 젊은 이비인후과 환자가 입원했다. 내일 편도 절제 수술을 하고 금방 퇴원한다고 했다.

---

16) 병의 원인이 되는 것을 먼저 치료하는 것.
17) 발현된 병의 증상을 먼저 치료하는 것.

보호자는 신혼으로 보이는 아내. 알콩달콩 행복해 보였다.

첫 번째는 툭하면 화를 벌컥벌컥 내는 투덜이 아저씨.
두 번째는 답답하다며 외출을 나가다 쓰러진 청년.
세 번째는 오랜 시간을 같이 보낸 신사 아저씨.
네 번째는 가만히 앉아 울기만 하던 할아버지.
그리고 다섯 번째.

'이분들이 내일 퇴원하고 나면 곧 여섯 번째도 오겠지? 일곱 번은 안 채웠으면 좋겠다. 언제쯤 퇴원할 수 있을까? 병원비는 어느 정도 나올까? 다행히 보험 적용은 된다고 들었는데, 보험사가 마구 삭감하지는 않을까?'

많은 의문을 뒤로하고 10시 반 무렵 일찍 잠을 청했다. Temodal 160 ㎎을 먹고 구토하는 사람은 없다는 PA 간호사의 말이 큰 힘이 되었는지 아무 일 없이 밤을 보냈다. 2시와 4시쯤 화장실을 가기 위해 잠시 일어났지만 별 느낌이 없었다. 문제는 5시. 그때부터 속이 안 좋아지기 시작했다. 어떤 자세여야 심신의 평화가 찾아올까 자리를 연신 바꾸어봤지만 차도가 없었다. 혹시 부산스러워 곤히 잠든 아버지와 신혼부부를 깨우지는 않을까 하는 걱정만 돌아올 뿐이었다.

1시간가량 고민한 끝에 침을 꺼내 들었다. 경혈 부위를 알코올 솜으로 소독하고 침을 놓았다. 푸른 빛이 감도는 새벽녘, 다가올 아침을 기다리며 마음을 가다듬고 침을 꺼내든 모습이 왠지 모르게 멋있게 느껴져 뿌듯한 마음으로 자침했다. 편안해지는 속을 느끼며 책을 보고 있는데 간호사가 찾아왔다. 교수님의 허락을 받았지만 그래도 눈치는 보이는 법. 이불로 얼른 덮었다.

혈압과 체온을 체크했다. 생각보다 높게 측정되었다. 당황한 마음이 몸에 반영된 듯했다. 예전에 누군가에게 들었던 농담 하나가 떠오른다. 자기 친구 중에 장교에 지원한 사람이 있었는데 혈압 체크해주는 사람이 꿈에도 그리던 이상형이라 심장이 막 두근거리기 시작했고 결국 혈압과 맥박 수가 기준에 맞지 않아 떨어졌다는 도시 전설 같은 이야기였다. 딱 방금 내 모습이다.

샤워를 하고 갈아입을 환자복을 받기 위해 간호사실로 찾아갔다. 환자복을 기다리며 양해를 구한 후 몸무게를 측정했다. '89.9 kg' 충격적인 결과. 내 눈을 의심했다.

'항암 치료받으면 살 빠지는 거 아니었어?'

옷을 갈아입고 아버지께서 주무시는 틈을 타 짧은 외출을 감행했다. 병실에서 나오자마자 왼쪽으로 꺾어 복도 끝 문을 열었다. 비상구 계단과 엘리베이터 사이 난간에 서서 아침 햇살을 느끼며 시원한 공기를 한껏 들이켰다. 꽤 이른 시간이었음에도 유리창에 비친 바깥세상은 활기찼다. 급한 콜을 받은 것인지 뛰어가는 흰 가운. 바쁠 것 하나 없는 병상 생활의 여유로움을 만끽하는 흰 환자복. 그 사이를 채우는 여러 색깔의 옷들. 유리창을 극장 스크린 삼아 내다 본 세상은 낯설고 신기하기만 하다.

'얼마 전까지만 해도 여기에 친구 만나러 차를 끌고 왔는데 다 거짓말 같다. 다시 원래대로, 저 속으로 돌아갈 수 있을까?'

내가 있는 여기가 영화든, 저 사람들이 있는 저기가 영화든, 다른 세계임이 분명하다. 나는 지금 전혀 다른 두 세상의 경계에 서 있다.

지금 내 처지가 우스갯소리로 종종 말했던 나의 이상형을 떠오르게 한다. 병원 침대에 앉아 따사로운 햇살에 눈부셔하면서도 바깥세상이 그리워 창밖을 바라보는 여자. 내가 그 사람이 된 것 같은 아이러니함에 상실감을 느끼며 병실로 돌아왔다. 잃어버린 것들이 하나둘 생각나 심란하다. 멘탈 관리를 위해 나에게 힘을 주는 말들을 떠올려본다. 진심 어린 조언은 평생에 걸쳐 영향을 줄 수 있다는 걸 알려준 금과옥조 같은 조언이 나에게는 2개나 있다.

첫 번째, 중학교 2학년 때 다니던 학원의 사회 선생님께 들은 말이다. 선생님은 개량 한복을 입고 다니는 독특한 분이었다. 도시 변두리의 조그마한 학원에서 중학생을 가르치기에는 분에 넘칠만한 학력의 소유자였던 그의 강의는 재미있으면서도 짐짓 깊이도 있어 학생들에게 인기가 많았다. 시간이 흐른 후 어쩌다 선생님에 관한 이야기를 들을 수 있었다.

선생님은 사상에 문제가 있다는 이유로 사법고시를 번번이 낙방한 비운의 수재였다. 선생님은 부조리한 세상에 술과 담배, 무절제한 생활로 저항했고 몸이 급격히 망가졌다. 민주화 운동은 성공했지만, 선생님은 병원에서 시한부 판정을 받았다. 선생님은 살기 위해 술과 담배를 모두 끊고 생활패턴을 최대한 자연식으로 바꾸었고 기적적인 삶을 이어나갔다. 그러면서 잠시 친한 형의 학원에서 소일거리 삼아 사회를 가르쳤는데 내가 선생님을 뵌 것이 바로 그 시기였다. 선생님은 내가 학원을 옮기던 중3 때 나를 따로 불러 말씀하셨다.

"동완아, 너는 어느 집단이든 적응하면 적당한 위치로 올라설 거다. 소속집단에 맞추어서 그에 맞는 노력을 하게 될 거야. 그러니까 되도록 높은 집단에 속해라. 용의 꼬리가 되어도 상관없어. 시간만 지나면 꼬리를 벗어나 더 위를 바라보고 있을 거다. 흔히 중학교에서 고등학교로 가면 등수가 2배, 3배 된다고 이야기하는데 너는 그러지 않을 거야. 지금 이대로 하면 한의사가 되고 싶다는 꿈, 이룰 수 있어. 그러니까 괜히 겁먹고 꿈을 낮추지 말기를 바란다."

정확한 말은 기억이 나지 않지만 대체로 이런 뉘앙스였다. 실제로도 그랬다. 몸으로 하는 것은 무얼 하든 꼬리였지만 머리로 하는 것만큼은 선생님의 말씀이 항상 옳았다. 이번 병마 앞에서도 그럴 것이다. 치료에 있어서 가장 중요한 것은 'Mental'이고 이것은 머리로 하는 거다. 심지어 병소도 '뇌'가 아닌가? 상위 5% 안에 들 수 있다. 잘 낫고 시간을 잘 보내고 능력도 키우고, 다 잘 할 수 있으리라.

두 번째는 대학 때 들은 말이다. 예과 1학년 때 소심한 방황을 한 적이 있다. 100명이 넘는 입학 동기 중에는 재수생, 삼수생, 다른 학교 혹은 직장을 다니다 온 사람, 자퇴 경험자, 다양한 경험을 한 사람이 즐비했다. 그 사람들의 경험 속에서 우러나오는 이야기와 식견은 자못 깊었고 너무나 부러웠다. 좁은 길과 넓은 길이 있으면 항상 넓은 길로만 다녔던 나에게 이렇다 할 경험 혹은 식견 따위가 나올 리 만무했다. 뚱뚱한 몸 때문에 받았던 따돌림 정도? 그건 부끄러운 기억일 뿐 그 안에서 얻은 것은 전혀 없다고 생각했다.

결과가 같다면 과정이 하나라도 더 있는 게 더 좋은 법이다. 한동안 깡통처럼 비어있는 학창 시절을 원망하며 술을 진탕 마시고 숙취에서 미처 깨지 못한 채 강의시간에 기어들어 가곤 했다. 그러던 어느 날 평소에 수많은 내용을 학생의 머리에 집어넣기 위해 속사포처럼 진도만 나가던 교수님이 그날따라 옆길로 잠시 샜다.

"그 위치에 내가 아닌 다른 누군가가 있었다면 그는 과연 나만큼 할 수 있었을까?"

이것이 자신이 과거에 했던 선택을 평가하는 기준이라며 열변을 토하셨다. 정신이 번쩍 들었다. 갓 잡아 올린 장어처럼 그 말은 머릿속에서 3일 밤낮을 팔딱거렸다. 그리고 결론을 내렸다. 나는 최선의 선택을 해왔다고. 교수님의 그 말 한마디는 자존감이 낮았던 나에게 반전의 계기가 되었고 지금도 유효하다. 지금껏 스스로 만든 벼랑에서 살아왔던 '나' 아닌가? 이 정도쯤은 문제없다.

하루에 한 번 방사선 치료. 아침, 점심, 저녁으로 나오는 식사와 약. 자기 전에 먹는 Temodal 160 ㎎. 가끔 찾아오는 전공의와 간호사들. 간간이 일어나는 소소한 일들이 어제와는 다른 하루를 구분 지어줄 뿐이다.

남는 시간은 침대에 앉아 책을 보고 정리하며 보냈다. 그리고 상황을 타개할 수 있는 방법도 계속 모색했다. 각종 암 치료에 대한 최근 동향을 모았다. 관련 논문이 있을까 싶어 인터넷에 검색하자마자 뉴스 기사가 하나 보였다. 양방 대학병원에서 3~6개월 생존이 예측되어 재수술 및 방사선 치료를 거부당한 뇌종양 재발 환자를 침 및 약침을 주된 치료법으로 하여 18개월간 치료한 결과 종양의 크기가 현저히 줄었다는 증례 보고가 국제 학술지 JAMS 표지 논문으로 선정되었다는 내용이었다. 그 논문의 저자들은 나의 모교 교수님이었다. 희망이 샘솟는다.

본과 시절, '영어 논문 강독'이라는 강의가 있었다. 교수님이 선정한 영어 논문을 해석하고 내용을 정리하여 발표하는 식으로 수업이 진행되었다. 우리 조가 맡았던 논문은 양방 단독 치료, 또는 한방 단독 치료보다 양·한방 협진이 이루어졌을 때 만족도나 삶의 질, 치료 효과에서 우위가 나타났다는 내용이 주요 골자였다. 그때의 기억이 문득 떠오른다.

한의학에 대해 거부반응을 보이지 않고 어느 정도 수용해주는 병원 의료진과 전적으로 치료를 믿고 받아들이면서 한의학적 치료도 가미하려는 젊은 한의사 환자. 이보다 협진이 더 잘 이루어질 수 있는 상황이 있을까 싶다.

한의계에서는 대부분의 환자가 병원과 한의원을 모두 이용한다는 사실을 받아들이고 있다. 그래서 환자들이 병원에서 받아온 진단에 대한 이해가 필요하다고 보고 양방의 생리 및 병리에 대한 교육도 게을리하지 않는다. 그래서 나의 대략적인 상태, 경과, 예후를 이해하고 있다. 잘 모르거나 이해가 안 되는 점이 생겼을 때 친절하게 답해주는 신경외과, 신경과, 재활의학과, 내과 전문의들이 주변에 있고 한방신경정신과, 침구과, 심계 내과 교수님들도 신경 써주고 있다. 무엇보다 젊다. 모든 것이 하나의 거대한 무언가를 탄생시키기 위해 치밀하게 짜놓은 판이 아닐까 하는 생각까지 든다. 거기에 주인공으로 간택된 나.

지금 나는 주인공에 걸맞은 행동을 하고 있는 걸까?

열심히 했다. 밥 먹고 산책하는 시간 일부를 제외하면 책 정리하는 작업에 몰두했다. 그렇다고 마냥 공부만 한 것은 아니었다. 제주도에 놀러가 재미있는 시간을 보내는 공보의 형들을 부러워하고 같이 골프를 시작한 우민이가 싱글을 쳤다는 소식에 낙담하며 세상에서 유리된 나 자신을 한탄하기도 했다. 병문안 온 준수 형이 주고 간 책과 민성이 형이 심심할 때 하라고 준 보드게임을 하며 간간이 휴식도 취했다.

해프닝도 있었다. 지금까지 불편했던 일을 기록하며 빠뜨린 것은 없는지 검토하다가 그동안 몰랐던 것을 하나 발견했다. 인간, 아니 생물의 근본적인 내밀한 욕구. 그럴 여유도 몸 상태도 아니었기에 생각하지 못했다. 단 한 번도 조조 발기가 일어나지 않았다는 사실을.

'스트레스나 환경 변화가 원인일까? 아니면 수술이나 병변과 관계

가 있지는 않을까?'

 부모님이 있거나 간호사가 있는 자리에서 말하기엔 부끄러웠지만, 그냥 넘어가기에는 나에겐 매우 중요한 문제였다. 이것도 전공의에게는 하나의 경험이 될 거라는 자기 합리화를 하며 복도에서 지나가는 전공의를 잡고 물었다. 어색하게 웃으며 전공의는 대답했다.

"수술 때문에 그런 건 아닐 거예요. 환경적 영향 같고 시간 지나면 다 회복될 겁니다."

"걱정되는데……."

"한번 도전해보시는 것도?"

"그러다가 수술부위 근처 혈관 같은 게 터지면 어쩌죠?"

"3주 정도면 회복되었을 겁니다. 괜찮지 않을까 싶네요. 살살해요. 이건 의료진으로서 말씀드리는 거 아닙니다."

 그 후 부모님의 감시에서 최대한 멀리 떨어진 곳에서 남성성을 확인한 뒤 문제없음을 전공의에게 알렸다.

 이런 식의 소소한 에피소드로 하루하루를 채우며 시간을 보내는 사이 가장 중요한 것이 해결되었다. 온종일 그 생각에 빠져있던 것은 아니었지만 때때로 의식의 흐름을 가로막던 '퇴원 문제'가 마무리되었다.

퇴원 문제의 관건은 내 몸이 항암제의 독성을 잘 견디느냐는 것이었다. 그것을 확인하기 위해 혈액검사가 시행되었다. 떨리는 마음으로 실시한 첫 검사에서 다른 기준은 모두 통과되었지만 간수치가 높게 나타나 퇴원이 한 번 미루어졌다. 다음 검사가 있을 때까지 심리기법 및 침구 치료를 간의 기능 회복에 중점을 두고 실시했고 다행히 두 번째 검사는 무리 없이 통과되었다. 지체 없이 다음날 퇴원이 결정되었고, 나는 아무도 없는 빈방을 찾아내어 간만에 깨춤을 추며 기쁨의 세리머니를 펼쳤다.

12박 13일의 재입원 생활, '2월 29일부터 4월 8일', 4년 같았던 40일의 병원 생활도 함께 끝을 맞이했다.

일상으로의 복귀

퇴원이 결정되고 가장 먼저 떠오른 건 이제는 밤에 깼을 때 어느 누구에게도 미안할 필요가 없다는 '자유의 예감'이었다.

'발밑에서 추위에 떨며 주무시는 부모님을 볼 필요도, 깨울 필요도 없다.'

이 전제가 가져다준 행복감은 여느 밤 벚꽃이 흩날리는 가로수길을 드라이브할 때 가슴에 일던 솜털을 기억나게 했다. 이미 올해의 벚꽃은 젊음을 다하고 땅으로 흩뿌려졌지만, 내년에는 누군가와 함께 그 행복감을 누리리라.

 퇴원이 결정된 나를 많은 의료진이 축하해주었다. 그들을 보며 생각했다.

 '나는 이 시간을 잊을 수 없다. 내가 가장 바닥에 있을 때 지켜주고 일으켜주고 다시 나아갈 수 있게 해준 사람들을 잊을 수 없다. 힘들 때나 기쁠 때 혹은 길가다가도 문득, 내 삶에서 그들은 존재감을 드러낼 것이나. 그러나 그들은 곧 나를 잊을 것이나. 그들에게 나는 늘 마주하는 환자 중 한 명일 뿐이다. 특별히 더 아프지도, 사고 친 적도 없이 무난히 넘어간 환자. 한 명의 환자를 기억하기란 생각보다 힘든 일이며 만약 기억한다면 그건 편애일지도 모른다. 편애는 받는 사람에게는 행운이나 받지 못한 사람에게는 불행이다. 다른 방식으로 그들 머릿속에 '나'라는 존재를 각인시키고 싶다. 혼자만 기억하기엔 너무나 소중하기에. 누군가에게 특별한 존재가 되고 싶은 건 사람이라면 당연한 욕망이 아닐까?'

 퇴원 수속을 하러 부모님이 원무과로 내려간 사이, 내가 누웠던 침대는 흰 피부를 벗어버리고 빨간 속살을 드러냈다. 알 수 없는 마음의 인도로 침대에 엉덩이를 걸치고 앉아 주위를 둘러보았다. 40일간 몸과 마음을 잡아두었던 곳. 이별의 슬픔은 없다. 다만 잘 지내지 못했던 시간에 대한 아쉬움만 있을 뿐. 그러다 여섯 번째 병실 메이트와 눈이 마주쳤다.

어릴 적부터 혼자였다는 아저씨. 어느 누구도 찾아오지 않는 병실에서 아저씨는 항상 쾌활했다. 이런 생활이 익숙해서 아무렇지 않다며 으스대던 아저씨. 그의 눈빛에서 나는 지난날 먼저 퇴원하는 환자들을 바라보던 나를 보았다.

12서 7352. 2005년식 검정 NF 소나타. 작년에 어머니로부터 물려받은 차. 오래 세워만 두는 것도 좋지 않고 재미있는 기억도 떠올려보라는 의미에서 어머니는 내 차를 몰고 와주셨다. 오랜만에 보는 차가 반가우면서도 수술 후 3개월은 운전할 수 없다는 교수님의 말이 떠올라 서글펐다. 잠깐 운전석에 앉았다가 조수석으로 자리를 옮겼다. 모처럼 달릴 기회를 얻은 차는 봄 햇살을 즐기러 공원에 놀러 온 인파 사이를 헤치며 집으로 향했다.

다시 돌아온 내 방은 빛이 났다. 근 2주 넘게 비어있었던 탓에 책상에 살짝 내려앉은 흰 먼지조차도 햇볕에 반짝였다. 아직 정리가 덜 되어 운수의 방도, 본가의 방도 되지 못한 방이 낯설고도 신비롭다. 익숙해야 할 장소에서 느껴지는 이질감. 그 낯섦이 전혀 불쾌하지 않은 건 무슨 까닭일까?

지난번처럼 씻지도 않은 채 침대에 몸을 던졌다. 어린 시절의 치기가 만든 상처를 가리기 위해 반창고가 덕지덕지 발라져 있는 벽을 바라보며 최근에 나에게 밀어닥쳤던 일들을 떠올려본다. 느리고 신중하게, 때때로 옆길로 새는 생각도 내버려 둔다. 그 또한 나의 선택, 기억의 배경이니까. 일본 여행 때 떨리는 손으로 결제한 고베 와규를 먹으며 실수로 삼킨 침조차 아까워했던 것처럼 지난 시간을 음미한다.

병원은 기다림의 성이었다. 나에게 허락된 것은 오직 기다림과 기다림을 기다리는 일. 검사를, 치료를, 밥을, 방문객을, 그리고 나갈 날을 기다리는 일. 그러나 나는 이제 '집'에 있다.

'더 이상 기다리지 않겠다. 능동적으로 주위를 변화시키리라.'

뜨거운 마음으로 지쳐버린 심신을 일으켜 세웠다. 일어나서 어머니, 아버지와 함께 사전 투표를 하러 갔다. 방사선 치료와 약물치료가 동시에 이루어지는 만큼 감염에 유의해야 했기에 사람이 많이 몰릴 투표 당일은 피해야 했다.

게다가 다 빠져버린 머리카락을 가리기 위해 덮어쓴 모자, 감기 걸릴까 봐 꼭꼭 껴입은 철 지난 잠바와 얼굴을 가리기 위한 마스크. 이런 기괴한 조합으로 많은 사람 앞에 나서고 싶지 않았다.

그렇다고 투표에 빠지는 것은 더더욱 싫었다. 사전 투표 기간 이후에 퇴원했다면 더 기괴한 옷차림이라도 주저하지 않고 선거일에 투표장으로 갔을 것이다. 만약 퇴원을 못 했다면 환자복 차림으로라도 선거를 치렀을지 모른다. 그건 나의 신념이었다. 오죽했으면 교수님한테 총선 전에는 나가야 한다고 졸랐을까.

어려서부터 정치에 관심이 많았다. 오후에 출근해서 밤늦게 퇴근하는 학원 선생님인 아버지, 아침 일찍 출근해서 어둑해질 때 퇴근하는 학교 선생님인 어머니. 나는 저녁 식사를 외갓집에서 해결해야 했다. 바로 앞 아파트에 사셨기에 찾아가는데 별 불편함이 없었고 할머니의 뛰어난 음식 솜씨 덕분에 맛있는 식사를 할 수 있어 더 좋았다. 저녁 먹으러 갈 때쯤은 점당 10원 고스톱 테이블로 가득한 노인정 카지노 폐장 시간과도 엇비슷해서 저녁 먹으러 가는 길에 노인정에 들러 할아버지를 모시고 가곤 했다. 그럴 때마다 할아버지는 비밀이라며 슬쩍 용돈을 찔러주셨다. 그것은 외갓집에서 식사하는 또 하나의 재미였다.

할아버지께서는 집에 들어오시면 항상 뉴스를 트셨다. 그 덕에 갓 초등학교 졸업하고 중학교에 입학한 지도 얼마 안 된 2002년 초, 나는 당시에 있었던 새천년민주당의 대통령 후보 경선과 한나라당의 경선까지 모조리 생방송으로 지켜보았고 아직도 많은 장면이 머릿속에 남아있다.

경남 합천에서 태어나 전북 정읍에서 일가를 이루신 외할아버지. 전북 정읍에서 태어나 대구에 터를 잡고 경북에서 교편을 잡은 어머니. 그런 나는 또래 아이들보다 지역감정에 대해, 그것의 근원에 대해 많은 고민을 하게 되었다. 그래서 더 정치에 관심을 가졌는지도 모른다.

광주에서 5.18 민주화 운동이 벌어졌을 때 어머니는 정읍여고 학생이었고, 광주를 가까스로 탈출한 사람들의 생생한 증언을 들을 수 있었다. 어머니께서 해주신 이야기는 해방 이후 계속된 독재정권과 군사정권 아래에서 시민이 주인이 되는 세상을 꿈꾸는 민주화 열사에 대한 존경심을 갖게 했다.

그 때문인지 몰라도 시험 범위에 안 들어간다며 모두가 자는 국사 시간에 혼자 일어나 근현대사 수업을 들었다. 강력한 권력 앞에서 번번이 수포로 돌아갔던 민주화 운동에 같이 분루를 삼켰고, 결국 승리를 쟁취하는 6월 민주 항쟁 부분에서는 끓어오르는 감동을 주체하지 못하고 눈물을 흘리기도 했다.

내 삶의 신조인 '소시민 중 1등'도 고등학생 때 정했고 노모 히데오가 비판한 '도전하는 자를 비웃는 소시민'이 되지 않으리라 생각했던 시기도 그때였다. 정말 투표가 하고 싶었다. 투표권이 없는 게 억울할 정도로. 그때 다짐했다. 능력이 닿는 한 투표를 거르는 일은 없을 것이라고. 뽑을 사람이 없다면 빈 곳에 도장을 찍더라도 갈 것이라고. 투표권이 주어진 이후로 투표를 거른 적은 한 번도 없었다. 지금 그 신념을 이어 가기 위해 가고 있다.

사실 이는 보답이기도 했다. 지루해 미칠 것 같은 입원 생활에서 20대 총선 관련 보도는 훌륭한 심심풀이 땅콩이었다. 시시각각으로 터시는 총선 잡음에 실소가 흘리나왔고, 이는 아버지와의 대화거리도 마련해주었다. 병원에 같이 있으면서도 나와 아버지는 대화랄 게 거의 없었다. 그야말로 경상도 부자의 전형적인 모습. 그 정적을 깨뜨려준 게 바로 정치였다.

투표장에 가서 신분증을 내밀었다. 진행요원은 신원 확인을 위해 모자와 마스크를 벗으라고 요구했다. 반쯤 벗어진 머리를 드러내며 지시에 따라 투표하고 나왔다.

집에 돌아와 씻고 방으로 들어갔다. 집에 있으면 도통 앉아있는 일이 없다. 늘 그렇듯 침대에 누웠다가 미처 마무리하지 못한 방 정리가 마음에 쓰여 한참을 청소했다. 그 후 저녁도 먹고 TV도 보며 오래간만에 다시 찾은 일상생활을 즐겼다. 이제는 다시 입원하지 않아도 된다는 생각이 나를 행복하게 한다.

어느새 10시가 되었고 병원에서처럼 다시 한번 샤워를 했다. 샤워 후 경건한 마음으로 침을 꺼내 들었다. 알코올 솜으로 정성스레 소독하고 소화기를 다스리는 침을 시술한 다음 20분 정도 유지했다가 발침하고 다시 알코올 솜으로 마무리한다. 이제 EFT 시간. 항암제 복용을 앞두고 찾아올 수 있는 부작용에 대한 불안이나 공포 같은 감정의 과잉 상태를 제거하는 작업을 시행한다. 그러면 대충 11시가 된다. 시간이 좀 남으면 작년에 신청했다가 한 번도 보지 않았던 천주교 통신 교리책을 보거나 어머니께서 사주신 혜민 스님의 책을 읽으며 마음을 한 번 더 가다듬는다.

모든 사전 작업이 마무리되면 두꺼운 흰 비닐 안에 담겨있는 Temodal 160 ㎎을 꺼낸다. 연분홍빛과 우윳빛의 100 ㎎ 캡슐 1개, 짙은 개나리색과 흰색의 20 ㎎ 캡슐 3개를 동시에 입안으로 털어 넣고 물과 함께 삼킨다. 강한 치유의 군대가 종양 요새를 섬멸하는 과정을 떠올리면서 잠자리에 든다.

항암제를 먹고 토한 첫날 이후로 단 한 번도 거른 적 없던 나의 성상세포종 치료 '루틴'. 그 덕인지 몰라도 첫날 이후로 약 먹고 토하는 일은 없었다. 치유력과 종양이 벌이는 전투 때문에 알 수 없는 생각의 파편들이 쏟아져 밤잠을 제대로 이루지는 못했지만 그건 낮에 다시 보충하면 될 일, 큰 문제는 아니었다. 게다가 지금 누워있는 곳은 병실이 아닌 내 방. 이제 더 깊은 잠을 잘 수 있을지도 모를 일이다.

간만에 꿀잠을 잤다. 야채수를 먹은 이후부터 시시때때로 찾아오는 오밤중의 요의(尿意) 때문에, 그리고 약 때문에 깊이 잠들지 못하기는 했지만 그래도 훨씬 더 깊은 잠을 잔 기분. 여느 때처럼 머리맡을 더

듦어 안경을 썼다. 갈아입을 속옷과 수건을 챙겨 들고 화장실에서 샤워를 했다.

'어? 뭐가 눈앞에서 알짱거리는데?'

시야에서 무언가가 거슬렸다. 검은 점이 자꾸 아른거렸다. 조금씩 커지다가 작아지기를 반복하며 일정 부위를 계속 맴돌았다. 격렬히 고개를 저으면 보이지 않았다. 하지만 애초에 그렇게 움직여버리면 무엇 하나 제대로 보이는 세 없는 법이다. 온통 시야가 흔들리는데 검은 점의 유무 판단을 어찌할 수 있을까? 별 소득 없는 짓을 몇 번 반복하다가 오히려 밀려오는 어지러움 때문에 정신이 아득해졌다. 결국 침대에 누워 몸도, 마음도 가다듬어야 했다.

누워서 몇 가지 가설을 세우고 차례차례 검증해나갔다. 그러다가 독특한 점을 하나 발견했다. 왼 눈으로 볼 때는 검은 점이 사라졌다가 오른 눈으로 보자 다시 나타났다. 왜 하필 오른 눈일까. 좌뇌에 자리한 종양, 그곳을 향해 쏘았던 방사선이 연달아 생각난다. 급기야 수술 후 눈이 잘 안 보인다며 울던 옆 침대 할아버지까지 떠오른다. 개미 눈깔만한 검은 점이 이제 블랙홀처럼 보인다. 점점 시야를 잡아먹으며 커갈 것만 같다.

'오른 눈이 안 보이지는 않겠지? 이런 게 계속 보이면 집중에 방해되고 운전도 못 할 텐데······.'

전공 서적이랑 의학 서적을 꺼내서 정보를 찾다가 포기했다. 검은 녀석이 자꾸 거슬려서 열이 뻗친 탓이다. 승현이 형에게 물으니 형은 걱정하지 말라고 대답했다. 일상생활하다 보면 하나하나 불편한 게 생길 수 있다고.

하루가 채 가기 전에 정신을 어지럽히던 개미 눈깔은 모르는 사이에 자취를 감추었다.

주말에는 방사선 치료가 없다. 밤에 한 번 Temodal 먹는 것을 제외하면 딱히 치료는 없다. 병원에서는 환자복이라도 입었지만 지금은 집에서 속옷 차림으로 돌아다니니 내가 환자라는 사실을 느낄 계기가 없다. 급격히 움직였을 때 살짝 느껴지는 어지러움이 유일한 증상.

스님 머리보다 빛나던 내 머리도 훈련소 갈 때 수준까지 올라왔다. 똑같은 머리 길이임에도 그걸 바라보는 내 마음이 다름을 느낀다. 낙담의 상징이던 빡빡머리가 이제는 희망이 되었다. 방사선 치료를 받으면 머리카락이 빠진다더니 치료를 시작한 지 일주일이 넘었는데도 그럴 기미가 없다. 부작용마저 비켜 나간 것인가 싶은 마음에 기쁘다가도, 모근조차 파괴시키지 못하는 게 심부에 있는 종양은 건드릴 수나 있을까 하는 걱정도 살짝 들었다.

월요일이다. 외래로 방사선 치료를 받아보는 첫날이다. 평일 11시 반으로 예약한 치료를 위해 아버지와 함께 병원으로 출발했다. 콜택시를 탔다. 카풀 하느라 두고 간 어머니 차와 3개월 운전 금지로 인해 멈춰 있는 내 차가 주차장에서 놀고 있었지만, 택시를 탔다.

아버지는 운전을 못 하신다. 아버지와 어머니는 결혼 생활을 빈손으로 시작하셨다. 차 1대 사는 데 7년 동안 돈을 모아야 했다. 그 1대는 대구의 학원으로 출퇴근하는 아버지보다 경북으로 출퇴근하는 어머니가 쓰는 것이 타당했다. 나중에 차를 하나 더 사게 되면 그때 면허를 따야지 생각했던 아버지에게 차가 생긴 적은 단 한 번도 없었다. 졸라맨 허리띠가 힘들어서 풀어볼까 하기도 전에 친가와 외가에서 사고가 터졌고 그것을 메꾸기에도 벅찬 생활이었다. 더 좋은 학원에 다니는 친구가 부러워 학원을 옮기고 싶다는 말이 입안에 맴돌다 사라지게 했던 집안 형편. 엎친 데 덮친 격으로 내가 고등학생이던 시절 아버지는 암에 걸리셨다.

돈을 벌기 위해 아내는 출근하고, 어린 초등학생 딸은 아무것도 모르고, 고등학생 아들은 알면서도 모른 척했던 그때, 아버지는 이 길을 버스를 타고 혼자 다녔다. 이 길은 같이 다녀도 심심하기 그지없고, 택시를 타도 불편하다. 생계에 대한 걱정이 없는 내 마음이 이럴진대 아버지는 어떠했을까?

'아버지의 무게를 과연 내가 감당할 수 있을지 모르겠다.'

병원에 도착해서 지하 1층으로 내려가 대기실에서 30여 분 기다리고, 10분 치료받고, 다시 20분간 택시를 타고 집으로 돌아왔다. 원인을 알 수 없는 피로감을 겨우 이겨내며 점심을 먹고 낮잠을 잤다.

목요일은 공보의 3년 차 형들이 복무를 완료하는 날이었다. 지난 2년간 함께 했던 형들이 떠나는 시간.

바쁜 일상에 치이게 되면 1년에 한 번이라도 볼 수 있을까? 힘든 시기에 동고동락(同苦同樂), 아니 동거동락(同居同樂)해서 평생 기억에 남을 것만 같던 훈련소 동기의 얼굴이 서서히 잊혀가는 것처럼 될지도 모른다. 그러기엔 너무 아쉬워 계를 만들자고 했다. 이제 3년 차가 되는 승현이 형과 형철 형, 그리고 2년 차가 되는 우민이는 나의 제안에 호응을 해주었지만 결국 실패했다. 형들이 부산으로, 대전으로, 서울로 뿔뿔이 흩어지는 탓이 컸다.

내가 그들에게 받은 걸 돌려줄 수 있는 그 날까지라도 연락이 자주 닿기를 바랐는데 힘들 것 같은 예감이 든다. 내가 그들을 생각하는 만큼 그들도 나를 생각할까? 시기가 되어 떠날 뿐인데 마치 아픈 나를 버리고 가는 것 같아 서럽다.

떠나는 사람이 있으면 그 사람의 자리를 누군가가 채워야 한다. 다음 날 새로운 공보의가 들어왔다. 올해 고령 한의사 공보의 회장을 맡은 형철 형이 운수 보건지소 문제를 걱정하는 나에게 지역 배치 결과를 알려주며 운수지소에 들어오는 후임의 연락처를 알려줬다. 전화번호를 받자마자 바로 연락을 보냈다. 숙소 관련 이야기, 업무 이야기, 주변 맛집 이야기, 알아두면 좋은 팁 등 다양한 얘기를 했다. 연락을 마무리하는데 가슴 속에서 휑하고 바람이 불었다.

'이제 운수도 나의 소관이 아니구나.'

면담

 두통도 그러더니. 병원이 문을 여는 주중에는 잠시 놀다 가던 이상 증상이 주말이 되자 약속이나 한 듯 몰려나와 온 정신을 사납게 만들었다. 내가 짊어져야 할 의무 따위 없어진 지 오래건만 몸은 아직 알지 못하는 모양이다. 하필 1달에 한 번 있는 신경외과 외래를 앞둔 주말에 이상 증상이 동시다발적으로 나타났다.

 불안했다. 혹시 병이 진행된 것은 아닌지. 여느 때처럼 월요일 아침이 되면 증상이 사라져버리고, 방사선으로 손상된 기억력 때문에 궁금한 점을 까먹고 묻지 못하고, 그러다 잠들기 직전 문득 잊어버렸던 질문이 생각나 이불을 뻥뻥 차는 모습이 절로 그려졌다.

 컴퓨터를 켰다. 교수님을 만나면 이야기할 내용을 적었다. 어떤 증상이 나타날 때 병원에 가야 할지, 어느 정도까지 행동이 허용되는지, 쓰면 쓸수록 물어볼 것이 많아져 A4용지 2장을 빼곡히 채우고도 남았다. 즉흥적으로 썼기에 내용이 너무 중구난방이라 다시 찬찬히 읽어보면서 순서도 수정하고 말도 다듬었다.

4월 18일 월요일. 오전 9시 반으로 예약된 신경외과 외래 진료를 가기 위하여 아침부터 바삐 준비했다. 오늘은 교수님을 만나 혈액검사 결과를 토대로 Temodal 독성을 확인하고 향후 치료에 대한 결정을 내리기로 했다. 채혈 후 판독까지 30분에서 한 시간 정도 걸리는 것을 감안하면 적어도 8시 반까지는 병원에 도착해야 했다.

예상보다 이른 8시 즈음에 병원에 도착했다. 어머니께서 주차하는 동안 아버지와 나는 데레사관 1층에 마련된 외래 채혈실로 뛰어갔다. 지난 세월의 흐름이 느껴지는 라파엘관, 스텔라관과는 달리 데레사관은 기둥, 벽, 바닥이 대리석을 깔아놓은 것처럼 번쩍거려서 나는 마치 프랜차이즈 커피전문점으로 한정판 굿즈를 구하기 위해 달려가는 기분이 들었다. 그러나 좋았던 기분도 이내 사라졌다. 아침 8시의 병원, 그중에서도 일부분에 불과한 외래 채혈실. 그 앞에 있는 수많은 환자와 보호자들을 보았기 때문이다. 채혈실에 접수하는 것조차 번호표를 받아 대기한 뒤에 할 수 있었고, 접수 후에도 실제 채혈까지 꽤 기다려야 했다. 아버지가 뽑은 번호표에 적힌 대기 인원은 54명.

'세상에 이렇게 아픈 사람이 많구나.'

3개 병동을 꽉 채우고도 모자라 새로 암 센터까지 짓고 있는 병원. 그 옆에는 내 모교와 함께 설립한 양한방 협진 병원까지 있다. 입원해 있는 환자만 해도 수백은 될 터인데 외래로, 그중에서도 채혈하러 온 사람이 오전 8시에 100명이 넘는 상황.

대구에 대학병원만 해도 4개, 우리 학교 병원까지 포함하면 5개다. 그 외에도 커다란 종합병원이 수두룩하고. 그리고 서울에는? 전국에는?

이렇게 아픈 사람이 많은데도 잘만 돌아가는 세상이 신기하고, 세상을 돌리기 위해 이렇게 많은 사람이 아프도록 일하는 것 같아 안타깝다.

'난 뭐지? 세상을 돌리기 위해 애라는 걸 쓴 적이 있었나? 주욱 공부하다가 일은 고작 2년, 그것도 한적한 시골에서 쉬엄쉬엄 일한 게 끝인데?'

채혈실 주변에는 사람이 너무 많았다. 안에서 다른 사람들과 같이 악머구리 끓듯 바글대다가 아버지께서 근처에 남아 접수하기로 하고 어머니와 나는 옆으로 슬쩍 빠져나왔다. 감염을 조심해야 했기에 환자들이 많은 곳은 되도록 피하는 게 수였다. 많디많은 사람들을 지켜보고 있으니 한 가지 사실이 눈에 띄었다.

환자들은 전부 노인이었다. 꽤 보이는 장년층은 대부분 보호자였다. 나 같은 20대는 환자도 보호자도 거의 없는 현실. 쌀에 뉘처럼 껴버린 지금이 속상해 얼른 이 자리를 뜨고 싶었다. 그러나 좀처럼 줄은 줄어들지 않고 30분을 넘게 기다려서야 겨우 접수를 하고 채혈실로 들어갈 수 있었다.

아직 떠나지 않은 겨울이 많은 이의 가슴에 깃들어 기침과 함께 쏟아져 나왔다. 새로운 안식처를 찾는 겨울 요정을 피해서 앉는 것을 포기하고 벽에 기대 차례를 기다렸다. 아직 멍이 한가득 남아있는 팔을 내밀어 피를 뽑고 채혈실 바깥으로 나왔다.

외래 진료가 생각보다 늦어져서 어머니께서 출근시간에 늦을 것 같았다. 어머니는 고속도로로 가면 괜찮다고 하셨지만, 괜히 나 때문에 과속운전을 할까 봐 걱정됐다. 나와 아버지가 설득한 끝에 어머니는 눈물을 머금고 뒤늦게 출근했다. 라파엘관 2층에 있는 신경외과 외래에 접수하고 차례를 기다렸다.

기다리는 시간이 길었다. 교수님은 신경외과 중에서도 특히 뇌종양 환자를 주로 담당했다. 내가 어제 정리한 궁금증만 하더라도 족히 A4 용지 2장을 넘겼다. 다들 나만큼 궁금한 내용이 많을 것이다. 불안하고 걱정되는데 무엇이 이상한지조차 모르겠고, 말하고자 하는 바가 있어도 제대로 표현할 수 없어 답답해하며 교수님 얼굴을 1초라도 더 보고 싶을지도 모른다. 그렇기에 나는 기다려야만 한다. 나의 지루한 1분이 다른 누군가에게는 조금이라도 더 확보하고 싶은 시간일 것이 분명하기에.

다만 기약 없이 대기하는 시간이 아쉽다. 기다리는 동안 무엇이라도 할 수 있게 대기실에 탁자 하나쯤 마련해둔다면 어떨까? 문자서비스나 앱을 통해 '074번 환자가 진료실로 들어갔습니다.' 이렇게 알람을 보내주면 어떨까? 딴짓하다가도 적당한 시간에 맞춰 돌아갈 수 있게.

 '다들 그런 생각을 해봤겠지. 실현이 안 된 현실적인 이유가 있을 거야. 몸이 불편한 환자들이 움직이다가 탁자에 걸려 넘어져 사고가 발생하거나, 문자로 알려줘도 못 보고 뒤늦게 오는 환자 때문에 순서가 엉켜서 접었을 수도 있지. 아니면 돈이 많이 들거나. 어쨌거나 불편한 건 환자고, 의사는 힘이 없고, 판단은 경영진이 하는 거니까. 아, 그만 기다리고 싶다.'

 어머니께서 잘 출근하시고 있을지 걱정된다. 잘 때 분명히 문을 닫아두었는데 오늘도 문이 살짝 열려있었다. 필시 자식 걱정에 깊게 잠들지 못하고 중간에 깨서 슬그머니 찾아와 이불을 덮어주며 나의 병세를 살폈으리라. 내일 외래를 앞두고 컨디션은 괜찮은지 묻는 말에 염려할 필요 없다며 무덤덤하게 이야기한 게 화근이라면 화근이다. 정말로 괜찮기에 그리 답한 것이지만, 어머니 머릿속에서는 아프기 전 걱정거리나 혼날 거리가 있으면 무조건 숨기고 부모님의 레이더망을 요리조리 피하던 모습이 떠오른 게 분명하다. 물론 그러지 않았어도 찾아오셨겠지만. 부모님의 실체 없는 두려움을 덜어드리고 싶어도 실체가 없기에 지울 수 없다. 단지 기다릴 수밖에.

 복도에 앉아 지나다니는 사람을 구경했다. 구겨진 흰 가운을 입고 바쁘게 뛰어가는 사람. 여유 있게 걸어가는 흰 가운. 뒤에 수많은 흰 가운을 거느리고 당당하게 걷는 대장 흰 가운. 그 외에도 초록 가운, 보라 가운도 바쁘게 다닌다.

'아, 일하고 싶다. 저 사람들처럼 바쁘고 싶어.'

10시 반쯤 간호사는 내 이름을 불렀다. 진료실에 들어선 나를 교수님은 반갑게 맞으셨다.

"잘 지냈어요? 퇴원하니까 얼굴이 더 낫네. 살찐 것 같기도?"
"맞아요. 살쪘어요. 먹는 걸 좀 줄이고 하루에 2~3시간씩 자전거를 타는데도 살이 안 빠져요."
"그럴 수가 있나? 살이 찐다는 건 삶의 질은 좋다는 거니까, 괜찮아요."
"혹시 저처럼 치료 중에 살찌는 사람이 있나요?"

묻는 말에 으레 늘 하던 미소로 답하는 교수님. 준비한 질문지를 꺼내서 차례차례 물어나갔다. 별일이 아닌 것인지 워낙 주관적인 증상이라 판단을 유보한 것인지 교수님은 잠자코 듣고만 있었다. 그러다 '바깥 외출 허용 정도'에 대한 물음에서 무겁게 입을 떼셨다.

"공원에서 산책하거나 카페나 식당에서 노는 것은 괜찮아요. 야구 관람은, 지금은 좀 무리지만 따뜻해지면 괜찮아요."
"감염에 예민할 필요는 없군요?"
"혈액검사 결과에서 호중구 수치가 정상이라 크게 걱정하지 않아도 돼요."

 남은 질문을 모두 들은 뒤 한마디로 정리하셨다.

"일상생활하면 돼요."

 면담을 마치고 약을 타오니 어느새 11시가 넘었다. 10시쯤 병원 업무가 끝나면 집에 가서 점심을 먹고 2시에 예약된 재검을 받으러 가는 게 계획이었는데. 의병 제대 때문에 신서혁신도시에 있는 병무청을 방문해야 했다. 시간이 애매하게 남아 집에 들르지 않고 바로 출발했다. 지하철을 타고 안심역에 내렸을 때는 오히려 시간이 넉넉하게 남아 근처 식당에서 아버지와 점심을 먹었다.

 '아빠랑 둘이서 외식해본 적이 있던가? 그러고 보니 엄마랑도 없네. 가족끼리 외식도 잘 안 하고, 집에서 시켜먹기만. 가족끼리 보낸 시간이 얼마 없구나. 아픈 덕분에 이런 것도 다 해보네.'

 신서혁신도시에 위치한 대구경북 지방 병무청과 병무청 중앙 신체검사소. 이번 방문은 지방 병무청에서, 다음 방문은 중앙 신체검사소에서 이루어진다. 말만 혁신도시일 뿐 들어선 건물도 별로 없는 휑한 길을 걸어올라 병무청에 도착했다. 문을 열고 들어가니 꽤 많은 사람이 로비에 모여 있었다. 아직 30분 정도 남았는데도. 서로 모르는 사이에 대화 따위가 있을 리 만무하다. 모르는 사람끼리 붙어 있기 민망한지 빈자리도 많고 서 있는 사람도 많았다. 각자 띄엄띄엄 자리를 잡고 스마트폰에 의지하여 다가올 2시를 기다렸다. 아버지는 앉기를 포기하고 구석에 서서 기다렸다. 나도 그럴까 했지만 어지럼증이 살짝 있어 굳이 자리를 비집고 앉았다. 그러자 내쫓기듯이 옆사람이 빈 공간을 찾아 떠났다.

2시가 가까워질수록 사람이 계속 늘어나 2~30명은 돼 보였다. 이윽고 2시. 2시가 넘어도 병무청 직원은 보이지 않았다. 누구 한 명은 당황하거나 불만을 표시할 법하건만 오로지 옷 부스럭거리는 소리만 들릴 뿐이었다. 비로소 누군가가 내려왔다. 시간은 2시 20분. 늦게 온 이유에 대한 일언반구 없이 바로 업무를 시작했다.

휴대전화를 걷고 탈의실 비슷한 곳에서 형광 조끼를 입게 했다. 지시하는 직원 말투는 자못 험악해서 마치 교도소에 수감되기 전 사진을 찍으러 가는 범죄자가 된 기분이 들게 했다.

직원은 나라사랑카드를 모두 챙겼는지 물었다. 다들 하나씩 꺼냈지만 난 없었다. 8년 전에 받은 나라사랑카드는 옛날 옛적에 사라졌고 2년 전 훈련소에서 다시 받은 나라사랑카드도 잃어버린 지 오래였다. 다시는 쓸 일이 없다고 생각해서 재발급받을 생각 따위 전혀 하지 않았다.

"저기, 나라사랑카드 없으면 어떡해요?"

"그것도 안 챙겨왔어? 기본인데. 민증은?"

"민증은 없고 운전 면허증은 있는데……."

"저기 가면 임시로 하나 주니까 받아와."

'저 인간은 도대체 언제 봤다고 반말이야. 막말로 지나 내나 똑같은 공무원인데. 아파서 못 간다는데 그게 죄냐? 솔직히 공보의 계속하고 싶어. 못 하는 거라고, 안 하는 게 아니라! 지금 뻥끼치겠다고 수 쓰냐? 왜 이딴 대접을 받아야 해?'

속으로 분통을 삼키며 임시 패스를 받고 포로수용소 같은 대기실에서 차례를 기다렸다.

내 번호가 불렸다. 임시 패스를 찍은 뒤 준비한 진단서를 들고 검사장으로 들어갔다. 검사장이라고 해서 몸무게나 키, 시력을 체크할 줄 알았는데, 아니었다. 파티션으로 분할된 곳에 과별로 의사가 앉아 재검 대상자와 면담을 나누고 있었다. 또 기다려야 했다. 스마트폰도 없이 앉아 있다 보니 심심했고 그런 내 눈에 MRI 영상이 담긴 CD와 진단서가 담긴 서류 봉투가 들어왔다.

홀린 듯 서류봉투를 열었다. 교모세포종이라 진단 내려진 이상 희망적이지 못한 내용이 적혀 있을게 명약관화다. 그럼에도 불구하고 열었다. 실의에 빠질까 두려우면서도 안에 담긴 내용이 보고 싶었다. 아니, 보고 싶어졌다. 치솟는 호기심을 억제하지 못하고 꺼냈다. 첫 번째 페이지. 수술 소견서였다. 영어로 쓰여 있어 자세히 보려는 순간 누가 나를 불렀다.

"13번."

몸은 신경외과로 걸어갔지만, 눈은 소견서에서 떼지 못했다. 언뜻 두 단어가 보였다.

'low grade'

기뻤다. 조직 소견은 거지같이 나왔지만, 위치만은 나쁘지 않다는 희소식을 보고 안 좋아할 이, 누가 있겠는가? 사실 저 단어가 내 상황을 지칭하는 것인지 아닌지 확신할 수는 없지만 별로 중요하지 않다. 그렇게 믿으면 되니까.

"서류는 여기 두시면 됩니다. 음……, 복무 중이시네요."
"네, 1년 남았는데 이렇게 됐네요. 당장 1년 뒤에 살아있을지도 모르는 판국이고 치료에 신경 쓰기도 모자라는데, 지금 이러고 있습니다."

아까 받은 푸대접이 마음에 남아 푸념을 늘어놓았다. 충분히 면제 받고도 남을 상황이었지만, 혹시 이 의사가 나를 가엾게 여겨 편의를 더 봐줬으면 하는 기대도 적잖이 들어있었다.

의사가 건넨 서류를 들고, 지시한 곳으로 가 직원에게 서류를 내고 기다렸다. 직원이 서류 처리하고 전화 통화를 하는 동안 꽤 긴 시간을 뻘쭘하게 앉아 있어야 했다. 얼마 뒤 직원이 중앙 신체검사소에 예약해야 한다고 말했다.

뇌종양. 그것도 교모세포종. 개두수술 이력 있음. 이것으로도 충분할 텐데 뭐가 부족해서 또 검사를 받아야 하는지 이해할 수가 없다. 게다가 오늘 한 일이라고는 서류 제출과 중앙 신체검사소 예약뿐이다. 서류는 우편으로 보내고 검사소 예약은 전화로 하면 되는데 왜 번거롭게 방문하라고 할까? 지극히 행정 편의에만 맞추어져 있는 시스템에 분노했다.

왜 굳이 여기까지 와서 MRI를 다시 찍어야 해? 병원에 있는 게 정확하면 더 정확하지. 아차, 병원 영상을 믿지 못하는구나. 병역 비리를 저지른 몇몇 고위층 때문에 애꿎은 일반인이 고생하는 현실에 화가 난다. 그래 봤자 피할 놈은 어떻게든 피할 텐데. 잔뜩 별이 난 채 병무청을 빠져나왔다. 밖에서 기다리던 아버지를 만나 버스를 타고 집으로 돌아왔다. 집에 돌아온 시간은 6시가 넘었다. 얼마 뒤 뒤늦게 출근했던 어머니도 돌아오셔서 같이 저녁을 먹었다.

그날 밤 나는 몸살을 앓았다.

항암치료를 시작한 지 한 달이 지나도 살이 빠지기는커녕 도리어 늘어났다. 의사든 한의사든 일반인이든 상관없이 이 이야기를 들은 사람은 어김없이 놀랐다. 원래부터 난 살이 잘 쪘다. 한창 다이어트 하던 시절 친한 형과 3박 4일, 내일로 기차 여행을 떠난 적이 있다. 첫 날은 진주, 둘째 날은 순천, 셋째 날은 여수, 넷째 날은 보성과 담양을 가는 강행군을 펼쳤다. 20대 초반의 왕성한 체력을 믿고, 짐을 잔뜩 짊어지고 찜질방에서 잠을 자며 아침은 삼각김밥으로 대충 때우며 다녔다. 그렇게 아낀 돈으로 점심과 저녁은 머무는 지역의 맛집에 투자했다. 나는 다이어트 중이다 보니 식사 때는 밥 반 공기를 뚝

떼서 식사량이 많은 형에게 덜어주었다. 그런데 여행이 끝나고 나는 3 kg이 늘었고, 형은 4 kg이 빠졌다. 같이 움직였고 식사량은 2~3배 차이가 났는데 도리어 나는 찌고 형은 빠져버린 상황에 서로 놀랄 수밖에 없었다.

이런 나를 알고 있는 사람들은 지금 나의 상태에 대해 재미있는 가설을 하나씩 던졌다.

'너는 지금 네 지방이 이 세상에 살고 싶어 하는 욕망에 얹혀사는 것이 분명해.'

'성상세포종은 대개 진행이 빠르잖아. 작년 8월에 seizure가 시작했는데도 종양이 이 정도밖에 안 자란 거 보면 분명히 네가 종양을 굶긴 거야. 종양이 먹고 자라야 할 에너지가 다 살로 가버린 거지.'

왠지 설득력 있어 보였다. 합쳐보면 '지방이 살아남기 위해 종양을 굶기고 체중 저하도 막았다.' 정도가 되려나?

외출

 찜찜한 여러 증상이 병의 악화가 아닌 방사선 치료로 인한 뇌부종 때문으로 밝혀졌다. 생각보다 면역력이 잘 유지되고 있으니 크게 염려할 필요 없다는 교수님의 말을 듣자 '외출'에 대한 욕구가 내 마음을 흔들어대기 시작했다.

 영화 〈부당거래〉의 명대사 '호의가 계속되면, 그게 권리인 줄 알아요.'처럼 병원에서 그토록 바라 마지않았던 일상생활도 어느새 당연한 것이 되어서 더 큰 자극을 바라던 참이었다. 애초에 서른을 바라보고 있는 청년이 방구석에 마냥 처박혀 있는 게 고역이 아닐 수 없는 법이다. 하루에 한 번 방사선 치료를 위해 집 밖으로 나서기는 했지만, 그건 내가 온종일 못 견뎌한 유폐의 일부일 뿐 어떠한 위안거리도 아니었다.

 방사선 종양학과 선생님과 면담을 한 다음날, 신경외과 교수님과 방사선 종양학과 선생님의 말씀에 힘입어 동네 카페로 길을 나섰다. 감염에 대한 공포가 아직 조금은 남아있었는데 그래서인지 오히려 아슬아슬한 스릴감이 느껴졌다. 마치 고등학생 시절 야자[18]를 빠지고 PC방에 놀러갔던 날의 흥분을 생각나게 했다. 카페인은 꺼려져 레모네이드를 주문하고 창가에 앉았다.

 빈틈없이 공간을 채우는 건물의 연속.

 푸른빛을 준비하는 가로수.

 갓길에 주차된 자동차 몇 대.

 병원 비상구 계단 창문을 통해 바라보았던 바깥세상과 배치만 약간 다를 뿐 별 다를 바 없다. 차이가 있다면 거리를 걷는 사람들. 특권을 누리며 즐거움을 줄줄 흘리고 다니던 사람들이 무거운 현실에 짓눌려 활기를 길에다가 줄줄 흘리고 있었다.

 '같구나. 저 사람이나 나나 같네. 누군가에게는 취업으로, 누군가에게는 대출로, 누군가에게는 병마로 나타나는. 형태만 다르지 본질은

---

18) 야간 자율 학습 시간.

같구나.'

 이전의 청승이 사라지고 동질감이 대신 자리한다. 사실 바뀐 것은 없다. 바라보는 내 마음이 바뀌었을 뿐이다.

 주말이 되자 더 멀리 나가고 싶었다. 운전할 수 있는 유일한 분인 어머니가 출근을 안 하는 주말을 손꼽아 기다렸다. 목적지는 일찍이 고령군 운수면으로 정했다. 어느 순간부터 나도 모르게 운수 타령을 하고 있었다. 늘 먹던 집밥이 지겨울 때면 '아, 운수에 있었으면'으로 시작해서 온갖 음식에 대한 아쉬움을 토했다. 수제비, 능이 갈비찜, 청국장 정식, 오리구이, 보쌈의 맛에 대한 그리움도 있었지만, 맛보다는 맛을 보던 지나간 시간이 더 그리웠다.

 그래서 운수로 가기를 꿈꿨다. 운수에 놀러가는 상상만으로도 웃음을 지었다. 그건 일요일에 로또를 산 후 힘든 일이 있을 때마다 꺼내서 당첨된 미래를 생각하는 어머니의 마음과 같았다. 어머니는 미래를 상상하고 나는 과거를 회상하는 정도가 다를까.

 그렇게 해서 고령으로 출발. 어제보다 더 큰 스릴과 해방감이 어우러져 거대한 흥분이 되어 나를 감싼다. 고령군 운수면은 가장 행복했던 기억이 서려있는 곳이기에 지금 가는 이 길은 소풍이 아니라 귀향 같았다. 나의 귀향은 지나간 행복했던 시간을 탐미하러 가는 것이기에 기쁨은 더 했다.

 30분 만에 도착한 운수 보건지소. 입구에 자리한 거목은 내가 떠날 때는 황량한 가지만 남아있었는데 지금은 푸른빛을 자랑했다. 나의 잃어버린 머리카락이 다 저기에 붙었나 싶을 정도로 찬란했다. 지소 안으로 들어갔다. 내가 떠나고 운수 보건지소의 담당이 된 공중보건의에게 미리 언질을 주긴 했지만 허락 없이 지소로 들어가는 짓은 분명 옳지 않은 행동이었다. 그래도 들어가고 싶었다. 급하게 이사하느라 미처 챙기지 못한 행복이 곳곳에 굴러다니고 있을 것만 같아 참을 수 없었다.

2월 말에 마지막으로 출근했던 지소. 이사하려고 잠깐 들른 걸 빼면 거의 두 달 만이다. 지소를 어머니와 아버지께서 구경하시는 동안 나는 한의과 진료실로 들어갔다. 제대로 하지 못했던 작별인사를 나누고 싶었다. 책상 앞 의자에 앉아 가로로 나란히 위치한 베드를 보았다.

지난 2년 동안 할머니들의 친화력은 대단하다고 늘 느꼈다. 늙어간다는 동질감 때문인지 처음 보는 사이라도 어느새 서로 대화하고 계셨다. 침 맞고 누워서 누가 더 많이 고생했는지 경쟁하는 모습은 흔히 볼 수 있는 풍경이었다. 커튼과 커튼으로 칸막이 쳐져 누구와 대화하는지도 모르면서 열심히 입씨름하는 광경을 보고 있노라면 미소가 절로 흘러나왔다. 그 사이에서 열심히 장단을 맞추면 오전이 금방 지나갔다. 심심하기 그지없던 나에게 그건 일이라기보다 취미 생활이었고 소소한 재미를 줬다. 게다가 정이 많은 분들이라 한바탕 떠들고 가면 의사 선생님 귀찮게 해서 미안하다고 딸기나 참외, 수박 같은 과일을 싸 주어 꽤나 쏠쏠했다.

"의사 샘님, 나이가 몇이고?"

"저, 스물일곱이요."

"하오, 그거밖에 안 됐나. 애인은? 여자친구 있나?"

"아니요. 왜? 따님 소개시켜줄라고?"

"딸은 무슨, 내 나이가 몇인데."

"아고, 엄청 젊어 보여서 50대인 줄 알았지."

"내 나이가 이제 팔십인데, 무슨. 여튼 내 손녀가 하나 있는데. 어디 회사 다닌다더라. 참, 맏이가?"

"네, 여동생 하나 있고."

"에이 그람 파이다. 맏이는 안 돼."

"맏이가 머 어때서?"

"제사 지낼라카믄 그거 고생인기라. 나이 많은 늙은이 주책이라카고 치아라."

그 후로 이 할머니만 오면 '나 바람 맞힌 분 왔나? 삐져서 침 안 놓을란다.'라고 투정 부리며 놀렸다.

승현이 형과 베드에 나란히 누워 고민을 상담했던 일. 연주 형과 밤새 추나학회 아카데미 실습 시험을 준비했던 일. 고령에 있는 한의사, 공보의 모두 모여서 스터디를 한 일. 많은 추억이 새록새록 떠오른다.

진료실 밖에는 인바디 기계가 하나 있다. 지역주민의 건강을 체크하기 위해 들여놓은 기계였지만 주민이 이용하는 일은 극히 드물었

고 대부분 내가 사용했다. 작년 여름에 치아교정을 시작하면서 다이어트도 같이 했는데, 그때부터 화요일 아침마다 체지방률을 체크했다. 아침 7시에 일어나 팬티 바람으로 숙소에서 내려와 측정했다. 간혹 아침잠이 없는 할머니가 이른 시간부터 지소 문을 두드리는 경우가 있어 계단을 내려가다가 황급히 발길을 돌리기도 했다. 그 기억을 떠올리면서 몸무게를 측정했다. 살은 빠지지 않았다.

  어머니와 아버지는 나란히 안마 의자에 누워계셨다. 지소에는 수치료기, 유산소 운동기를 비롯하여 손 안마기, 발 안마기에 전신 안마 의자도 2개나 있어 치료를 기다리는 환자가 대기 시간을 물평한 적은 한 번도 없었다. 오히려 치료가 다 끝나도 안마 의자의 마력에 푹 빠져 한참을 쉬다 가기도 했다. 오전에는 그렇게 환자 차지이나 오후에는 여사님과 승현이 형, 그리고 나의 것이었다. 여사님은 점심 식사가 끝나면 곧바로 지소로 돌아와 점심시간이 끝날 때까지 안마 의자에 누워 이불을 덮고 곧잘 주무시곤 했고 승현이 형과 나는 거기에 앉아 폰 게임이나 책을 보며 여유를 즐겼다.

  나는 두 분이 앉은 안마 의자 바로 옆에 있는 수 치료기에 누웠다. 물줄기가 목덜미에서 엉치까지 내려오면서 안마를 해주는데 그렇게 시원할 수가 없다. 딱히 피로랄 게 쌓일 리 없는 생활이었지만 수치료기는 없는 피로마저 없애버렸다. 일어나자는 아버지 말씀에도 불구하고 어머니는 조금만 더 있다 가자며 안마 의자에서 일어나지를 않으셨다. 주중 내도록 과도한 업무에 시달리다 온 어머니. 주인이 없는 지소에 들어가도 될까 걱정하던 어머니가 안마 의자 힘에 매료되어 내려오지를 못하셨다. 월급만 받았어도 하나 해드릴 텐데. 다가오는 어버이날, 퇴직금으로 안마 의자를 사드려야 하나 고심하게 됐다.

지소에서 나와 갈비탕집으로 갔다. 운수지소 근처에는 맛집이 많다. 능이 갈비찜이 맛있는 백우 식육식당, 청국장 정식이 일품인 오복식당, 오리 전문점이지만 수제비가 더 맛난 개미식당, 특이하게 옛날 통닭을 같이 팔던 중국 음식점 봉황반점, 면사무소 회식 때 자주 갔던 오리마을 등등. 가는 곳마다 맛있게 먹었다. 그중에서도 가장 일품은 갈비탕집. 승현이 형과 나는 술을 진탕 마신 다음날에는 항상 갈비탕집에서 해장을 했다.

시골의 토요일인데도 넓은 갈비탕집이 사람들로 바글거렸다. 갈비탕 3개를 시켜놓고 가장 구석진 곳에 자리 잡았다. 짧은 머리카락이 괜스레 찔리는 탓이다. 서빙하는 아주머니는 예의 그때처럼 신경질을 부렸다. 정이 뚝뚝 묻어나와 찾게 된다는 욕쟁이 할머니와는 궤를 달리하는 순도 100%의 불친절함이다. 그 때문에 다시는 안 와야지 늘 다짐하지만 항상 맛 때문에 굴욕적으로 다시 찾았다. 지금처럼. 어머니, 아버지도 직원의 불친절을 지적하며 맛에 의구심을 품기 시작했다.

갈비탕이 나왔다. 그리웠던 맛. 다행히 어머니와 아버지도 맛있어 하셨다. 요즘 들어 속이 금방 더부룩해져서 일부러 다이어트 핑계를 대며 밥을 조금만 먹었지만, 이날 갈비탕만은 다 먹었다. 운수에서 먹는 갈비탕. 차마 자리를 떠나지 못하는 나를 식당 아주머니가 나가라고 떠밀었다. 그 와중에 어머니께서 따로 포장을 부탁하셨는데 기분이 나빠 사지 말라고 말하려다가 집에서 조금이라도 더 고향을 추억하고 싶은 마음에 말을 삼켰다.

금요일, 토요일 연달아 한 외출이 몸에 부담이 되었을까? 일요일이 되자 몸살 기운이 슬슬 돌았다. 방사선 치료 기간에 감염이 발생하면 위험하다. 열이 높으면 응급실을 통해 입원하라는 티칭이 있었기에 일정 시간 간격을 두고 계속 체온을 체크했다. 38.2℃. 덜컥 겁이 났다. 애써 괜찮을 거라며 스스로를 달랬다.

아침식사를 하고 샤워도 했다. 혹시 체온이 떨어지지 않을까 하는 헛된 기대를 품고. 다시 측정하니 37.9℃였고 심지어 귀가 먹먹한 느낌까지 생겼다. 찐득한 잼이 붙었다 떨어지는 듯한 불쾌한 소음이 들렸다. 방사선 종양학과 선생님이 말했던 방사선 치료 부작용이 생각났다.

"…… 방사선을 쏘면 왼쪽 귀를 지날 수밖에 없거든요. 방사선이 지난 부위는 상처가 생기고 염증도 발생해서 만성 중이염이 자주 옵니다. 그러면 귀에 물이 차거나 멍멍한 느낌을 받을 수 있어요."

'중이염 증상인가? 중이강에 고름이 찼나보네. 유스타키오관에 고름이 붙어서 찐득찐득한 소리가 나는가 보다. 염증이 생겼다고 봐야겠지? 방사선 치료할 수 있나? 중단하면 어떡하지? 성상세포종은 특히 진행이 빠르다던데. 퇴원할 때 열이 심하면 응급실로 입원하라고 했는데 그렇게 해야 하나. 아, 입원하기 싫은데…….'

가만히 집에 박혀있을 걸 괜히 용기 내서 외출 나갔다가 도로 병원에 입원할 상황에 놓이자 멘탈 붕괴 상태가 되었다. 체온계 오차임이 분명하다며 몇 번을 측정해보았으나 체온은 38℃ 근방을 유지했다. 승현이 형에게 전화를 걸었지만 받지 않았다. 고민하다 결국 주치의에게 메시지를 보냈다. 주치의는 마침 오프여서 쉬고 있었고 대신에 신경외과 병동 간호사실 전화번호를 알려주었다.

바로 간호사실에 전화를 걸었다. 자초지종을 설명하고 어떻게 대처해야 하는지 물었다. 간호사는 계속 체온을 측정하다가 38.5℃를 한 번이라도 넘으면 병원으로 찾아오고 만약 3시간 뒤에도 38℃ 근방이면 다시 연락하라고 했다.

다행히 체온은 조금씩 내려가 37.5℃ 부근을 맴돌았다. 월요일, 평소보다 조금 일찍 집을 나섰다. 방사선 종양학과에 가자마자 간호사에게 어제 있던 일을 설명하고 목요일에 있을 면담을 오늘로 당길 수 없는지 문의했다. 면담은 곧 성사되었고 다급하게 어제 일을 설명했다.

"어제 정도의 열은 괜찮아요. 감염 때문이라면 열이 38℃보다는 훨씬 높죠. 귀에서 나는 소리, 느낌은 방사선이 세포를 터뜨려서 생긴 물이 고막 안에 살짝 고여서 그렇다고 생각하세요. 방사선 치료는 걱정하지 않고 진행해도 됩니다."

방사선 종양학과 선생님은 평소와 달리 의자를 앞으로 빼서 눈을 마주하고 허벅지를 토닥토닥 해주시며 말씀하셨다. 예의 부드러운 말투와 touch는 불안에 떠는 마음을 그야말로 touch 했다. 진료실을 나오자 아버지는 선생님의 말이 무슨 의미인지 물었다. 어제 한 걱정이 별일 아니었다고 설명해드렸다.

'내가 만약 의료인이 아니었다면 어땠을까? 사소한 문제는 발견하지 못하고 그냥 지나갔을까? 아니면 발견하고 불안해하면서 알아듣기 힘든 설명에 답답해했을까?'

별거 아닌 증상 몇 가지와 제한된 지식으로 이리저리 조합하며 걱정하는 나를 두고 몇몇은 '모르는 게 약이라고, 너는 반만 알고는 사서 고생이야.'라 말하며 타박했다. 과연 그럴까? 인터넷이 발달하지 않은 시대라면 그럴지도 모른다. 그러나 지금처럼 미디어가 발달하고 정보 교류가 활발한 세상에서는 어느 누구라도 치료 중 적어도 한 번은 포털 사이트에서 자신의 병명을 검색해본다. 쏟아져 나오는 수많은 정보를 외면하기란 결코 쉬운 일이 아니다. 광고와 논문, 알아듣기 힘든 전문 정보 속에서 한참을 헤매리라. 그 결과 머리에 남는 것이라고는 수치 몇 개와 자극적인 말뿐. 수치에 담긴 의미를 파악할 길이 없어 청신호인지 적신호인지도 모른 채 더 불안하고 더 걱정하고 더 힘들어할 것이다. 따라서 1/10만 아는 것보다는 1/2이라도 아는 것이 낫다. 불확실성이 주는 상상은 대개 부정적인 결말로 흘러가니까. 그래서 타박하는 사람에게 이렇게 말했다. 아는 게 힘이고 반이라도 알아서 다행이라고.

오후에는 시야 검사가 예약되어 있어 집에 갔다가 다시 병원으로 돌아왔다. 얼마 전에 완공한 암센터 2층에 자리한 안과. 또 한참을 기다리던 그때 명아 누나에게서 연락이 왔다. 어제 일을 얘기하고, 두려운 마음에 투정도 부리고, 시야 검사에 대해 불평도 했다. 이윽고 내 차례가 다가왔다.

시야 검사 방법은 간단하다. 어슴푸레한 조명 아래에서 검사기기에 머리를 고정하고 한쪽 눈을 가린 채 앞을 바라본다. 눈앞에 놓인 흰 반구 안에서 밝은 빛이 깜빡거릴 때마다 손에 쥔 스위치를 누르면 된다. 빛의 크기와 위치, 시간 간격, 모두 랜덤이다. 방법은 간단하지만 내 몸이 내 몸 같지 않았다. 실수를 많이 했다. 뚫어지게 쳐다보느라 눈을 한 번도 감지 않았더니 눈물이 그렁그렁 맺혀 방해했고 눈이 너무 피로하여 제대로 검사가 이루어지지 않았다. 두 번이나 다시 시도한 끝에 검사를 완료했다. 스위치를 누를 때 눈을 감으면 낫다는 조언을 들었지만 그 사이에 또 빛이 깜빡거릴 것만 같은 두려움에 제대로 하지 못했다. 걱정한 시나리오 그대로 됐다.

수술 이전에 했던 시야 검사 결과는 '종양이 시신경을 눌러 1사분면(우측 상단)의 시야가 좁아졌다.'였다. 왠지 오늘 검사에서도 1사분면에서 깜빡이는 불빛을 많이 발견하지 못한 느낌이 들었다. 이런 걱정이 검사 결과에 영향을 미칠까 봐 최대한 평정심을 유지하려고 했지만 검사하는 내내 마음에 걸려 집중하지 못했다. 그래서 지금 나올 결과마저도 믿지 못할 지경이었다.

검사가 끝나고 한 시간을 기다려 안과 교수님을 만났다.

"저번 검사 결과랑 비교해보면 별로 달라진 게 없네요."

"종양이 별로 줄어들지 않았나 보죠?"

"그렇다고 단정 지어 말할 수는 없어요. 지금까지 종양이 시신경을 누르고 있었잖아요. 눌린 자리의 시신경이 죽어버렸고. 지금은 회복기예요. 쉽게 말하면 오랫동안 빨대 위에 얹어져 있던 공을 지금 치운다고 바로 빨대가 쌩쌩하게 원상태로 돌아오지 않는 거죠. 정확한 진단은, 치료를 더 진행한 다음에 하는 시야 검사 결과를 보고 내릴게요. 오늘은 추세를 살핀다는 개념으로 한 검사니까."

"시야 때문에 운전할 수 없거나, 혹은 다른 문제는 없나요?"

"지금 문제가 되는 건 주변 시야고, 중심 시야는 문제가 없으니까 괜찮아요. 환자분의 문제가 있는 곳은 오른쪽 윗부분이라 일상생활에는 큰 지장이 없어요. 가령 아래쪽에 시야 장애가 심한 분은 바닥에 있는 장애물을 발견 못해서 넘어지는데, 환자분은 위쪽이니까 파리가 날아다니는 걸 못 보는 정도? 위에서 날아오는 물건이 있으면 발견하기 힘들겠지만 실제로 그런 일은 드무니까요. 앞으로는 주기적으로 시야검사를 하세요."

안과 교수님도 좋은 분이었다. 수술 전 시야 검사에 대한 안 좋은 추억 때문에 안과에 가졌던 부정적인 느낌이 눈 녹듯 사라졌다. 아버지께 다시 교수님의 말씀을 설명해주며 집으로 돌아왔다.

일어설 준비

밤 10시가 되면 잘 준비를 한다. 샤워하고 침을 시술하고 EFT도 실시하고 눈을 감고 하루를 회상해보기도 한다. 시간이 지날수록 생략하는 과정이 많아지긴 했지만 침은 항상 시술했다. 그렇게 11시까지 시간을 보낸 후 Temodal을 입 안에 털어 넣고 안쓰러워하는 부모님의 시선을 느끼며 침대에 눕는다.

자면서도 자고 있음을 인지하는 잠을, 자면서도 자고 싶어 하는 잠을 잔다. 새벽 6시가 되면 끙끙거리는 나를 아버지가 깨운다. 잠을 잤지만 잔 거 같지 않다.

"자, 야채수 먹어."

"왜 지금 줘. 나중에 먹을래."

"안 돼. 어서 먹어."

"왜 자꾸 약 효과 좀 떨어져서 이제 잘 수 있겠다 싶으면 깨워? 그냥 아침 먹을 때 주면 안 돼?"

 항상 투덜거리지만 변함없는 패턴이다. 하루에 4번 이상, 공복에, 다른 약과 시간 간격을 두고 섭취하라는 지침 때문이다. 솔직히 약도 아닌데 약처럼 부모님이 여기는 게 고깝고, 평소 약을 지어드려도 시간 맞춰 챙겨 드시지 않는 분들이 야채수 지침은 철저히 지키는 모습에 자존심이 상한다. 모든 게 아픈 아들을 낫게 하려는 지극정성이지만, 아침 졸음 앞에서는 한낱 짜증의 원인일 뿐이다.

 졸면서 밥을 먹는다. 약을 먹기 위해서. 밥을 먹은 후 다시 잠이 든다. 10시 반쯤 아버지께서 자고 있는 나를 깨운다. 병원에 가자고. 기계 위에 10분 누워 있다가 집으로 돌아온다. 돌아오면 1시. 뇌부종이 가져온 어지러움과 피로감을 견디며 쥐똥만큼 식사를 하고 다시 잔다. 일어나면 대충 3~4시. 남은 하루는 고작 6~7시간. 저녁을 먹고 운동하고 드라마를 본다. 아프거나 힘든 일은 전혀 없다. 피로하고 잠을 깊게 잘 수 없는 것이 흠이라면 흠. 다만 변화를 꿈꿀 수 없는 안정감은 도리어 족쇄가 되어 나를 가둔다. 이렇게 무엇 하나 한 것 없이 하루가 금방 지나가는 것 같은데 막상 하루하루를 살아보면 한없이 느리게만 흐른다. 이상한 일이다. 왜 하루는 하루인지 이틀이 될 수 없는지 답답했다.

  예정된 방사선 치료가 30번밖에 없어 이만큼으로 치료가 될까 걱정했었는데, 30이라는 숫자는 영원히 가까워지기만 할 뿐 결국은 도달할 수 없는 경지처럼 느껴졌다. 방에 D-day 달력을 만들어놓고 치료를 받고 돌아오면 한 장씩 찢었다. 처음에는 한 장 한 장 줄어드는 게 그리 신날 수 없었는데 어느 순간부터 좀처럼 줄어들지 않는 종이 두께에 짜증을 냈다. 조급증을 참지 못하고 '어차피 내일 갔다 오면 뜯을 텐데 오늘 한 번에 뜯어놓자.' 하며 두 장을 찢기도 하고, 전날 뜯은 것을 깜빡하고 또 찢는 바람에 그 다음날 뜯지 못해 우울해하기도 했다. 치료가 없는 주말이 되면 마치 해야 할 숙제를 안 한 듯 압박감에 시달렸다. 심지어 방금 한 장 뜯었는데도 변함없는 종이 두께를 보며 마지막 종이가 떨어지면 치료가 끝난다는 소리를 들은 심술궂은 베이먼 영감[19]이 도로 붙여놓은 것이 아닐까 하는 망상에 빠지기도 했다.

  처음 방사선 치료를 했던 날, 나는 《내가 비록 암에 걸렸지만》에서 방사선 치료 부분을 읽었다.

> 방사선 요법은 평생 지속되는 것처럼 보일 수도 있다. 일정 기간은 마치 그 치료법이 당신의 삶을 집어삼키는 것 같은 기분일 수도 있

---

19) 오 헨리의 소설 《마지막 잎새》의 등장 인물.

다. 매일 병원을 방문하는 것이 가장 큰 일이 된다. 벗어나고 싶고, 도망치고 싶다는 충동을 주체할 수 없을 수도 있다.

레이첼은 때로 방사선 요법이 끝나면 곧장 나를 찾아오고는 했다. 그녀는 병원에서 일정이 지체되는 것에 진력이 나기 일쑤였고, 자신이 숫자가 된 기분이며, 한 사람이 나가면 다른 사람이 들어가는 소 떼 같다고 말했다. 개인적인 배려는 완전히 사라지고 진료만 남은 기분이었다. 그녀가 바라는 것은 그냥 달아나서 자신에게 일어나고 있는 모든 일을 잊어버리는 것이었다.[20]

그 당시에는 '그러려니'하며 대충 넘겼는데, 치료를 스무 번 갓 넘긴 지금은 격렬히 공감한다. 책에서 나온 대로 EFT를 실시했다.

'나는 비록 한계점에 이르렀지만, 나는 나 자신을 깊이 그리고 완전히 사랑하고 받아들인다.'

문득 언젠가 꾸었던 꿈이 떠오른다. 상상이 만든, 모든 것이 허용되는 꿈. 그 속에서만은 아프지 않아도 되련만 거기에서도 난 뇌종양 환자였다.

---

20) 《내가 비록 암에 걸렸지만》 에머 로버츠. 대성의학사. 2014. 359-360p.

《내가 비록 암에 걸렸지만》은 우울증과 불면증, 정신적 외상을 각각 한 장씩 할애하여 설명한다. 그만큼 이 문제는 암 환자에게 많이 찾아오며 매우 중요하다. 우울증 파트에는 다음 내용이 나온다.

The mass of men lead lives of quiet desperation.

(인간 대다수는 조용한 절망 속에서 살아간다.)

- 헨리 데이비드 소로

주요 우울증은 전체 암 환자의 25%가 겪게 되는데, 쉽게 진단받고 치료될 수 있다. 슬픔과 비통함이 암 진단에 대한 정상적인 반응이라는 점을 깨닫는 것이 중요하다.

핵심은 우울증은 단지 병에 불과하다는 것이다. 내가 불과하다고 한 것은 흔히 "나는 우울증이다.(I am a depressive.)"라는 식으로 그것이 정체성이 되어버릴 위험이 존재하기 때문이다. 아니다, 그렇지 않다. 당신은 정상적인 사람이며 단지 우울증을 경험하고 있는(experiencing depression) 것뿐이다.[21]

이 내용을 확장시켜 생각해보면 '나는 암이다. (I am a cancer.)'라고 스스로 정체성을 이미 형성해버렸는지도 모른다. 꿈에서조차 뇌

---

21) 《내가 비록 암에 걸렸지만》 에머 로버츠. 대성의학사. 2014. 244p.

종양에서 벗어나지 못했으니. 병식이 생긴 지 고작 2달 만에 영혼조차 뇌종양에 걸려버린 나에게 책은 다시 말했다.

> 암은 가족 전체에 영향을 미치는 질병이다. 암에 걸리면 불안, 죄책감, 분노, 좌절감, 낙담이 일어날 수 있으며 이는 결과적으로 가족이나 친구, 동료와의 관계에도 영향을 미칠 것이다.

> 암이라는 딱지에는 정체성과 자아(self)의 상실도 흔히 딸려 오며, 나른 사람들이 자신을 예전 모습이 아니리 병든 환자로만 생각한다는 느낌을 받는다.

> 두려움과 불안의 많은 부분은 다른 사람과 함께 나눌 수 있으며, 두려움과 불안에 대해 함께 두드리면 그것을 줄일 수 있고 암이 사람들에게 발휘하는 힘도 줄어든다.[22]

'나만 그런 것이 아니구나.'

혼자가 아니라는 사실에 위안받는다. 책의 지시에 따라 EFT를 실시했다. 하루 종일 침대에 누워 빈둥거리며 심심해하는 나를 주변 사람은 부러워하곤 했다. 그러나 뒤처지는 것을 강박증처럼 싫어하는

---

22) 《내가 비록 암에 걸렸지만》 에머 로버츠. 대성의학사. 2014. 453p.

나에게 이 생활은 고문이나 마찬가지였다. 내가 할 수 있는 일은 다이어트뿐. 머리카락 때문에 밖에 나갈 형편이 못 되어 자전거라도 열심히 탔다. 멍하니 자전거만 타기에는 너무 지루해서 병원에서 보려다가 말았던 드라마를 몰아보았다. 입원했을 때는 눈앞에서 튕겨나가던 자극이 집에 오자 무난하게 머릿속으로 들어왔다.

〈페이지 터너〉는 청춘 성장드라마였다. 유슬은 자신의 꿈이기보다는 어머니의 꿈인 피아니스트가 되기 위한 삶을 살았다. 그러나 교통사고로 그만 눈을 잃어버린다. 차식은 장대높이뛰기 선수이다. 성공해서 어머니를 건물주로 만들어주겠다고 호언장담하며 열심히 훈련했지만 척추분리증 판정을 받고 선수 생명이 끊어졌다. 아직 젊지만, 살아온 나날 동안 몸 바쳐 이루려 했던 목표를 하루아침에 날려버린 그들의 모습은 내가 두려워한 미래와 맞닿았다.

수술을 하기 전 나는 시각을 잃을까 봐 두려움에 떨었다. 종양 때문에 이미 시야 장애가 발생했다는 것은 곧 시신경 주위에 종양이 있다는 사실을 의미했기에 공포가 더 했다. 시신경 경로를 피해서 시술한다고는 하지만 0.01%의 가능성도 겪는 입장에서는 매우 큰 법이다. 눈이 보이지 않는 상태에서 한의사를 할 수 있을까? 나는 '내가 기억할 수 있는 시간' 안에서 항상 한의사를 꿈꾸었다. 그렇게 이루어 낸 목표가 하루아침에 사라진다면 난 어떻게 될까.

누군가에게는 클리셰대로 진행된, 뻔한 드라마일 수도 있지만 이 드라마는 나에게 잊었던 걸 떠오르게 했다. 나는 수많은 페이지 터너와 함께 했다는 것을. 좁게는 성공적인 수술, 치료를 해 준 의료진과 24시간 대기하며 간호를 한 가족, 넓게는 시시때때로 찾아오는 불안감을 받아준 주변 사람까지. 많은 사람이 나의 페이지 터너가 되어주었다.

생각해본다. 만약 시각이나 운동 영역에 문제가 생겼다면 나는 어떤 선택을 했을까? 차식처럼 새로운 꿈을 찾았을까, 아니면 유슬처럼 원래 꿈을 향했을까. 몇 번을 생각해보지만 아무래도 난 한의사의 길로 향했을 것 같다.

〈돌아와요 아저씨〉는 폭발적인 인기를 끈 경쟁작에 밀려 역대 SBS 수목 드라마 중 최저 시청률을 기록했지만 적어도 나에게는 명품 드라마였다. 현세에 대한 미련을 버리지 못하고 천국으로 가는 기차에서 뛰어내려 이승에서 '역송 체험'을 하는 두 남자를 그린 작품으로 일본 소설가 아사다 지로의 〈쓰바키야마 과장의 칠일간〉이 원작이다. 과장을 좀 보태서, 죽음의 문턱까지 갔다 온 나에게는 여러모로 공감이 가는 소재였다.

극 중에서 역송 체험을 떠나는 두 남자, 김영수와 한기탁에게 성녀 마야는 경고한다. 자신의 원래 정체를 밝히면 무시무시한 벌을 받는다고. 그 벌은 '자신의 존재를 아무도 기억하지 못하는 세상'이다. 드라마를 보며 다른 사람의 기억 속에 남아 남은 이들이 눈물짓도록, 못해 준 것을 후회하고 받은 것을 미안해하도록 만든다면 차라리 벌을 받는 게 낫지 않을까 생각했다.

그러나 수술을 앞둔 그때, 나는 그러지 않았다. 내 삶의 목표에 '책을 출판하기'가 있을 정도로 세상에 내가 존재했다는 흔적을 남기고 싶었다. 그랬기에 다가오는 운명 앞에서도 끊임없이 손을 놀렸다. 그래놓고 상황이 좋아지자 사라지는 게 낫지 않을까 생각하는 나. 살짝 웃음이 났다. 만약에, 아주 만약에 다시 죽음의 위기에 놓이면 나는 어떤 선택을 할까? 아무래도 미련을 못 버리고 또다시 무엇이라도 끄적거리는 나를 발견할 것만 같다.

머리카락이 빠지기 시작했다. 샴푸 거품을 씻고 내려가는 물 따라 갓 자라난 머리카락도 함께 흘렀다. 거울에 아수라 백작이 비친다. 누런 속살을 드러낸 왼 머리는 사라져 가던 병식을 일깨우는 주홍글씨가 되었다. 짧은 머리는 스타일링이 될 수 있지만 반만 남은 머리는 아무리 포장해도 이상하다.

방사선 치료가 시작되면 머리카락이 빠진다는 이야기를 들었으나 한동안 기미가 없어 부작용이 비껴갔다고 여기던 참이었다. 하지만 머릿속 깊이 자리한 암덩이를 제거하기 위해 강력한 방사선 총을 쏘아대는 전쟁터에서 성하게 남아날 민초가 몇이나 될까? 탈모가 일어나서 오히려 다행이었다. 치료가 통하고 있다는 얘기니까. 그래도 한편으로는 아쉬웠다.

한 번 외출했다가 거하게 데인 이후로 밖에 나가는 일은 가급적 자제했다. 그저 집에서 실내 자전거를 타면서 드라마를 보고 아버지가 차려 주는 밥을 먹고 학교에서 퇴근한 어머니의 푸념을 듣는 일상.

그래도 바깥세상과 소통할 수 있는 끈을 놓지 않았다. 하루에 한두 명씩은 꼭 연락했다. 마음이 편해져서인지 지난 시간을 잘 보낸 스스로가 너무 자랑스러워 알리고 싶어서인지 병원에서와는 달리 쉽게 메시지를 보내고 전화도 걸었다. 친한 사람부터 시작해서 한두 번 만난 인연이 있는 사람, 급기야 실수로 헤어진 전 여자친구에게까지. 사람이 심심하면 미친다는 세간의 말이 틀리지 않았음을 제대로 증명했다.

헤어진 전 여자친구는 독특하게도 대형 포털사이트에서 검색을 하면 소설가로 인물 정보가 뜨는 사람이었다. 어렸을 적 쓴 소설이 당선되어 등단했다고 들었다. 실수로 건 전화에 당황해서 '어버버버'하는 나에게 그녀는 곧 결혼을 한다고 전했다. 통화를 황망히 끝낸 후, 여러 생각이 머리를 휘감았다. 벌써 결혼하는구나, 나는 결혼할 수 있을까. 그녀가 쓴 소설은 어떤 글이었을까. 나도 글을 빨리 써야지. 쇠뿔노 난김에 빼뎄다고 구성을 시작했다. 1인칭 주인공 시점. 내 이야기를 나의 시점에서 서술하는 자전적 소설이 좋을 듯하다.

집에 있는 자전적 소설을 다 모았다. 이순원의 《19세》, 김원일의 《마당 깊은 집》, 박완서의 《그 많던 싱아는 누가 다 먹었을까》와 《그 산이 정말 거기 있었을까》. 박완서 작가의 책을 손에 쥐니 가슴에 푸근한 감정이 가득 찼다.

예전부터 박완서 작가를 좋아했다. 언어영역 지문에 나올 수 있다는 근거 없는 소문을 방패 삼아 수능을 앞두고도 그분의 글을 읽었고 중고서적 모으기에 재미를 붙인 후부터는 중고서점에 갈 때마다 그분의 책이 있는지부터 확인했다. 그 덕에 내 방에는 그분의 책만 30권이 넘는다. 특히 《그 많던 싱아는 누가 다 먹었을까》는 중학생 시절 유행했던 예능 프로그램 〈느낌표 - 책 책 책. 책을 읽읍시다〉에서 추천해서 부모님께서 사주셨는데, 매년 한두 번씩 다시 읽느라 책이 다 뜯어져 다시 사기도 했다. 위편삼절(韋編三絶)은 아니지만 위편일절(韋編一絶)은 한 셈. 그 책에 나온 고향 산천에 대한 묘사는 놀랍도록 아름다워서 나도 자연을 벗 삼는 고향을 간절히 갖고 싶었다.

그 갈망은 고령에서 공보의 생활을 하면서 해소되었다. 그러나 고향 같은 곳에서 재미난 생활을 즐기느라 지난 2년간 독서에 많이 소홀했다. 책을 읽더라도 다이어트나 심리학, 전공 서적 같은 실용 서적에 치우쳤다. 간만에 보는 그분의 책을 설레는 마음으로 폈다. 그 설렘은 이내 당황, 그리고 경외심으로 바뀌었다. 그분의 글이 내 삶에 얼마나 큰 영향력을 행사하는지 발견한 탓이다.

나는 가끔 노인이 쓸 법한 어휘나 말투를 쓸 때가 있다. '어디메쯤, 징건한, 약비나게' 같은 어휘, '~하리라'로 끝맺는 말투. 출처가 어딜까 했더니 바로 《그 많던 싱아는 누가 다 먹었을까》였다. 그분이 아니다. 지난날 실연으로 인한 아픔을 겪던 시절 끄적거렸던 산문, 병원에서 틈틈이 메모해두었던 구절, 모두 《그 많던 싱아는 누가 다 먹었을까》의 손바닥을 벗어나지 않았다.

예전부터 이상형이 어떤 사람이냐는 질문을 받으면 농담반 진담반으로 병실에 앉아 따사로운 햇살이 비치는 창문을 통해 바깥을 바라보며 한숨 짓는 여리여리한 여성을 이야기하곤 했다. 《그 많던 싱아는 누가 다 먹었을까》에서 화자는 이렇게 말한다.

> 그러나 한편 꽤 철난 후까지도 폐결핵을 동경하고 미화하는 버릇을 못 버린 것은 올케가 그런 유별난 사랑을 받았기 때문이 아닌가 싶다. 언제고 폐결핵을 앓는 남자와 열렬한 사랑을 해 보고 싶은 게 내가 사춘기에 꿈꾼 사랑의 예감이었다.[23]

---

23) 《그 많던 싱아는 누가 다 먹었을까》 박완서. 웅진닷컴. 2002. 188p.

한창 감수성이 피어날 무렵에 읽었던 소설의 영향력은 나의 삶 곳곳에 배어 있었다. 소설 내용 자체도 매우 놀라웠다. 일제시대, 광복, 한국전쟁 등 험난한 시대 상황에 휩쓸려 부유했던 화자의 심리묘사는 내 마음을 대변했고, 인민군으로 징집되어 생사의 경계를 넘나들었던 오빠는 내 상태와 흡사했다. 그리고 그런 오빠를 바라보는 어머니의 시선은 우리 가족의 그것과 똑같았다. 무섭다. 인생이란 다 거기서 거기일까? 아니면 이 소설을 너무 좋아한 나머지 똑같은 길을 걸어가게 된 것은 아닐까?

직감했다. 앞으로 내가 쓸 글은 이 책의 영향 아래에서 헤어 나올 수 없을 것이다. 다만 표절이 아닌 오마주로 느껴지도록 나는 그저 열심히 노력할 뿐, 살아계셨다면 어떻게든 찾아뵙고 한 말씀 들었을 텐데 아쉽다.

언젠가 읽었던 박완서 작가의 글에서 그녀는 땅속을 파고들지 못한 씨는 봄이 와도 싹트지 못하듯 고독의 밑바닥을 치지 않으면 결코 좋은 글을 쓸 수 없다고 했다. 그리고 고1 때 우리 학교에 강연하러 온 김지하 작가는 글을 잘 쓰려면 어떻게 해야 하냐는 질문에 '사랑'을 해야 한다고 말했다. 사랑할 때 마음속 깊은 곳에서 생겨나는 간질거림이 바로 시의 원천이라고.

사랑과 고독. 상실의 슬픔을 통해 소유의 기쁨을 알고, 소유의 기쁨이 있기에 상실이 슬프듯 사랑과 고독은 결국 하나가 아닐까? 난 아픔을 통해 일상생활을 사랑하게 되었고 그 일상생활을 잃었을 때 고독을 경험했다. 재료는 충분하다. 만약 나오는 결과물이 엉망이라면 그건 오로지 내 탓이다.

글을 쓰기 위해 그동안 작성했던 기록을 찾아 타임라인을 정리했다. 하나하나 읽어가며 지난 시간을 되새겼다. 지난 2년보다 더 많은 일이 벌어졌던 2개월. 일어났던 일만큼이나 변화도 급격해서 마치 동영상을 초고속 재생한 듯한 인상을 주었다. 그동안 나는 가진 것에 만족하고 감사하게 되었고 조급증에서 벗어나 마음의 여유도 조금 생겼다.

실제로 수술, 종양 판정 등 한바탕 폭풍이 지난 이후부터 TV를 보다가도 책을 읽다가도 밤새 몽롱한 잠에서 깨어나 병원 갈 준비를 하다가도 비죽비죽 실없는 웃음을 흘리는 버릇이 생겼다. 사람이라면 응당 가지는 칠정, 희노애락애오욕을 온전히 느끼면서도 미소라는 양념을 곧잘 쳤다. 나를, 살아있는 나를 사랑하기에 지을 수 있는 미소.

임사체험을 한 사람 중에는 이전과는 180° 변한 삶을 살아가는 사람들이 있다. 임사 체험 중에 말로 표현할 수 없는 큰 사랑을 느끼면서 세상을 긍정적으로 바라보게 되고 보람찬 일에 봉사하는 것이다. 실없이 웃음을 흘리는 버릇은 아마 이와 연관 있지 않을까?

수술 전에는 살까 말까 고민하던 놈이 뭐하고 있냐?

이 말 한마디는 주문처럼 내 마음과 온 세상을 아름답게 물들이곤 했다. 다만 임사까지 안 갔던 모양인지, 아니면 욕망이 많았던 탓인지 보람찬 일에 봉사할 생각까지 들지는 않았다. 봉사보다는 아직까지 입신양명의 꿈이 더 소중했다.

존재의 소멸 위기 앞에서도 기저귀에 똥을 싸기 싫어서 머리를 굴렸고, 결혼할 수 있을지 걱정했다. 한의사로서 품위를 지키고 싶어 병실에서 쓸데없이 정자세로 앉아 공부하는 시늉을 했고, 아침에 혹시 발기한 모습을 들킬까 봐 전전긍긍하며 잠들었다. 그러면서도 수술 후유증으로 남성성에 문제가 생기지는 않았을까 걱정했고, 어차피 소변통에 오줌을 누어야 함에도 화장실이 아닌 곳에서는 배뇨가 불가능했던, 애초에 난 그런 세속적인 놈이었다. 그래도 이번 사건을 통해 받은 사랑과 관심만은 절대로 잊지 않고 갚으며 살아가리라.

  타임라인 작업을 마무리할 때쯤 I/O 노트를 발견했다. 이 노트 때문에 어머니와 정말 많이 싸웠다. 병원에 입원한 순간부터 어머니는 내가 무엇을 먹었는지 대소변은 언제 해결했는지 언제 잠들었고 자다가 몇 번 깼는지, 병원 매점에서 구한 초등학생용 공책에 내 일거수일투족을 모조리 기록했다. 물론 간호사가 하루에 한두 번씩 찾아와 Input(섭취량)과 Output(배설량)을 체크했기에 필요하기도 했지만 병세가 좋아져 그럴 필요가 없었을 때도 어머니는 멈추지 않았다. 잊고 싶을 부끄러운 모습조차 공책에 낱낱이 적힐 때면 나는 점점 초등학생으로 퇴행하는 듯한 착각에 빠졌다. 열성적인 어머니와는 달리 나와 아버지는 그 임무를 귀찮아했다. 실수로 기록을 소홀히 한 날, 어머니는 여지없이 울상을 지으셨고 아버지와 나는 힘들게 일하고 돌아온 어머니의 마음을 위해 별 수 없이 기억을 더듬어 잃어버린 한나절의 기록을 복원했다. 가끔씩 '이맘때쯤이면 기록을 안 해도 무탈히 넘어가지 않을까?' 싶어 폰에만 메모해두고 빈 공책을 내밀어 보기도 했지만 어림없는 짓. 그렇게 퇴원할 때까지 어머니와 나의 밀당은 끊임없이 되풀이되었다.

  사실 퇴원하고 나서도 어머니는 기록하기를 원하셨지만, 퇴원이라는 든든한 아군을 얻은 나는 기고만장했고 그 요구를 단칼에 거절했다. 그날 어머니께서 말씀하셨다.

"동완아, 귀찮겠지만 이게 다 재산이다. 혹시 알아? 나중에 다 낫고 나서 수기를 쓰게 될지? 혹 쓰지 않더라도 이번에 아픈 건 두고두고 써먹을 일이 많을 텐데, 그때 가서 '내가 뭐 했었나……' 하고 떠올리려면 기록 하나 있는 게 낫잖아. 그래도 스트레스 많이 받는다고 하니 이제 그만하자."

어머니 말씀대로 나는 글을 쓰기 시작했고, 내 몸에 들어가고 나간 것의 기록은 병원에서의 하루하루를 떠올리는 데 있어 촉매제로 손색이 없었다.

이렇게 방구석에 처박혀 자전거를 타고 책을 보고 탱자탱자 놀면서 가끔 글 쓰는 생활을 하다 보니 한의사로서의 능력이 사라지는 것은 아닌지 걱정스러웠다. 그만큼 여유가 생겼다고 보아야 할까? 매일 나에게 소화기를 다스리는 침을 시술하고 있었지만 그 정도로는 부족했다. 그래서 공보의 때 하던 처방정리도 다시 진행하고, 각종 서적에 등장하는 양생법도 동의보감 목차 순으로 정리한 다음 적합한 것을 골라 실천했다.

그러는 사이 방사선 치료도 끝을 향해 느린 발걸음을 옮겼다. 생각보다 삶의 질이나 체력은 떨어지지 않았다. 5월 9일에는 중앙 신체검사소를 방문했다. 저번 방문보다는 그나마 나은 대접을 받으며 MRI를 비롯한 여러 검사를 받았고 그 결과 의병제대 판정을 받았다. 귀찮았던 행정 절차를 드디어 마무리 지었지만 왠지 아쉬웠다. 이제 누군가 직업이 무엇이냐고 물으면 나는 한의사라고 답해야 할까, 백수라고 답해야 할까.

다음 날, 병무청에서 찍은 MRI 영상을 방사선 종양학과 선생님에게 전달하고 치료받았다. 영상을 본 선생님의 표정은 썩 좋아보이지 않았지만 아무 질문도 하지 않았다. 종료일은 5월 12일. 이제 딱 2번 남았다. 조금만 참으면 된다.

치료가 끝나면 특별한 일이 없는 이상, 추가 방사선 치료는 없고 병용 투여 중이던 Temodal 160 ㎎도 4주간의 휴약기를 갖는다. 그 후 화학 요법을 시작한다. 계산상으로는 전체 치료의 70% 이상이 벌써 지나갔다.

뇌부종은 치료가 끝나면 1주일 이내로 해소될 거라고 방사선 종양학과 선생님이 이야기했으니 이제는 일상 생활하는데 애로사항도 거의 없는 셈이다. 다만 머리카락이 반쪽일 뿐. 그것도 치료가 끝나고 한 달 정도 기다리면 조금씩 자라난다고 하셨다.

치료 일정이 차지하는 시간 때문에 6~7시간에 불과하던 하루가 이제는 24시간이 될 터, 앞으로 어떻게 시간을 보내면 좋을지 고민했다.

먼저 집 근처 성당에 문의하여 교리 교육을 신청했다. 작년에 충동적으로 천주교 통신 교리를 신청해놓고 한 번도 안 들었는데 중환자실에 찾아온 신부님께는 안수 기도를 청했던 빚이 있다. 그리고 수술 전 간절히 청한 기도를 들어주신 데 대한 빚도 있어 응당 그리하는 것이 옳다고 보았다. 나의 결심을 들은 연주 형은 반가워하며 대부가 되어주겠다고 했고 성경과 십자고상, 주교님의 축성을 받은 묵주까지 선물해주었다.

지는 게 너무 싫어서 못하는 건 절대 안 하는 내가 오로지 형들과 어울리기 위해 꼴찌를 도맡아 가면 했던 골프. 스트레스를 팍팍 주던 골프였건만 나는 점점 골프가 치고 싶어졌다. 심지어 필드에서 투명인간이 되어 남들 치는 것을 구경만 하는 꿈도 꾸었다. 이제 남는 게 시간인 백수가 된 이상 열심히 연습해서 형들 앞에 환골탈태한 모습으로 등장하고 싶다. 이 이야기를 들은 형철 형은 가장 행복했던 시절로 돌아가고 싶은 마음이 골프로 나타난 것 같다고 했지만 이유는 아무래도 좋았다. 주변 골프 연습장을 돌아다니며 다닐 곳을 물색했고 집 근처 연습장에 바로 등록했다.

예전에 활동했던 영화 동호회와 보드게임 동호회에도 다시 가입하고 자기계발과 공부, 글쓰기에 하루 중 얼마씩 투자하겠다는 계획도 세웠다.

그렇게 이틀을 보내고 맞이한 5월 12일. 마지막 방사선 치료가 종료되었고 방사선사는 축하 인사를 건네며 이야기했다.

"축하해요. 그동안 항상 웃으면서 들어와줘서 고마워요. 굉장히 기분이 좋았어요. 아프고 힘들어하는 환자만 보다가 동완 씨 보면 참 좋더라고요. 같은 동네 주민이니까 오가다 마주쳤을 때 모른 척하지 말고 인사하고 지내면 좋겠어요."

"저야 영광이죠. 제가 힘들 때 다시 일어날 수 있도록 해주신 분인데요. 항상 감사했습니다."

그리고 며칠 뒤, 집 앞 공원에서 예쁜 아내, 딸과 함께 산책하러 나온 그를 보았다.

"안녕하세요!"
"어? 잘 지내시죠? 몸은 어때요?"
"저, 완전 좋아요."

그렇게 2016년의 봄은 뒤늦게 찾아왔다.

Chapter 3

노랑빛 운명의 신호등은 푸른빛을 감추고 있었다.
이 청신호를 얼마나 조마조마하게 기다렸던가.
말라가던 내 마음에 봄비가 내린다.
살짝 뿌릴 것만 같던 비는 소나기였다.

신호등 앞에서

 예전에는 초침 소리에 잠 못 든다는 이야기는 보건소에 찾아오는 환자의 호소였지 나의 경험이 아니었다. 밤에 불 끄고 침대에 모로 누워 '내일 뭐하지?'의 공상이 채 시작하기도 전에 잠드는 나로서는 더더욱 그랬다. 하지만 Temodal을 먹은 이후로는 모든 것이 달라졌다. 심심한 악령이 시계를 떼어다가 귓가에 매달아 놓은 것처럼 시끄러웠고, 칸딘스키의 뜨거운 추상화 이미지가 눈 속에서 끊임없이 춤을 추었다. 흡사 SF 영화에서 차원 이동을 할 때 보이는 영상과 비슷한 것이, 이대로 계속 있다가는 다른 세계로 빨려 들어갈 것 같은 예감이 들어 설렘을 안고 기다려보기도 하고 때로는 두려움에 일어나기도 했다. 그 덕에 잠을 자주 설쳤다. 방사선 치료를 받고 집으로 돌아오면 깊은 낮잠에 곯아떨어졌던 것도 한몫했다.

아픈 이후로 혹시 있을지 모를 전자파의 영향을 피하기 위해 머리맡에 두던 휴대폰을 바닥에 두고 잤는데 영 보이지 않았다. 결국 방문을 열기 위해 몸을 일으켰다. 이내 책장에 얹어져 있는 휴대폰을 발견했다. 어머니께서 밤사이에 다녀가신 모양이었다. 바닥도 머리에서 가깝다며 더 멀리 두라던 어머니의 말씀이 생각났다. 여러모로 걱정 끼쳐드리는 것 같아 죄송스럽다. 시간을 확인하니 10시가 넘어 있었다. 당황했다. 아버지께서 주무시고 계실 안방으로 가다가 중요한 사실을 기억해냈다, 방사선 치료가 어제 끝났다는 것을. 평소였다면 지금쯤 실내 자전거를 4~50분 타고 샤워를 한 뒤 병원에 갈 준비를 할 시간이었지만 이제부터는 아니다. 어제로써 예정되었던 30차례의 방사선 치료가 모두 끝났으니까.

다시 이불 속으로 기어들어가 잠의 여운을 즐겨본다. 좋다. 이불의 보드라우면서도 시원한 감촉이 나를 감싼다. 이대로 나를 녹여버릴 것만 같은 노곤함. 이대로 한숨 자면 몸이 가뿐할 것 같다.

하지만 자리에서 일어났다. 더 늘어져 있다가는 방구석 폐인이 될까 봐 두려웠다. 그렇지 않아도 치료가 진행될수록 누워 지내는 시간이 늘고 있었다. 견딜만하다 생각했지만 치료에 뒤따르는 체력적 부담이 마냥 무시할만한 수준은 아닌 듯했다. 체력에 부쳐 침대에 누울 때마다 '치료가 끝나면 ~~ 하리라.' 다짐하곤 했다. 그 순간의 내 마음이 거짓이 아님을 증명해야 한다. 양치기 소년이 되고 싶지 않다. 하루에 딱 하나 있던 일정 '병원 방문'마저 없어진 지금, 이렇게 풀어져버리면 영원히 게으름뱅이로 남게 될 것 같다.

거실로 나가 오늘 하루 먹을 약을 챙겼다. 병원에 있을 때는 간호사가 직접 약을 챙겨주었지만 퇴원한 이상 바랄 수 없는 호강이다. 아침에 일어나면 항상 하루치 약을 챙겼다. 혹시나 잊을까 봐.

'뉴로메드 시럽…… 케프라정…… 어, Temodal은 어디 있지?'

평생 먹어야 할지도 모를 항경련제와 뇌대사 기능 촉진제 시럽을 챙기고, 마지막으로 자기 직전에 먹는 항암제를 찾았는데 아무리 뒤져도 보이지 않았다.

'아, 오늘부터 휴약기간이지.'

어제는 방사선 치료뿐 아니라 저용량 Temodal 병용투여도 종료하는 날이었다. 남은 치료는 4주 휴약기를 거친 후 진행하는 6차례의 화학 요법뿐이다. 5일 동안 고용량의 Temodal을 먹고 23일을 쉬는 패턴이 6번 반복될 예정이다. 꽤 중요한 사실이었는데 그만 깜빡했다.

5 ㎖ 시럽 2포와 노란색, 파란색, 흰색 알약이 각각 2개씩 담긴 약주머니를 물끄러미 보았다. 어제만 해도 Temodal 100 ㎎ 캡슐 1개와 20 ㎎ 캡슐 3개가 더 들었던 약주머니였다. 비싸고 귀한 약이라서 그런지 포장도 꽤나 철저히 해놓아서 그것만 모아도 부피가 어마어마했다. 그것들이 빠지니 확실히 헐빈하다. 만감이 교차한다.

예전에는 그저 뉘앙스만 받아들이다가 이제 그 속에 함축된 의미를 십분 공감하게 된 말이 두 가지 있는데 하나는 '절실하다', 다른 하나는 '만감이 교차한다'는 말이다. 수많은 생각이 머리 안을 휘젓는다.

Temodal을 당분간 먹지 않을 생각을 하니 이제는 깊이 잠들 수 있지 않을까 기대감도 들고, 반대로 다 나아서가 아니라 몸에 부담을 덜어주기 위해 약을 잠시 쉬는 것인데, 그런 연유라면 차라리 쉬지 않고 치료를 계속 진행하여 빨리 낫는 게 좋지 않을까 하는 생각도 든다. 무엇보다도 아쉽다. 좀 더 정성스레 먹지 않은 것이 후회된다. 마음의 힘이 생각보다 강력함을, 마음가짐이 치료에 미치는 영향력이 지대함을 절실히 느껴놓고 왜 그렇게 별생각 없이 먹었는지 모르겠다.

처음 항암제 먹는 일은 하나의 의식이었다. 몸과 마음을 가다듬고, 이 약이 나에게 닥쳐온 불행을 물리쳐 줄 수 있는 힘을 지닌 존재라 여기며 감사한 마음으로 먹었다. 하루가 '잠들기 직전 이 순간'을 위해 존재하는 것처럼 그렇게 약을 먹었다. 방금 먹은 약의 신령스러운 힘이 혈관을 타고 나의 뇌 속으로 들어가는 모습을 수없이 상상하며 잠들었다. 하지만 시간이 지날수록 항암제를 먹는 일은 하나의 일상이 되었다. 약이 가져다줄 부작용은 낮추고 효능은 높일 것을 기대하며 마음을 정갈히 하고 정성스레 놓던 침도 어느 순간 TV를 보면서 몸에 찔렀고, 약도 하기 싫은 과제를 억지로 하듯 입 안에 털어 넣었다. 후회된다. 갑자기 느껴지는 적막을 통해 방금 전까지 집 안을 가득 채우던 냉장고의 소음을 인지하듯이, 이제야 느껴지는 항암제의 빈자리. 너무 크다.

그간의 치료로 어느 정도 개선되었는지 확인하기 위해 MRI를 촬영했다. 찍고 그날 바로 판독해주면 좋을 텐데 7일이나 기다려야 했다. 환자가 많아 한참 밀려 있고, 의사도 사람이라 쉴 시간이 필요하다는 걸 알고 있었지만 그래도 아쉬웠다. 병원이 나에게 치료를 더 많이 주었는지 기다림을 더 많이 주었는지 당최 분간이 가지 않았다. 아마 내가 의료인이 아니었다면 '기다림 자체가 치료 중 하나가 아니었나?' 하고 망상했을지도 모르리라.

방사선 치료가 시작되기 하루 전, 다가올 일에 대한 불안을 덜어보고자 회진 온 교수님에게 내 치료 경과가 좋은 편인지, 나쁜 편인지 질문을 던진 적이 있었다. '정말 좋다, 기대 이상이다.' 같은 말로 나의 불안감을 희석시켜주기를 바라고 한 질문이었지만, '나쁘지 않다, 그럭저럭 괜찮다.'라고 대답해주셨다. '시일을 지켜봐야 한다. 그럭저럭 괜찮다.'라는 표현에는 평균치에서 크게 벗어나지 않는다는 의미를 내포하고 있기에, 평균값 자체가 나의 기대에 턱없이 못 미치는 현실에서는 별로 희망적인 이야기가 아니었다. 도리어 남은 치료에 더 많은 신중을 기해야 한다는 이야기가 큰 압박으로 다가와 감기나 나의 부주의로 인해 방사선 치료에 차질이 빚어지면 어떡하나 전전긍긍하게 만들었다.

그게 얼마나 부담이었는지 틈만 나면 체온을 측정하고 조금만 높게 나와도 심란해했다. 특히 중이염 오해 사건 때는 그야말로 패닉 상태였다. 오죽했으면 감기에 걸려 방사선 치료가 연기되는 바람에 암세포가 걷잡을 수 없이 번지는 악몽을 몇 번이고 반복해서 꾸었을까. 그래도 그 덕분에 단 한 번의 흐트러짐 없이 무사히 치료를 끝낼 수 있지 않았나, 종종 생각한다.

치료 시작 전날 신경외과 교수님이 했던 말이 못내 마음에 걸려 다시 한번 여쭈어 보았다.

"신경외과 교수님이 방사선 치료 경과가 무척 중요하다고 하셨는데요. 만약에, 아주 만약에 MRI를 찍은 결과가 생각만큼 좋지 않다면 어떻게 되나요? 2차 치료가 있나요?"

"아뇨. 추가 치료는 없어요. 방사선 치료가 종양 세포 제거에 있어서 정말 탁월한 장점이 있는데, 정상 조직도 같이 제거해버리는 단점 때문에 많이 쓸 수가 없어요. 정말 조심히 써야 해요. 그리고 지금 병소가 뇌라서 한 번 잘못되면 돌이키기도 힘들어서 추가적인 처치는 없다고 보시면 돼요."

모든 것을 종합해 보았을 때 내릴 수 있는 결론은 딱 하나이다. 방사선 치료 경과를 담은 MRI 영상 판독은 종양 치료에 있어 매우 중요한 분기점이라는 것. 앞으로 남은 6차례의 화학 요법은 방사선에 의해 와해된 종양 조직의 섬멸을 위한 게릴라전 수준일 터, 만약 방사선에도 종양이 끄떡없다면 과연 무엇을 장담할 수 있을까? 정말 마음의 준비를 해야 할지도 모른다. 일전에 승현이 형이 꾸지람 아닌 꾸지람을 한 적이 있다. 겉으로 드러나는 증상과 병의 진행 및 예후에는 큰 상관관계가 없으므로, 지금 드러나는 증상이 없다고 해서 너무 안이하게 생각하면 안 된다고.

"한의사들 한약 주면 100% 다 낫더냐? 항암제도 똑같아."

라는 말이 크게 다가왔다. 그 말은 곧 치료법이나 수단보다는 환자의 감수성이 더 중요하다는 말이니까.

30년 넘게 담배를 피워도 무병장수하는 사람이 있는가 하면 연기와는 거리가 먼 삶을 살아도 폐암에 걸리는 사람이 있다. 대부분의 환자들이 최선의 치료를 받지만 누구는 살고 누구는 죽는다. 이는 소인과 감수성이 사람마다 모두 다르기 때문에 생기는 일이며, 이 둘은 무작위하게 나타나고 인간의 통제 밖에 존재한다. 한마디로 운명이 무심코 던진 주사위에 '나을지 못 나을지 또는 쉽게 나을지 어렵게 나을지'와 같은 나의 미래가 달려있다는 것이다. 이 얼마나 엿 같은 상황인가.

MRI 판독 날짜가 다가올수록 불안감을 억누르기 힘들어졌고 결국 그분을 다시 찾았다. 슬쩍 성당 구경 가본 게 다인 주제에 신자 흉내를 내며 성호경[1]을 바쳤다. 성당에 교리 교육도 신청했으니 어여삐 여겨주실 거라 여기며.

'지금 벌어지는 모든 일이 다 당신의 뜻이라 저는 믿습니다. 어떠한 가르침을 저에게 주시기 위한 것이라 생각하고 있습니다. 그래서 모든 일을 감사히 여기려 합니다. 하지만 저를 너무 신뢰하지는 마십시오. 저는 나약한 존재라 크나큰 시련 앞에서 큰 깨달음보다는 절망을 느낄지도 모릅니다. 좀 더 견디기 쉬운 방법으로 길을 가르쳐주시기를 간절히 바라고 바라옵니다.'

---

1) 십자 성호를 그으면서 "성부와 성자와 성령의 이름으로. 아멘."이라고 외우는 기도문.
2) 복음적 권고의 하나. 하느님에 대한 사랑으로 자신을 희생하며, 자유 의지를 가지고 기쁨으로 명령에 따르는 덕을 뜻한다.

이렇게 불안한 마음을 그분께 잠시 의탁하니 그렇게 편할 수가 없었다. 이를 천주교에서는 순명[2]이라 하던가? 왜 사람들이 종교를 가지는지를 느끼며 성당 교리반을 신청한 내 선택에 만족했다. 믿음의 이유가 단지 현실도피와 불안함 해소라는 점이 마음에 좀 걸렸지만 '하느님의 자비는 한계가 없다.'는 프란치스코 교황님의 말을 믿었다. 그러나 그것도 잠시였다. 운명의 날이 임박할수록 불안감은 더욱 커져나갔다. 불안은 그분께 드리고도 넘쳐났고 잉여분은 내 마음을 서서히 잠식해나갔다.

수술을 앞두고 암울했던 그때 나는 위안을 받기 위해 시를 떠올렸나. 지금 내 영혼도 그때처럼 흔들리고 있다. 뿌리를 북돋아줄 거름이 필요했다.

박완서의 《그 많던 싱아는 누가 다 먹었을까》의 한 구절. 패망을 앞둔 일제의 마지막 발악 속에 수많은 사람들이 징용이니 징병이니 정신대니 무차별적으로 끌려가던 시대 상황. 오빠의 결혼을 두고 벌어지는 여러 걱정 속에 붕 떠버린 가정. 그리고 그녀에게 급작스레 찾아온 병. 이 모든 것이 합쳐져 그녀는 자신의 고향, 개성 박적골로 내쫓기듯 요양 오게 된다. 그렇게 요양 생활을 하던 중 은방울꽃 군생지를 발견한 그녀는 이야기한다.

> 관념적으로 모호하게 미화됐던 은방울꽃의 실체를 발견한 날은 온종일 이상하게 우울하고 마음이 아팠다.
> 장차 이 세상은 어떻게 될 것이며, 나는 어찌 될 것인가.
> 내가 지금 이 상태에 완벽한 기쁨을 느끼는 것은 이 상태가 영속되지 않을 것을 알고 있기 때문이 아닐까?

나는 막연하게지만 자연과 행복하게 일치된 것 같은 자신을 믿을 수 없는 마음이 생겼고, 나의 중요한 일부를 서울에 남겨 놓고 온 것처럼 느꼈다.[3]

날아와 꽂힌다. 마치 이미 매설해두었던 지뢰를 건드린 것처럼 가슴에서 폭발한다. 빗대어 생각한다.

'장차 나는 어찌 될 것인가. 내가 지금 이 상태에 완벽한 기쁨을 느끼는 것은 이 상태가 영속되지 않을 것을 알고 있기 때문이 아닐까? 나는 막연하게지만 모든 것이 좋다며 청신호만 보내는 자신의 몸을 믿을 수 없는 마음이 생겼고, 나의 중요한 일부는 1주일 전 병원에 놓고 온 것처럼 느끼고 있다. 빨리 가서 가져와야 난 온전해질 수 있다.'

그렇게 운명의 날을 앞둔 밤, 잠을 설쳤다. Temodal 휴약기를 가진 후로 처음 있는 일이었다.

평소보다 훨씬 이른 6시 반에 일어나 재빨리 나갈 준비를 마치고, 부모님과 함께 차에 올라탔다. 원래였으면 출근했어야 할 어머니였으나, 곧 들을 검사 결과가 무척이나 중요해서 같이 동행했다. 그러다 보니 동생을 제외한 온 가족이 식사하랴 샤워하랴 옷 입으랴 전쟁통이 따로 없었다. 혼이 나갈 듯 바빴던 1시간 끝에 찾아온 고요함. 잠

---

[3] 《그 많던 싱아는 누가 다 먹었을까》 박완서. 웅진닷컴. 2002. 165p.

시 숨죽이고 있던 불안이 나를 다시 집어삼켰다. 한 번 쏟아져 나오면 걷잡을 수 없을 것 같은 예감이 입을 다물게 한다. 뒷자리에 앉아 차창 밖으로 흐르는 주변의 풍경을 바라보았다.

'나도 운전하고 싶다. 차를 몰고, 출근하고, 진료하고, 퇴근하고, 다른 사람처럼 세상의 일부이고 싶다, 구경꾼 말고. 이렇게 아름답고 활기찬 세상에서 내 자리는 어디일까?'

룸미러로 힐끔힐끔 나를 보는 어머니와 아버지의 시선이 느껴진다. 부모님이 자식 눈치나 보게 만든 나 자신이 한심스럽고 죄스러울 뿐이지만 그 마음도 잠시, 이내 옅어져 갔다.

병원에 도착한 시간은 7시 50분쯤. 번호표를 뽑고 1시간을 기다려서 접수하고, 또 기다렸다가 혈액검사를 받고, 신경외과 외래로 자리를 옮겼다. 앞으로 1시간은 더 기다려야 할 것이다. 병원에서 허락된 건 오직 기다림뿐이다. 달리 내가 기다림의 성이라 표현했을까? 그저 폰 게임이 시간을 잡아먹어주기를 기대하며 말없이 손가락을 놀려본다. 효과는 그럭저럭 있어 시간이 전보다는 조금 빠르게 흐르는 것 같다.

화장실에 다녀오신 어머니께서 내 곁에 앉으셨다. 어머니는 긴장하시면 화장실에 가는 버릇이 있었다. 예의 과민성 대장 증후군이 또 말썽을 부린 게 분명했다. 굳이 세세히 들여다볼 필요도 없이 어머니의 얼굴은 긴장과 걱정, 불안으로 굳어 있었다. 의자에 앉으신 어머니는 눈을 감고 고개를 숙이셨다. 품 안에서 염주를 꺼내 꼭 쥐고 한 칸 한 칸 돌리기 시작했다. 꾸준히 시주하긴 해도 직접 절에 찾아가는 일이 드문 어머니였다. 그러나 지금은 움직임 하나하나에 간절함이 묻어 나왔고 나에게로도 전해졌다. 못난 자식이 감당하기에는 너무나 크고 숭고했다. 그만 외면해버렸다.

같이 기도라도 드려야 할까, 아니면 그럴 필요 없다고 이야기해야 하나, 어떻게 하는 게 맞을지 몰라 그저 폰만 바라보았다. 그것도 잠시, 오래가지 못하고 내려놓았다. 아무리 눈이 좁디좁은 폰 화면에 고정되어 있다 한들, 마음이 그곳을 향하지 못하고 이리저리 나도는데 게임이 제대로 될 리가 있을까. 갈 곳을 잃은 손은 애꿎은 가방만 뒤적거렸고 그 안에는 며칠 전 넣어두고는 꺼내는 것을 잊어버린 메모지 몇 장과 필통이 들어있었다.

언제부터인가 힘든 일이 있거나 생각이 번잡하고 정리할 필요가 있으면 적는 버릇이 생겼다. 그것도 아무렇게나 적지 않고 신문기사나 칼럼을 쓰듯이 제반 상황과 흐름, 그때 떠올랐던 생각을 모두 적었다.

이처럼 기록 모드에 돌입하게 되면 당황하거나 흥분하는 등 감정적인 상태에 놓여 미처 발견하지 못했던 해결의 실마리나 사고의 빈 연결고리를 알아내는 경우가 종종 있어 큰 도움이 되었고, 정신적이나 육체적으로 힘든 일에 맞닥뜨리게 되었을 때 작금의 이 사태가 내가 아닌 제3자에게 벌어지는 취재거리로 느껴지게끔 만들어 멘탈 관리에 많은 도움을 주었다.

한 번 적기 시작하자 확실히 시간이 빨리 흘렀다. 받침대 없이 허벅지에 받쳐 휘갈기느라 글씨가 그야말로 미친년 널뛰듯 날아다녀 나중에 알아볼 수 있을까 싶었지만 아무래도 상관없었다. 이 긴 시간을 채운 것만으로도 그 역할은 충분했다.

누가 내 어깨를 두드렸다. 열심히 무언가를 쓰면서 마음을 달래는 자식과 간절히 기도하며 아들의 좋은 경과를 바라는 아내를 말없이 지켜보고만 계시던 아버지였다. 아버지는 어머니의 어깨도 두드리며 말씀하셨다.

"가자. 간호사가 불렀어."

벌떡 일어섰다. 굵다란 허벅지 위에 놓여 있던 필기구와 메모지가 쏟아져 내렸다. 내충 가방 안으로 욱여넣으며 횡급히 진료실로 들어갔다. 문을 들어서자마자 교수님의 얼굴 표정부터 살폈다. 그의 얼굴에 보이는 미묘한 미소. 아무런 정보도 찾을 수 없었다. 잠깐 신음소리를 흘리며 입을 여는 모습이 슬로비디오 마냥 느렸다.

"결과가 매우 좋네요. 사이즈도 많이 줄었고, 뇌부종 문제도 많이 해결되었어요. 이대로만 치료가 진행되면 별 문제없을 겁니다."

노랑빛 운명의 신호등은 푸른빛을 감추고 있었다. 이 청신호를 얼마나 조마조마하게 기다렸던가. 말라가던 내 마음에 봄비가 내린다. 살짝 뿌릴 것만 같던 비는 소나기였다. 결국 둑을 넘기고 말았다. 눈물을 참느라 말을 잇지 못하는 나를 대신하여 어머니가 감사의 인사를 전하는 사이, 울먹거리는 스스로가 너무나 쪽팔려 먼저 밖으로 나와 버리고 말았다. 그놈의 자존심은 왜 이렇게 시도 때도 없이 튀어나오는 것일까. 부모님은 아직 할 말이 남으셨는지 조금 더 이야기를 나누고 나오셨다. 그리고 방사선 종양학과 선생님이 있는 스텔라관 지하 1층을 향해 발걸음을 옮겼다.

찬바람을 쐬며 걷다 보니 마음이 좀 진정되었다. 대신 그동안의 마음고생이 참으로 쓰잘데기 없었다는 생각과 기쁨 섞인 허탈감, 마냥 창창하다고는 말할 수 없는 잠시의 평화로움, 이내 몰려오는 아쉬움이 머리를 잔뜩 채웠다.

할 말씀이 많을 것만 같았던 방사선 종양학과 선생님은 별말씀이 없으셨다. 신경외과 교수님에게 어떤 소견을 들었는지 물은 뒤 나의 대답에 말없이 고개만 끄덕이셨다. 자신이 계획한 치료의 성과를 알고 싶었던 걸까, 힘들었을지도 모를 방사선 치료를 무리 없이 잘 견딘 환자의 결말을 보고 싶었던 걸까. 모든 이야기를 들은 선생님은 나의 등을 토닥이며 수고했다고 고생 많았다고 마지막 인사를 전했다. 그때 깨달았다. 나쁜 결과가 나올까 두려워하느라, 또 좋은 결과에 기뻐하느라 잊고 있었던 사실 하나를.

당분간 한 달에 한두 번, 일만 잘 풀린다면 3개월마다 한 번, 더 잘 풀리면 6개월에 한 번씩 신경외과 교수님을 만날 것이다. 그러나 이제 방사선 종양학과 선생님은 다시 볼 일이 없다. 아니 없어야만 한다. 만약 우리가 다시 만나는 일이 있다면 그건 상황이 매우 좋지 않음을 의미하기에. 개인적인 용무가 아닌 이상 다시는 보면 안 된다. 오늘이 정말 마지막이다. 무척 따뜻한 분이셨기에 이런 관계가 더욱 아쉽다.

교모세포종이라는 진단명에 절망하고 있을 때 급히 신경외과 교수님을 불러주신 일, 중이염 오해 사건 때 불안에 떠는 나를 안심시켜주신 일 등등 많은 에피소드가 떠오른다. 나중에, 치료 다 끝나고 회복되면 그때 깜짝 방문을 해야겠다. 자신이 치료한 환자의 행복한 결말만큼 의사에게 보람을 줄 수 있는 일이 또 없으니. 꼭 완쾌한 모습으로 나타나야겠다.

면담을 마치고 아버지는 병원 근처 약국으로, 어머니는 원무과로 수납하러 가셨다. 나는 병원 로비에 남아 기다리기로 했다. 두 분이 자리를 비우자마자 아까 메시지를 남겨놓으셨던 여사님에게 연락을 드렸다. 꽤 긴 통화 끝에 여사님과 승현이 형, 형철 형까지 간만에 4명이서 저녁 식사를 하기로 약속을 잡았다. 전화를 마무리했지만 아직 두 분은 일이 덜 끝난 듯 오시지 않았다.

5월 중순, 따뜻한 봄도 이제 여름에게 자리를 비켜주기 위해 슬슬 떠날 준비를 하는 시기이련만 병원은 왠지 춥고 스산했다. 내가 앉은 주위로 바쁘게 오가는 사람들은 마치 바람을 몰고 다니는 것만 같았고, 그 바람에 머리에 쓴 비니 모자가 벗겨져 반쯤 날아간 내 머리가 공개되지 않을까 하는 두려움까지 들었다.

가방에서 메모지를 꺼내어 읽었다. 운명의 신호등 앞에서 벌벌 떨며 열심히 끄적거리던 내 모습이 보인다. 한심하기도 하고, 대견하기도 하고, 불쌍하기도 하고, 답답하기도 하다. 고작 이 정도 관문도 꿋꿋하게 지나가지 못하는 내가 앞으로 남은 과업을 완수할 수 있을까?

돌이켜 생각해본다. 이번 일 중에서 나에게 이렇다 할 쓴 맛이 있었는가를. 고생, 고난, 고통 무엇 하나 제대로 감당해본 적이 있었는가를. 다른 종양 환자들이 항암치료로 인해 속이 너무 울렁거려 식사도 제대로 못하고 조금 먹은 것조차 토하며 말라갈 때, 나는 도리어 살까지 쪘다. 소화기 증상도 일부 있기는 했지만 침으로 해결했고, 항암제를 투여할 때 발생하는 면역력 저하도 한약이랑 한방차로 무난하게 넘겼다. 정신적인 문제도 낭창한 멘탈과 전에 배워둔 심리치유기법으로 별 탈 없이 지나갔다. 삶의 질 하나는 끝내주게 좋은 환자였다. 이렇게 쉽게 쉽게 지나쳐놓고, 되려 별 거 아닌 문제로 끙끙 앓고 힘들어하면서 내가 과연 종양 환자를 대표한다며 글을 쓴다는 것이 말이 될까? 내가 그리고 있는 지도가 과연 다른 누군가에게도 가치가 있을까? 의문은 꼬리에 꼬리를 물고 나타나고 나는 자신이 없어진다.

집으로 돌아가는 길, 차창 밖으로 보이는 놀이공원에 들어가는 수많은 사람들을 보며, 롤러코스터에서 쏟아지는 비명소리를 들으며 생각했다.

'모르겠다. 어떤 행동이나 이야기가 남에게도 의미가 있어야 할 필요는 없어. 별 이유 없이 라면이 땡겨서 먹는 것처럼 그냥 쓰는 거지. 나는 이 시간을 잊지 않기 위해, 이 시간에서 무언가를 얻어내기 위해, 이 시간에서 어떤 의미를 찾아내기 위해 적을 거야. 나의 경험이 다른 이에게는 반면교사조차 될 수 없을지라도 나를 위해서 적을 거야. 내 이야기의 효용가치가 중요한 게 아니야. 다만 이야기가 있다는 것, 그리고 이야기를 하고 싶다는 것, 그것이 중요하지. 그만 생각하자. 머리 아파.'

화려한 외출

 방사선 종양학과 선생님과의 면담이 있자마자 통화를 했던 임 여사님. 항상 잊지 않고 먼저 연락을 주시는 분이었기에 경과가 나오면 가장 먼저 연락드리려 벼르고 있었다. 내가 이만큼이나 여사님을 생각한다고 으스대고 싶었다. 하지만 실패하고 말았다. 연락을 드리려 꺼낸 폰에는 이미 여사님께서 보내신 메시지가 와있었다. 시간을 보니 신경외과 진료실로 들어갈 즈음으로 보였다.

 임 여사님과 나의 인연은 작년 4월 중순부터 시작되었다. 1년 차때 보건소에서 근무하다가 2년 차가 되면서 운수 보건지소로 이동하게 되었는데 그 당시 지소 여사님이 바로 임 여사님이었다. 그때부터 올해 1월 초까지 대략 10개월을 같이 근무했다. 그리고 한 달 반쯤 뒤 나는 입원했다. 불과 1~2년 있었을 뿐인데 어느새 '고령군 운수면'은 힘들 때 찾아가면 할머니, 할아버지가 뛰어나와 반겨주며 위로해줄 것만 같은 고향이 되었다. 운수를 그렇게 느끼도록 해준 분은 임 여사님이었다.

나보다 한 살 어린 아들과 세 살 어린 딸을 둔 임 여사님에게 타고나게 어수룩한 내가 어떻게 비추어졌을지는 깊게 생각하지 않아도 알 수 있다. 자연스럽게 모자지간이 되었다. 승현이 형도 그 분위기에 녹아들어 터울이 좀 있는 형 역할을 맡았다. 여사님은 '으이구, 답답이.' 하시며 이것저것 챙겨주시곤 했다. 귀찮아서 요리를 안 하고 대강대강 끼니를 때우는 내가 걱정되어 밑반찬을 해다 주시기도 하고, 세탁기를 돌려놓고 귀찮아서 잠시 미뤄두고 있으면 대신 널어주기까지 하셨다. 몇 년 전에 같이 근무한 공보의도 가끔씩 여사님에게 안부 전화를 할 정도로 잔정이 많으시고 잘 챙겨주시는 분이었지만 나에게는 유독 남달랐다는 것은 자타가 공인하는 사실이었다.

부모님께서 병원비를 정산하고 약을 타러 가신 사이 여사님께 전화를 드렸다. 아침부터 일거리가 많았는지 아니면 내 연락에 깜짝 놀랐던 것인지 전화기 너머의 여사님 목소리는 상기되어 있었다. 치료 중에 있었던 일이나 생각을 이야기하고 여사님의 응원도 들었다. 악성 판정을 받은 다음 날 아침 전화했던 그때처럼 힘이 났다. 여사님, 승현이 형, 형철 형까지 4명에서 이따 저녁에 만나기로 약속도 정했다.

6시, 옷을 단디 챙겨 입고 길을 나섰다. 여사님과 형들이 스크린 골프를 치고 있을 골프 연습장으로 향했다. 몇 달 전의 기억이 새록새록 떠오른다. 이 가게에서 우리는 다 함께 스크린 골프를 쳤다.

 벽에 대고 공을 치는 연습만 주구장창 하다가 큰맘 먹고 산 채를 들고 두어 번 스크린 골프에 도전했었다. 하지만 타석에 들어서기만 하면 굳어버리는 몸과 처참한 실력에 좌절하고 심란해하던 나에게 여사님은 자기만 믿으라며 데려오신 곳이 여기였다. 그날 나는 여사님의 코치와 응원 속에 차츰차츰 공이 맞아가는 것을 경험했고 다시 희망을 얻었다. 그때 참 재미있었는데, 오늘은 선수가 아닌 갤러리이다. 아쉽다. 같이 재미있게 치고 싶다. 다시 연습 중이니 그런 날이 꼭 오리라. 소망을 이루기를 다짐하며 문을 살며시 열었다. 무심한 듯 살가운 인사를 나누었다.

 "안 덥나? 모자는 벗어라."

 "아, 방사선 때문에 한쪽은 머리가 죄다 벗겨지고 또 한쪽은 이제 좀 나기 시작해서 머리가 좀 많이 이상해요. 보여주기가 좀 부끄럽다고나 할까."

 "머, 우리끼리인데 어떻노."

 방은 확실히 후끈후끈했다. 승현이 형도, 형철 형도 모두 반팔 티 차림을 하고 있었다. 잠시 고민하다 비니를 벗었다. 시원했다. 자신의 차례를 마무리하고 온 여사님께서 뒤늦게 다가와 인사를 했다. 자연스럽게 포옹하며 이야기하는 목소리에 물기가 서려 있었다. 그간에 있었던 일들을 다시 한번 뽑아냈다. 승현이 형과 형철 형은 자주 들어

알고 있는 이야기이지만 여사님은 처음 들었을 법한 이야기들. 나는 해도 해도 안 질리지만 같은 이야기를 또 듣는 이에게는 고역이지 않을까 조심스럽다.

어차피 이 사람들을 못 믿으면 세상에 믿을 수 있는 사람은 없다. 나의 팬티도 널어 준 여사님, 지난 2년간 온갖 징징거림을 받아준 이 형들 앞에서 숨길 필요가 있을까? 이미 반쪽 머리도 공개한 마당에 비하인드 스토리도 모조리 쏟아내었다.

한 타, 한 타 집중해서 치지 않으면 실수가 많이 나기에 다른 사람이 칠 때는 조용히 해주는 게 골프의 기본 에티켓이다. 그러나 이번에는 그러지 않았다. 테이블에서는 계속 이야기가 진행되고, 자기 차례가 된 사람만 슬며시 빠져나와 치고 돌아오는 식이었다. 게임이 제대로 될 리가 없었고 점차 기록은 처참해져 갔다. 왠지 기뻤다. 그만큼 골프공보다 나에게 관심을 더 보였다는 것이니까. 나에게 소중한 사람들이 나를 생각하고 있다는 증거니까.

계산을 하고 밖으로 나와 향한 곳은 삼겹살 집. 불판 가까이에 있으니 밀려드는 열기에 모자가 젖기 시작했다. 나는 벗어진 머리 때문에 잔뜩 움츠러들어 있었다.

외출할 때는 한참을 거울 앞에서 서성이며 혹시나 이상한 점은 없는지 확인하고 또 확인한 다음에야 집 밖으로 나섰다. 주위를 스치는 사람들에게는 그저 몇 걸음 걷고 나면 잊히는 존재임을 알면서도 계속 마음에 걸렸다. 길가다가 어디서 웃음소리만 들려도 꼭 나를 비웃는 것 같아 얼굴이 달아오르기 일쑤였으니 자존감이 바닥을 뚫고 지구 반대편까지 들어갈 기세였다.

그런데 그날따라 희한하게도 자연스럽게 모자가 벗어졌다. 고개만 돌려도 인상조차 남지 않을 사람들의 눈치가 웬 말이냐 하며 여사님과 형들의 권유를 듣자마자 바로 벗어던졌다. 시원하고 상쾌했다. 고기를 구우며 시작된 이야기의 화두는 단연 나의 회복 속도였다. 다들 병문안 갔을 때 보았던 나를 떠올리며, 지금 이렇게 눈앞에 앉아있는 모습을 상상조차 못 했다고 입을 모아 이야기했다. 일반적인 케이스와는 다른 길을 가는 내 모습에 당황스럽기까지 했다고 승현이 형은 말했다. 그 당시 그들이 상상했던 미래는, 바라마지 않았던 미래는 지금의 나와는 확연히 달랐다. 훨씬 소박했다.

두통이 시작된 후부터 지금까지 정말 긴 시간이었다. 살얼음판 위를 걷는 일상에 적응하고 두려움을 희석시킬 만큼 길었다. 논산 훈련소에서 이런 생각을 했었다. 이보다 더 시간이 느리게 흐를 수는 없을 거라고. 정말 힘든 시간이었기에 그리 생각했는데, 이번 일에 비하면 그건 정말 아무것도 아니었다. 벌어지는 일은 또 얼마나 많던지 하나하나 받아들일 준비를 하고, 경험하고, 정리하기에도 빠듯한 시간이었다. 그렇게 나는, 아니 우리 가족은 하루를 열흘처럼 보냈다.

따라서 지금 이 자리에 앉아 고기를 구우며 이야기하고 웃는 건 전혀 기적이 아니었다. 충분히 때가 된 것일 뿐이라 여겼다. 그러나 밖에서 볼 때는 아닌 모양이었다. 나의 열흘 같던 하루가 그들에게는 그냥 하루였으니까.

혹시 몰라 시작한 MRI 검사, 응급실 신세, 종양 판정 및 개두수술 결정, 수술, 중환자실 신세, 악성 판정, 교모세포종 사건, 화학 요법 및 방사선 치료와 그에 따른 부작용, 중이염 오해 사건, 그리고 오전에 있었던 경과 판정까지. 병역 면제 처분이나 이사 같은 사소한 에피소드를 제외한 중요 사건만 해도 열 토막이 넘는 일이 모두 2달 반 사이에 벌어진 것이다. 하나 흐트러질 때마다 시간이 지체되고 서너 개쯤 흐트러지는 건 예삿일인 이 길을 어떻게 삐끗하지도 않고 걸어와 이렇게 앉아 있을 수 있냐고 그들은 이야기했다.

삐끗함 하나 없었을 리가 있겠는가, 수없이 삐걱거리고 흔들리고 그러면서도 앞으로 나아간 결과이지. 오늘 하루 별일 없이 지나간 것에 얼마나 많은 감사를 드리며 잠들었던가. 기적은 따로 있지 않았다. 그 하루하루가 모인 게 바로 기적이었다.

3차는 노래방이었다. 깜빡하고 저녁 약을 챙겨오지 않은 게 마음에 걸렸지만 그 정도는 괜찮다는 승현이 형의 말에 불안감이 싹 가셨다. 결과도 좋게 나왔는데 까짓 거 오늘 하루쯤 괜찮으리라.

사실 나는 노래방에 가는 걸 썩 좋아하지 않는다. 아니, 엄밀히 말해 싫어한다. 종종 이야기했다. 내가 가기 싫어하는 장소 1위는 높은 곳, 2위는 물, 그리고 3위가 노래방이라고. 그렇다고 노래에 영 무관심한 것은 아니어서 가요를 들으며 흥얼거리는 건 즐기는 편이다. 그럼에도 노래방을 싫어하는 이유는 간단하다. 못 부르기 때문이다. 음이 올라가지도 내려가지도 않는 좁은 음역대 탓에 무슨 노래를 불러도 타령이 되어버린다. 부르는 나도, 듣는 사람도 모두 부끄럽다. 그래서 노래방에서 누가 마이크를 쥐어주면 손사래를 치며 거절하기 일쑤였고, 타이밍상 나에게 마이크가 넘어올 때다 싶으면 화장실로 도망가 숨어 있다가 시간이 지나면 조심스레 나타나곤 했다. 그렇지만 승현이 형과 형철 형이 함께 가는 노래방이라면 이야기가 달랐다.

기어들어가는 목소리로 부르는 나의 노래도 그들과 함께라면 풍성하게 변했다. 그들은 텅 빈 공간을 애드리브로 메꿔주고, 고음 파트는 대신 불러주거나 가이드를 해주어 소심한 타령을 사람다운 노래로 바꾸어 놓는 선수였다. 게다가 성량은 어찌나 풍부한지 혼자 불러도 노래방이 콘서트장처럼 느껴지게 만들었고 그 뒤에 숨어 같이 소리를 내질러도 티 하나 나지 않아 여러모로 좋았다. 노래를 따라 부르며 그동안 속에 담아두었던 응어리들을 하나씩 떠내려 보냈다. 노래를 감상하는 재미도 쏠쏠했다. 열창하는 두 형의 모습은 마치 감동적인 영화의 마지막 장면을 떠오르게 했고, 급기야 노래방 기계의 가사 자막도 영화의 엔딩 크레딧으로 보이는 착각에 빠지게 만들었다. 진한 여운을 남기며 모임은 마무리되었다. 모두의 환송을 받으며 택시를 탔다.

  텅 빈 도로를 택시는 힘차게 달리기 시작했다. 스크린 골프장에서도, 음식점에서도, 그리고 노래방에서도 이렇게 제 발로 걸어와 줘서 고맙다고 수없이 이야기하던 여사님, 같이 지낸 10달 동안 나를 품어 낳아 준 또 한 명의 어머니를 뒤로 하고.

  방사선 종양학과 선생님의 말씀대로 방사선 치료가 끝나자 온종일 구름 낀 것처럼 몽롱하던 정신이 맑아지기 시작했고 때때로 속이 메슥거리던 증상도 차츰 사라져갔다.

  그뿐이 아니었다. 항암제 복용도 중단했는데 그 탓인지 잠을 깊이 잘 수 있게 되어 아침에 일어나는 게 훨씬 수월해졌다. 불을 끈 채 눈을 감고 있어도 온갖 기하학적 무늬가 쏟아지는 환영이 보이는 이유가 무엇인지 궁금했었다. 약효가 발휘되면서 생기는 노이즈 같은 게 아닐까 생각하고 있었는데 Temodal을 먹지 않자 감쪽같이 사라졌다. 나의 가설이 맞지 않았나 조심스레 추측해본다.

환영은 마치 다른 세계로 통하는 통로처럼 보였다. 그래서 이대로 자고 일어나면 아프기 전으로 또는 다 나은 이후의 세상으로 바뀌어 있지 않을까 내심 기대하게 만들었다. 그러나 환영은 허상인 법. 결국은 기대를 저버릴 수밖에 없는 태생적 한계를 지닌 존재였기에 환영(幻影)의 사라짐 역시 나에겐 환영(歡迎)이었다. 속도 좋고 정신도 맑고 잠도 잘 자니 아침이 개운했다. 모든 것이 완벽했고, 이전의 일상과 다를 바 없었다. 머리가 반쪽이고, 운전을 할 수 없으며, 실직자가 된 것만 제외하면.

컵에 물을 담아두고 몇 시간을 놔두면 어떻게 될까? 백이면 백, 물의 양이 줄어있음을 발견할 수 있다. 증발했기 때문이다. 컵 안의 물 분자들이 외부로부터 에너지를 흡수한 뒤 그 에너지로 분자 간의 인력을 끊고 공기 중으로 달아난 것이다. 자유 의지 하나 없는 물 분자조차 일정 수준 이상의 에너지를 보유하면 이렇게 컵 밖으로 탈출하려는 법이다. 하물며 인간인 나는 어떠했겠는가. 에너지가 충만해져 갈수록 '탈 home'을 꿈꾸었고 치료 내내 방구석에 처박혀 있던 지난날의 지루함은 '탈 home'을 더욱 부추겼다.

겨울의 끝 무렵 얼어붙었던 나에게 뒤늦게 찾아온 계절, '봄'. 외출의 욕망이 하늘을 찌른다. 그러나 용기가 모자라 욕망을 실천에 옮기기가 벅차다. 아직은 밖에 오래 있는 게 부담스럽다. 3달 가까이 실내에서 주로 생활하다보니 사회에 적응할 시간이 좀 필요한 듯하다. 집 주위 공원을 산책하거나 도보 5분 거리의 골프 연습장에서 연습하는 정도로 외출 연습을 시작했다.

공원을 거닐다가도 문득 시간이 좀 지난 것 같은데, 하는 느낌이 들면 바로 집으로 향했다. 그렇지 않으면 이러다가 다른 장기가 다치겠다 싶을 정도로 가슴이 두방망이질 치며 목을 옥죄어와 숨쉬기조차 힘들기 일쑤였으니까. 그 때문에 한동안은 집 밖으로 나가면 강박증처럼 시간을 수시로 확인하는 습관이 생기기까지 했다. 골프 연습장도 예외는 아니었다. 일일이 헤아려보지는 않았지만 아마 공을 본 시간보다 시계를 쳐다본 시간이 더 많았으리라. 건강 회복과 치유를 최우선시한다는 프로세스는 이처럼 매우 강력했다.

세상에서 가장 강력한 것이 무엇이냐, 누가 이렇게 묻는다면 나는 마음이라 답하겠다. 인간은 비록 잘못된 판단이거나 자연의 섭리를 거슬러 역풍을 맞더라도 마음먹은 바를 관철시키고 마니까. 나 또한 사람이기에 예외가 아니었다. 영원히 나를 지배할 것 같던 불안감도 외출을 열망하는 마음 앞에서 서서히 힘을 잃어갔다. 그 틈을 타 활동 시간과 영역을 조금씩 넓혀나갔고 이제 새로운 걸 도전해도 되겠다 싶을 때 내가 선택한 건 동전 노래방이었다.

집에서 골프 연습장으로 가던 길이었다. 여느 때처럼 이어폰을 꽂고 노래를 흥얼거리며 걷고 있는데 갑자기 근처에 있던 비둘기가 퍼드덕 대며 날아올랐다. 비대해진 탓에 사람이 다가가도 재빨리 걸을 뿐이던 비둘기가 나는 모습은 실로 오랜만이었다. 닭이 되어버린 비둘기, 그 짧은 비상의 끝은 아파트 상가 2층이었다. 툭하면 업종이 바뀌던 그곳은 이제 동전 노래방이 되어있었다. 신기했다. 이 가게는 몇 달이나 갈까 궁금해하며 상가 2층으로 올라갔다. 비어버린 지 꽤 된 듯 먼지가 소복이 쌓인 오른편 가게를 뒤로 하고 왼편의 동전 노래방으로 향했다. 오후 2시부터 밤 1시까지 영업한다는 내용이 적힌 A4

용지가 붙은 문을 살짝 밀어 내부를 살펴보니 텅 비어 있었다. 시간은 2시 반, 근처 중학교가 빨라야 3시에 마치니 당연했다. 신기한 건 주인도 보이지 않는다는 것. 손님이 많을 때나 나타날 요량인 듯 가게 어디에도 주인은 없었다. 다만 입구의 CCTV만이 붉은 불빛을 깜빡거리고 있을 뿐. 좁은 방들로부터 흘러나오는 노래방 기기의 기계음만이 공허하게 들리는 이곳에 서서 나는 생각했다. 내 못난 노랫소리를 들을 이 하나 없는 이곳에서 연습을 하면 되겠구나. 가장 구석에 자리한 방으로 들어가 문을 닫고 기계에 천 원짜리 지폐를 밀어 넣었다. 난생처음 스스로 노래방을 찾아가 노래를 부른 순간이었다. 그 후부터 동전 노래방은 나의 외출 코스 중 하나가 되었다.

이렇게 집 근처만 배회하던 외출도 계속되자 감질나기 시작했다. 어떤 사탕도 끝까지 녹여 먹어본 적이 없는 나였다. 어느 정도 크기가 줄어들면 좁아진 표면적에서 묻어 나오는 미소한 양의 단 맛에 참지 못하고 아그작아그작 씹어 먹어야 직성이 풀렸다. 용기를 냈다. 부모님을 설득해 공보의 형들과 모임을 만들었다.

때는 6월 초. 실상 여름이다. 허나 난 봄을 맞이한 지 얼마 안 된 몸이 아니던가. 혹시 감기 걸릴지 몰라 얇은 재킷도 하나 챙기고 저녁 약은 미리 먹고 속을 달랠 과일도 챙겼다. 마지막으로 모자를 쓰고 거울 앞에서 별다른 이상이 없는지 확인했다. 생활 전반에서 묻어나오는 아픔의 흔적을 느끼며 집을 나섰다. 씁쓸했다.

지하철에는 빈자리가 없었다. 노약자석이 있기는 했지만 그건 내가 앉을 자리가 아니었다. 비록 중병의 환자일지라도 발현 중인 큰 증상도 없고 사지도 멀쩡하니까, 사회의 배려를 받을 만큼 아프지도 않으니까. 애초에 차가 없을 때는 몰랐는데 한동안 운전을 하다가 못하게 되니 대중교통이 여간 답답한 게 아니다. 환승까지 하고 있노라니 불편하기가 그지없다.

"3개월 정도는 지켜봐야 해요. 그때까지 특이사항이 없으면 운전해도 돼요."

이제 남은 시한은 일주일도 채 남지 않았다. 그때까지 어떤 일도 벌어지지 않는다면 나는 다시 운전대를 잡을 수 있다.

공보의 형들과 만난 자리. 반가운 얼굴들. 왁자지껄한 소리. 새로 일하는 직장의 근무환경, 개원 준비 사항, 결혼 생활. 시끄러운 가운데 많은 것이 변했다고 느꼈다. 이전에는 대화 주제가 대개 스포츠나 이성 교제였다. 그랬던 사람들이 이제 현실을 논하고 있으니, 격세지감이 절로 느껴진다. 부러웠다. 그리고 외로웠다. 어디에도 속할 수 없는 내가 너무도 초라했다. 듣는 이야기가 늘어날수록 더욱. 이 이야기가 다 무슨 소용이란 말인가, 무슨 의미가 있나.

이것들은 자신이 인생의 주인공일 때 의미가 있다. 지금 나는 내 인생의 주인공이 아니다. 암과 암으로부터 대항하는 나의 몸, 이 둘의 싸움이 끝나기만을 기다리는 한낱 방관자일 뿐. 모든 게 덧없다. 집에 가고 싶었다.

어디에도 내 자리는 없다. 나는 진로에 대해 고민할 필요가 있지만 당장 '생존'이라는 당면한 과제를 해결해야 하며 솔로이지만 아직은 집 밖에 나가는 것이 두려운 환자다. 저 모든 건 환자의 몫이 아니다. 몸 상태가 좋아 잊고 있었지만 나는 환자다. 그래서 다들 소주와 맥주를 마실 때 나는 물과 사이다를 마시고 있다.

아무런 일없이 시간이 흘렀다면 나도 저 어딘가에 소속되었을 것이다. 진로를 탐색하며 새로운 인연과 함께 앞으로의 미래 계획을 세우고 있을지도 모를 일. 모든 게 꿈만 같다. 아까의 행복한 꿈은 온데간데없고 악몽만 남아있다. 아픈 나를 위해 이렇게 다들 두말없이 찾아와 준 모임이건만, 그 속에서 질투와 외로움을 느끼는 나. 한심하다.

뇌종양 발병 이후로 통금이 생겼다. 언제까지 들어와야 한다고 합의한 사항은 없지만 되도록 12시는 넘기지 않는다. 먼저 주무시면 좋을 텐데 안 자고 기다리는 어머니 때문이다. 출근하는 어머니의 잠을 빼앗을 수 없기에 자정은 넘길 수 없는 시간이 되었다. 모두의 이야기에 맞장구치며 한 귀로 듣고 한 귀로 흘리고, 속으로는 온갖 생각을 한다.

'누가 딱 나타나서 저주를 풀어주면 좋겠다. 아침에 일어나서 참 실감 나는 꿈이었어, 한마디 하고 출근하고 싶다.'

백수가 돈이 어디 있냐며 말리는 형들을 뿌리치고 술값을 계산했다. 괜히 혼자 질투하고 원망했던 게 민망도 하고, 나를 위해 이렇게 찾아온 사람들이 고맙기도 하고, 이 순간을 영원히 간직하고 싶기도 하고. 그래서 사버렸다, 이 시간을. 누구도 빼앗지 못하게.

아직 술을 더 마시고 싶어 하는 사람들이 많았지만 4차는 노래방으로 정했다. 노래방 가기에는 약간 이른 시간이긴 했지만 고집을 좀 부렸다. 집에 가기 전에 노래방에 꼭 가고 싶었기 때문이다. 아까 느꼈던 소외감, 그동안 병과 싸우며 알게 모르게 쌓아온 응어리를 토해내고 싶었다. 그리고 텅 빈 동전 노래방에서 연습했던 성과를 평가받고 싶은 마음이 있기도 하고.

박효신의 〈야생화〉, 이승환의 〈천일동안〉, 나얼의 〈바람기억〉, 버즈의 〈가시〉, 애덤 리바인의 〈Lost Stars〉 등등 수많은 명곡 사이에 뻔뻔한 음치 래퍼의 국어책 속독을 간간이 삽입한다. 어차피 내가 노래 못 부르는 걸 모르는 사람은 아무도 없다. 많이 늘었다는 칭찬에 취해, 또 분위기에 취해 점점 목소리가 커진다. 신난다. 몇 번의 추가 시간을 다 쓰고 남은 시간 1분, 마지막 곡은 〈하나되어〉였다. 넋 놓고 손뼉 치는 나에게 마이크가 왔다.

"형, 저 이거 몰라요."
"어디서 많이 들어봤을 거다. 한번 해봐. 일단 우리가 먼저 불러볼게."

승현이 형이 리드하고 다 같이 따라 불렀다. 처음 듣는다고 생각했는데 아니었다. 예전에는 멜로디로만 들렸던 노래가, 이번에는 가사 하나하나 날아와 마음에 꽂힌다. 마이크를 쥔 손에 힘이 절로 들어갔다. 나도 같이 따라 불렀다, 잘 모르면서 분위기에 취해 큰 소리로.

   우린 해낼 수 있어.
   다시 일어날 수 있어.
   그토록 힘들었던 지난 시련도
   우린 하나 되어 이겼어.

 건너편에 앉은 지만이 형이 눈짓했다. 날 위한 노래라고. 뭉클하다. 무언가 안에서 벅차오른다. 셔츠가 부풀어 올라 터질 것 같다. 노래가 끝나고 모두가 일어난 방. 무얼 놓아둔 걸 찾는 것처럼 둘러대고 잠시 방에 남아 여운을 느껴본다. 눈물이 쏟아질 것 같다. 흘리지 않으리라. 눈물을 흘리면 이 기억도, 감동도 흘려버릴 것 같으니까.

 마음을 가라앉히고 노래방에서 나와 모두의 배웅을 받으며 택시를 탔다. 시간은 1시 반. 걱정하고 있을 부모님에게 얼른 연락을 드렸다. 오늘 있었던 일을 찬찬히 다시 생각했다. 더 많이 더 자세하게 기억할 수 있도록.

Cycle 1, 2

 시간은 빠르게 흘러갔다. 힘든 고비를 넘겼다고 축하하는 많은 사람들과 모임도 갖고, 식사도 하고, 마지막으로 받은 월급과 퇴직금으로 투자도 해보았다. 매주 일요일에는 빠지지 않고 성당 교리반에 나가고, 골프 연습장과 동전 노래방에도 매일 출근하는 등 백수 과로사 한다는 말처럼 별 시답잖은 일들로 하루를 채웠다.

 잠시 넘치는 감수성을 주체하지 못하던 시기도 있었다. 다시 마주한 바깥이 어찌나 아름답던지 온 세상에 자리한 모든 게 귀엽고 앙증맞아 벌어지는 일 하나하나가 재미나고 즐거웠다. 성당 가는 길가에 핀 장미는 멀리서 보아도 향기가 났고 아름다운 음악 선율이 되어 다가왔다. 모든 자극이 나에겐 한 편의 시 또는 한 폭의 수채화가 되는 시간이었다. 내 옆을 스쳐 뛰어가는 어린아이를 보면 짝꿍의 머리끄덩이를 잡아당기고 도망가던 내 모습이 떠올랐다. 머릿속에 잠재된 옛 기억이 새록새록 떠오르며 찬찬히 음미하는 상쾌하고 익숙한 경험이었다. 이런 이야기를 들은 승현이 형은 농담 삼아 간질 부분 발작 증세를 의심하기도 했다.

문제가 하나 있기는 했다. 그 증상이 최고조로 달하는 시기는 불 끄고 자리에 누운 뒤부터 잠들기 직전의 10여 분이었다. 자고 일어나면 그런 생각을 했다는 사실조차 까맣게 잊어버렸다. 여러 수단을 통해 기록으로 남겨보려 노력했지만 모두 허사였다. 침대에서 일어나 형광등을 켜는 순간 환한 햇빛에 가려진 별빛처럼 내 꼬마전구도 빛을 잃어버리기 일쑤였고 어둠 속에 머무른 채 펜을 집어 들어도 막상 쓰려 하면 써지지 않았다. 머리는 무어라 마구 떠들어대는데 써지지 않으니 답답한 노릇이었다. 그래서 고민 끝에 보이스 레코더를 주문했는데 불행히도 그게 도착하기 전에 그 시기는 지나가버렸다. 그때 그 생각들이 조금이라도 남아있었다면 글이 더 쉽게 써졌을 텐데 좀 아쉽다.

지나고 생각해보니 그 상황은, 내 생각을 타인에게 전달 가능한 방식으로 변환시킬 능력이 부족해서 발생했다고 보는 게 타당할 듯싶다. 이미지조차 두루뭉술하게 느껴진 걸 생각해보면 상(象)으로도 만들지 못했으니 언어로 표현하는 게 가능했을 리가 없다. 아마 어린 시절 짝꿍의 머리끄덩이를 슬쩍 잡아당기고 도망갔던 것도 마음 한 구석에 자리한 감정이 무엇인지 표현할 방법을 몰라서 그랬으리라. 지금도 별반 다르지 않다. 쓰다가 답답한 마음에 휘갈겨 버린 낙서가 한 가득한 노트, 방바닥에 널브러진 종이 쪼가리가 이를 증명하고 있다.

그렇게 시간은 흘러 6월 10일을 향해갔다. 그날은 4주간의 휴약기간이 끝나고 다시 Temodal을 먹는 1 cycle의 첫날이었다. 방사선 치료와 병행할 때는 저용량이 투여되었지만 이번부터는 고용량을 복용하게 된다. 1 cycle은 320 ㎎, 2~6 cycle은 450 ㎎.

예상 치료 종료일은 6 cycle이 끝나는 11월 초. 남은 다섯 달을 향한 긴 여정의 첫걸음이다. Temodal을 처음 먹던 날이 떠오른다. 그 정도의 양으로 토하는 사람은 없다던 PA 간호사와 승현이 형의 말, 침구 치료를 비롯한 여러 방법을 통해 극복했다. 하지만 320 ㎎은 처음이다. 저번과는 다르게 토할 수 있으니 조심하라는 승현이 형의 말이 마음에 걸린다.

그 말이 문제였다. 정확히는 그 말을 받아들이는 내 멘탈의 문제. 방사선 치료와 화학 요법이 한창 진행되던 초기, 아마 나의 남성성을 가지고 심각한 고민을 하던 그 시기 전후쯤, 나는 《내가 비록 암에 걸렸지만》을 정리하다가 항암제 복용 첫날 내가 구토한 이유의 실마리를 찾았다.

전제가 믿음이 될 수 있다 – 짐의 이야기

짐은 암이 여러 장기로 퍼진 상태였다. 한 차례의 화학 요법을 받은 후 다시 의사를 찾아갔을 때 의사로부터 "매우 운이 좋다면 7월까지는 화학 요법을 받지 않아도 될 겁니다."라는 말을 들었다. 7월까지는 석 달이 남아 있었다.

짐은 그 말을 뭐라고 받아들였을까? 신경언어프로그래밍(NLP) 용어로 우리는 이를 전제라고 한다. 의사의 발언은 짐에게 화학 요법이 더 필요하다는 말을 전제하고 있고, 이는 또한 종양이 다시 자라기 시작할 것이라는 것을 전제한다. 이런 생각들과 불가피한 상황에 대한 짐작 때문에 짐은 깊은 우울함의 구렁텅이에 빠졌고 그 시점에서 치료를 포기했다.

… 그 말이 짐의 믿음이 되어야 하는 것이 아니었음에도 그 말에 대항할 만한 더 강한 믿음이 없었기 때문에 그 말을 받아들인 것이다.[4]

첫날, 교수님은 약을 먹고 2~3시간 이내에 토하면 약을 다시 먹어야 한다고 이야기했다. 교수님의 이 말씀은 나에게 Temodal을 먹으면 2~3시간 이내에 토할 확률이 높다는 의미로 받아들여졌고, 그 말이 나의 믿음이 될 필요가 없었음에도 그 말에 대항할 만한 더 강한 믿음이 없어 나는 구토했다.

다음날 PA 간호사와 승현이 형이 그 정도의 양으로 토하는 사람은 드물다는 말로 더 강한 믿음을 심어주었고 난 구토하지 않았다, 그 후로도 계속. 그러나 형은 이번에는 조심하라고 했고, 320 ㎎에 대한 경험이 없는 나에게 그 말을 이길 더 강한 믿음의 근거가 없다. 다가올 밤이 그리 녹록지 않음을 예감한다.

지난날 다짐했었다, 다음번 약을 먹을 때는 정성을 다하여 먹겠다고 말이다. 항암제를 먹는 날의 최고의 순간은 밤 11시 알루미늄으로

---

4) 《내가 비록 암에 걸렸지만》 에머 로버츠. 대성의학사. 2014. 288-289p.

코팅된 약봉지를 잘라 입 안에 털어놓고 물과 함께 삼키는 순간이다. 하루는 그 1분여의 시간을 위해 존재한다고 해도 과언이 아니다.

Temodal은 공복 상태에서 먹는 것이 핵심. 따라서 11시에는 빈속이어야 한다. 저녁 식사를 평소보다 빠른 6시 반에 소화가 잘 되는 음식 위주로 꼭꼭 씹어 먹는다. 입 안에서 다 소화시킨다는 마음으로. 섬유질이 풍부하고 건강에 좋은 채소 반찬, 디저트로 먹는 과일류는 먹지 않는다. 소화가 늦어져 공복 상태가 되지 않을 가능성이 있다. 저녁 식사가 끝나면 30분 정도 쉰 뒤 1시간 동안 운동을 한다. 소화를 도우면서 동시에 몸을 피곤하게 하여 잠이 잘 오도록 하기 위해서다. 땀을 흘리고 나면 샤워를 하고 가장 청결한 상태에서 침구 치료를 실시한다. 그 외에도 항암제를 먹는 시간에 맞추어 하루 4번 야채수를 먹는 시간도 조금씩 앞당겼고 체력에 문제가 생길 수 있으니 골프 연습은 1시간만 하고 노래 연습과 글쓰기는 건너뛰었다. 가끔 잤던 낮잠은 밤잠에 방해될까 싶어 참고 대신 화학 요법으로 면역력이 떨어질 것을 대비하여 생강계피차를 틈틈이 마셨다. 생강은 구토의 성약(聖藥)이라는 별명이 있을 만큼 구토에 효과적이어서 많이 마셔두었다. 그리고 자극의 잔상이 밤잠에 영향을 줄 수 있으므로 늘 보던 드라마도 보지 않았다.

밤 11시의 영향력은 비단 나 하나에 그치지 않았다. 내 방은 방문을 열면 바로 왼편에는 현관문이, 살짝 비켜 마주보는 곳에는 화장실이 있었다. 그래서 만약 누군가가 늦게 들어와 현관문을 열거나 화장을 지우기 위해 화장실을 드나들게 되면 시끄러울 수밖에 없었다. 아픈 이후로 부모님 걱정에 항상 문을 열어두고 자는 실정인데 여기에 생활 소음까지 더해지면 심히 곤란했다. 그 탓에 동생은 친구를 만나도 10시 이전에 집으로 돌아와야 했고 평소에는 12시 부근에 하루를 마무리하시는 부모님도 화학 요법 기간에는 11시로 시간을 앞당기셨다. 온 가족은 그렇게 11시의 위력 앞에 벌벌 떨었다.

자기 직전, 항구토제를 챙겼다. 160 ㎎을 먹을 때 아마도 필요 없을 거라는 교수님께 혹시 모르니까 처방해 달라고 졸라서 받아둔 게 있었다. 울렁거림이 심해서 못 견디겠다 싶을 때 바로 먹을 수 있도록 머리맡에 물과 함께 준비해두고 구토하는 상황을 대비해서 큰 대야도 적당한 위치에 하나 놔두었다. 마지막으로 속을 편하게 하기 위해 꿀물 한 잔을 마시고 마음을 다스릴 겸 EFT를 실시했다.

처음 그날과는 마음가짐이 다름에 안도한다. 그래도 두려운 것이 조금 남아있기는 하지만, 사로잡히지 않으면 된다. 저번보다 허들이 좀 높아졌을 뿐이다, 넘었던 것보다 조금 더 높이 뛰면 된다, 문제없다, 그동안 난 강해졌다, 마음속으로 수없이 되뇌며 약을 삼키고 누웠다. 누운 내 발 위로는 절에 다니시는 어머니께서 오래전에 받아온 동자승 그림이, 머리맡에는 내가 교리반에 등록했다는 이야기를 들은 연주 형이 기념으로 준 십자고상이 보인다. 내 손에는 주교님의 축성을 받은 묵주가 쥐어져 있다. 무언가 있을 것 같은 분들의 힘이란 힘은 다 모았다. 성스럽기 그지없는 나의 잠자리. 모든 것이 잘 될 것이다.

하지만 기대와는 다른 밤이 찾아왔다.

약은 아직 캡슐에 싸여 뱃속에서 머물고 있을 뿐인데 잠이 오지 않앉다. 약효가 발휘되기 전에 잠들고 싶은데 좀처럼 쉽지 않았다. 생각과 꿈의 불분명한 경계선. 한 달 만에 다시 돌아온 이 지점. 오고 싶지 않았는데…….

얇은 이불을 덮었는데도 너무 덥다. 잠옷 바지를 걷어보기도 하고 이불을 반으로 접어 배만 덮어 봐도 소용이 없다. 내 몸은 가만히 침대에 누워있는데 땅이 출렁거리기라도 하는 것처럼 정신이 아래위로 요동친다. 뱃멀미가 이런 건가. 자세를 바꿔 누워도 별반 달라지는 게 없다.

20분째 흔들리는 침대에 누워있으니 토할 것 같다. 아직 12시. 약 먹은 지 1시간밖에 지나지 않았다. 교수님이 약 먹고 3시간 이내에 토한 것은 약을 토한 것이니 다시 먹어야 한다고 한 적이 있다. 안 된다. 참아야 한다. 중요 혈자리를 두드리는 EFT를 사용해본다. 당신의 시험이라 여기고 잘 이겨내겠노라고 기도도 드려본다. 하지만 버겁다. 혼자의 힘으로는 버티기 힘들다. 결국 아껴두었던 항구토제……, 침대 옆을 더듬어 찾아낸 약봉지를 뜯어 한 알 먹는다. 물 한 모금과 함께. 이게 가장 큰 실수였다.

울렁거릴 때 무엇을 먹는다, 마신다는 것은 그야말로 멍청한 짓. 저번에 토해놓고 또 깜빡했다. 미친 듯이 울렁거리기 시작했다. 누워서는 감당할 자신이 없다. 앉았다. 심호흡을 해본다. 좀 낫다. 아니, 안 낫다. 불을 켜본다. 좀 낫다. 아니, 안 낫다. 일어섰다. 심호흡을 해본다. 좀 낫다. 아니, 안 낫다.

12시 48분. 1시간 48분 지났다. 그래, 잠 잘 생각을 하지 말고 3시간을 버티자. 책을 집어 들었다. 눈에 안 들어온다. 생각했다. 차라리 이 시간을 기록으로 남기자.

머리는 토하는 것에 강렬히 저항하는데, 몸은 이미 운명에 체념한 것 같다. 입에서 침이 쏟아진다. 다가올 일을 준비하는 모양이다. 눈물 젖은 편지도 아니고 침 흘린 종이에 남기는 기록이라니 웃긴다.

나의 저항은 혼자만의 싸움으로 끝내고 싶었다. 그러나 실패했다. 온 가족을 다 깨우고 말았다.

패했다. 1시 12분, 약 먹은 지 2시간 20분이다. 꼬부기의 물대포도 이보다 세지 못하리라. 기록은 승전보가 아닌 패배의 기록이 되었다. 아쉽다. 하지만 오늘 이 패배는 내일의 승리를 위한 발판이 되리라. 내일은 항구토제를 같이 먹어야겠다. 한바탕 토하니까 속도 좀 낫다. 괜찮다. 이 정도면 할 만큼 한 거다.

가슴속과 뱃속이 안정을 좀 찾을 때까지 글을 쓰고 다듬기를 반복했다. 그리고 다시 자리에 누웠다. 이내 밀려오는 토기. 괴롭지만 기쁘기도 했다. 지금의 울렁거림은 내가 약 기운을 다 토해내지 않았음을 방증하는 것이니까. 패했지만 석패, 참패가 아니었다. 1시간 넘게 참은 보람이 있음에 감사했다.

다시 찾아온 구토의 기세는 맹렬했다. 나올 것이 없어 신물만 토하더니, 신물은 이내 짠물로 바뀌었다. 순간 전해질의 불균형으로 인한 여러 증상이 떠올랐다.

자다가 토하고, 자다가 토하고, 그러는 사이 날이 점점 밝아왔고, 대야에 가득 찬 지난밤의 흔적에 비친 햇살을 보며 그대로 곯아떨어졌다. 아침과 함께 찾아온 평화 속에서 밤새 이루지 못한 잠을 채우고 일어난 시간은 11시 부근, 깔끔히 치워져 있는 주변과 정리된 이부자리에서 부모님의 손길을 느끼며 체중계에 올라섰다. 약 먹기 직전보다 1.5 kg 줄어있었다. 보통 자고 일어났을 때 500 g 정도 줄었던 것을 감안한다면 약 1 kg을 토한 셈. 참으로 힘든 밤이었다. '4주마다 5일씩, 12시간만 힘들면 된다.'고 생각했다.

예상은 보기 좋게 빗나갔다. 아니, 기분 좋게. 둘째 날은 첫날보다 훨씬 나아졌고, 셋째 날부터는 160 ㎎ 먹던 시절과 비슷한 정도의 경미한 부작용만 찾아왔다.

1 cycle이 끝나고, 공보의 때 진료받던 할머니들처럼 어제와 오늘을 구분 짓는 건 달라진 TV 프로그램밖에 없는 하루들을 보내는 사이, 정길 형의 결혼식이 있었다. 지난 2년을 함께 보냈던 우리의 결속이 이제는 예전만큼 끈끈할 수 없다는 것을 확인시켜 준, 나로서는 조금 아쉬웠던 행사였다. 멤버 11명 중 3명만 참석했다. 결혼식이 '토요일 낮의 부산'에서 있었기에 어느 정도 예상된 일이었다. 그러나 예상되고 어쩔 수 없었기에 더 아쉽고 슬펐다. 그 말은 노력으로도 바꾸기 힘든 현실이라는 걸 전제하기 때문이다.

생활에 치여 매일 보던 사람들이 한 달에 한 번 보기가 힘들고 이제는 두세 달에 한 번도 힘들다. 곧 1년에 한 번도 힘들어지리라. 생각했던 것보다 헤어지는 속도가 빠르다. 별 수 없다. 세상에서 떨어진 톱니바퀴는 세상의 멀어짐을 그저 지켜볼 도리밖에 없으니까.

우민이와 형철 형, 나 이렇게 셋이서 부산으로 내려갔다. 길이 많이 막혔다. 오줌이 너무 마려운 나머지 빈 생수병을 손에 들고 고뇌하면서 드디어 도착한 결혼식장. 정말이지 생수통 용량이 컸다면 과감한

결단을 내렸을지도 모른다. 뒤늦게 도착한 탓에 이미 결혼식은 진행 중이었고, 정길 형은 순백의 신부에게 떨리는 마음으로 축가를 부르고 있었다. 친한 친구나 선후배 결혼식에서 축가를 부른 경험이 다수 있었건만 본인 결혼식은 꽤 떨리는 듯 제 실력을 발휘하지 못하고 있었다. 이제 정길 형도 보기 힘들어졌구나 싶다. 부산에서 한의원을 열고, 집도 구하고, 이제 식도 올렸으니. 졸업할 때 흩어진 동기들보다도 더 아련하고 아쉽다.

아프지 않았더라면 더 축하하고 더 기뻐했을 텐데 환자라는 의식이 행동을 가로막는다. 기쁜 일이 가득해야 할 곳에 찾아온 병자, 테티스와 펠레우스 결혼식에 초청받지 못한 불화의 여신 에리스가 된 기분. 행여나 황금 사과를 놓고 나오지 않을까 조심하며 조용히 사진만 찍고 빠져나왔다. 그 마음을 아는 듯 형철 형과 우민이도 같이 결혼식 뷔페로 이동했다.

방사선 치료가 시작되기 전 병원에서 준 식생활 가이드에는 회와 육회를 삼가라고 적혀 있었다. 날로 먹는 것을 좋아하는 나로서는 정말 슬픈 권고 조항이었기에 치료가 끝나기를 얼마나 기다렸는지 모른다. 그런데 검사 결과의 좋고 나쁨에 너무 가슴을 졸이다보니 회를 먹어도 되는지 물어보는 것을 그만 깜빡해버렸다. 감염에 주의해야 할 필요성도 줄었고, Temodal 복용도 하지 않아 면역력이 떨어질 가능성이 적으므로 괜찮을 것이라는 나의 의견과는 달리 가족들은 좀 더 신중하기를 원했다. 2 cycle을 시작하기 전에 있을 교수님과의 면담 때 물어보고 먹자는 것. 그래서 꾹꾹 참고 있었다. 그런 내 눈앞에 펼쳐진 갖가지 종류의 회와 선홍빛의 육회. 정말 맛있어 보였다. 갈등했다. 발길이 차마 떨어지지 않아 주위를 서성이는 나에게 형철 형이

다가와 먹어도 괜찮다며 편하게 먹으라고 말했다.

누군가 그렇게 말해주길 얼마나 기다렸던가. 평소 나의 성격을 알고 있던 형이 눈치챈 것이 분명했다. 형의 말을 듣자마자 주저 없이 회를 집어 들었다. 씹을 때마다 흘러나오는 육즙, 쫄깃한 식감, 코를 살짝 찌르는 알싸한 고추냉이, 일탈이 가져오는 쾌락을 맛보았다.

결혼식을 마치고 다시 대구로 돌아오는 길. 뒷자리에 앉은 우민이가 멀미로 잠든 사이 형철 형과 많은 이야기를 나누었다. 간만에 만나는 바깥사람이다 보니 해도 해도 할 말이 쏟아져 나와 시간이 도리어 모자랄 지경. 듣는 형철 형이 귀찮지는 않을까 걱정이 살짝 됐지만, 그래도 떠들어 대었다. 지금 아니면 언제 또 말할 수 있을지 모르니까.

"이 새끼, 많이 외로웠던 모양이네. 그래, 말 할 수 있을 때 다 해둬라. 이야기도 맞장구 쳐주는 사람이 있어야 신나지."

정길 형의 결혼식 이틀 뒤, 1 cycle을 진행하고 3주가 흐른 시점인 7월 4일 월요일은 교수님과의 면담이 있는 날이었다. 아침 일찍 일어나 외래 채혈실에서 피를 뽑고 신경외과 진료실 앞에서 교수님을 기다렸다. 대기실 게시판에는 여러 선생님들의 외래 시간과 전문 분과 과목이 적혀 있었다. 교수님 이름 뒤에 적혀있는 '뇌종양'. 머릿속에서 저 세 글자를 다 지우려면 얼마나 많은 시간이 걸릴까. 마음이 무겁다.

1시간의 기다림 끝에 교수님을 만났다. 궁금한 것을 정리해둔 노트를 꺼내 보여드렸다. 내 하루 스케줄을 설명드리며 문제가 없는지, 무엇을 어떻게 바꿔야 할지 자문을 구했다. 교수님은 모두 괜찮다고 하며 이대로만 살면 금방 나을 거라 대답했다. 부모님은 '회 문제'도 여쭈어보았다.

"먹어도 괜찮아요. 다 먹어도 됩니다."

"아, 그럼 혹시 술도 조금은 괜찮나요?"

"아뇨, 술은 안 돼요. 먹는 약이 있으니까, 적어도 이거 끊을 때까지는 안 돼요. 술은 뇌에 직접 영향을 미치는 약물이니까 되도록 주욱 피했으면 좋겠네요."

"네……. 얼마 전에 운전을 다시 시작했어요. 괜찮죠?"

"운전하다 힘들지만 않으면 괜찮아요. 그래도 조심해서 나쁠 거는 없죠."

"그러면 친구랑 1박 2일 여행가도 별 상관없겠네요? 약만 잘 챙겨 먹으면?"

"물론이죠. 걱정이 꽤 많네요."

"제가 아니라 저희 부모님께서 걱정이 많아요. 이렇게 교수님이 직접 말씀하시지 않으면 제 말은 잘 안 믿어요."

"모든 부모님이 다 그렇죠. 이해해 드려야 하는 부분이고."

약 먹고 불편한 점이 없었느냐는 질문에 첫날은 2시간 반 만에 토해서 그 후로는 항구토제와 같이 먹었고 그럭저럭 잘 버텼다는 이야기를 했다. 의외라는 표정을 지으신 교수님은 처방전에 항구토제를 추가했고 수고했다며 다음번에 찾아올 날짜를 지정해 주셨다. 일어나려는 찰나 잊고 있던 중요한 이야기가 떠올랐다.

"아, 교수님. 제 뇌종양의 원인은 뭘까요?"
"지금까지 정확하게 무엇이 원인이라고 밝혀진 것은 없어요."
"그러면 저는 가족력이 문제겠네요."
"아뇨. 스트레스고 가족력이고 모두 지금까지의 연구결과로는 무관하다고 나와 있어요. 그냥 운이에요. 운."

외할머니의 뇌종양과 나의 뇌종양. 이 두 가지 사실은 어머니와 내 동생, 그리고 미래의 자녀에 대한 걱정으로 이어질 수밖에 없었다. 특히 편두통이 심한 어머니와 예민해서 조금만 스트레스를 받아도 어지럽고 토할 것 같다고 하는 동생을 보고 있노라면 마음이 뒤숭숭하여 밤잠을 설치기도 했다. 이런 상황에서 교수님의 '모든 것은 운에 달렸다.'는 말 한마디는 한 줄기 빛이 되었다.

4일 뒤 금요일. 항암 2 cycle이 시작되었다. 원래 병원에서 제시했던 치료 계획표상으로는 3일 뒤 월요일이 시작일이었지만, 약을 먹는 5일 내내 자식 걱정으로 밤잠을 못 이루시는 부모님, 특히 화수목금 내내 졸린 눈으로 출근하시는 어머니를 보니 영 마음이 놓이지 않아 교수님께 금요일부터 시작해도 될까 부탁드렸더니 흔쾌히 조정해 주신 덕분이다. 금요일부터 약을 먹으면 어머니 출근에 방해되는 날은 '월화수'뿐이고, 게다가 그 3일은 화학 요법 후반부이기도 해서 부작용이 상대적으로 덜한 날이라 여러모로 마음도 편하고 좋았다.

1 cycle 때, 더 나아가 치료 초기에 가졌던 마음가짐을 되새기며 밤 11시에 있을 의식을 위한 모든 절차를 차례차례 해나갔다. 깔끔하게 비워둔 침대 주변과 청결한 몸과 마음가짐, 한방 차 요법, EFT까지. 이제는 먹어도 된다는 느낌이 들 때까지 가다듬고 가다듬은 뒤 흰 알루미늄 약봉지를 꺼내 들었다. 그리고 어머니께서 부정 탄다며 다른 용도로는 절대 사용하지 못하게 했던 약 가위로 하나하나 잘랐다. 100 ㎎ 3봉지와 20 ㎎ 1봉지였던 지난번과는 달리 250 ㎎ 1봉지와 100 ㎎ 2봉지로 구성된 이번 cycle. 처음으로 본 250 ㎎ 캡슐은 거대했다. 4알이던 약이 3알로 줄었음에도 양이 늘어났음을 확연히 느끼게 해주었다. 눈앞이 깜깜했다.

공보의 1년 차 겨울, 형들과 함께 난생처음으로 스키장에 갔다. 일일 스키강사를 자처한 승현이 형은 나처럼 처음 타는 사람이 많은 초보자용 슬로프는 돌발 상황 시 서로 대처가 잘 안 되기 때문에 더 위험하다며, 중급자 코스로 나를 데리고 올라갔다. 아무것도 모르는 나는 떨리는 가슴을 부여잡고 형 뒤를 어기적어기적 따라갔다. 그렇게 도착한 슬로프에서 난 겁에 질려 뒷걸음질 치다 넘어졌다. 그때 찍었던 사진을 보면 그 슬로프는 분명 새하얀 눈이 소복이 쌓인 얕은 비탈길이었는데, 그 당시 내 눈엔 아니었다. 그곳은 깜깜한 절벽이었고, 그곳을 내려간다는 건 내가 낼 수 있는 용기로는 부족한 일이었다. 모든 걸 되돌리고 싶은 순간이었다.

250 ㎎의 거대한 흰 알약에서 난 그날의 스키장을 보았다. 스키장이 조그맣게 압축되어 지금 내 손 위에 얹어져 있음을 실감한다. 언제까지고 위에만 머물러 있을 수 없기에 결국 첫 발을 내디뎠던 그때처럼 상황이 주는 압박감에 떠밀려 약을 삼켰다. 자리에 누웠다. 그리고 얼마 가지 못하고 눈 속에 엎어졌던 그날처럼 얼마 지나지 않아 잠에서 일어나야 했다. 1 cycle 때와 같이 그 시간을 기록했다.

원래 첫날은 힘든 것일까? 경험을 살려 Temodal을 먹을 때 항구토제도 같이 먹었건만 구역감은 별 차이가 없었다. 늘어난 양 때문이 아닐까 추측했다. 재빨리 잠들면 힘든지도 모르고 밤을 보낼 수 있지 않을까 싶어 일부러 낮잠도 자지 않고 몸을 굴렸다. 그런데 지금 그걸 뛰어넘는 구역감이 잠을 방해했다. 피곤한데 잘 수 없으니 더 괴로웠다.

한참을 누워서 헤매다가 지금쯤이면 토해도 괜찮지 않을까 싶어 시계를 보았다. 1시 20분. 11시 반에 약을 먹었으니 2시간 정도 지난 셈. 또다시 시간과의 싸움이 시작되었다.

첫날이 가장 힘들다는 당연한 이치를 까맣게 잊을 만큼 그동안 나는 환자가 아닌 일반인으로 살았다. 이번에는 침 안 놓냐는 아버지의 말씀에 굳이 그럴 필요가 있겠냐며 웃어넘겼던 것을 후회했다. 첫날에는 모든 수단을 강구해야 한다는 걸 1 cycle 때 느껴놓고 같은 실수를 반복했다. 그나마 다행은 물 마시는 실수를 범하지 않았다는 것. 몸은 구토를 유발하여 속이 편해지고 싶은 듯 타는 목마름을 호소하며 물을 마시도록 유도했지만 오늘은 결코 이 유혹에 넘어가지 않겠다고 결심했다.

몸은 치밀어 오르는 구역질을 이겨낼 수 없다고 판단한 게 분명했다. 다량의 침을 쏟아내며 토사물의 산이 식도를 녹이지 못하도록 열심히 코팅했다. 일어나 침을 찾았다. 급하니 잘 안 보였다. 눈에 띈 건 굵은 침뿐. 놓아야 할 혈자리들이 굉장히 아픈 곳에 위치했기에 고작 1.5배의 굵기라도 통증은 이를 훨씬 상회할 것이다. 그래도 어쩔 수 없다. 안 토하는 게 무엇보다 중요하니까.

침을 놓고 나니 구역기가 좀 가셨다. 그러나 그 사이 항암제와 나의 힘겨루기가 내는 소음에 온 가족이 깨버렸다. 다 쓴 침을 버릴 통과 여분의 침, 소독 솜을 마련해 주고 각자 방으로 돌아갔다. 나를 위한 배려임이 분명하다. 그래도 나는 알고 있다. 그들 모두 방 안에서 편히 잠들지 못한 채 숨죽이고 나의 기척을 살피고 있음을. 아마 그들은 내가 화장실 문이라도 여는 순간 생기를 불꽃처럼 태우며 달려 나올 것이다. 그 모습을 보고 싶지 않다.

아, 다시 구역감이 온다. 그래도 괜찮다. 약 먹고 3시간, 그 시간만 버티면 시원하게 구토해도 된다. 나에겐 그 시간을 버는 것만으로도 충분히 의미가 있다.

결국 치료도 시간이 가장 중요한 것이 아닐까 하는 생각이 든다. 복구 불능 지점까지만 내몰리지 않는다면 본래의 모습으로 돌아갈 능력을 가진 게 생명 아닐까? 내부나 외부의 문제로 흔들릴 때 원래의 질서를 되찾을 시간을 벌어주는 것만으로도 그건 훌륭한 치료다. 그게 대증치료의 의미이기도 하고.

야속한 몸은 대변 신호를 보내며 가스를 내뿜었다. 지금 화장실을 가면 걷잡을 수 없는 구역감을 이기지 못하고 토할 것 같다. 참아야 한다. 이 와중에 절로 지어지는 습관적인 미소는 무엇일까. 거지 같은 현실에 대한 한탄인가, 내가 나에게 보내는 격려인가. 격려라 믿겠다.

2시 17분. 나는 구토했다. 약 먹은 지 2시간 47분 만이다.

저번에는 2시간 20분, 교수님은 2시간 20분이면 괜찮다며 넘어갔었다. 그것보다 더 버티었으니 괜찮다. 이제는 물을 마셔도 된다. 이미 토해버린 이상 구토를 두려워하지 않아도 된다. 오히려 구토로 손실된 수분을 보충하고 앞으로 나올 구역질을 대비하여 산의 농도도 묽게 할 겸 물을 마시는 게 더 나을지도 모른다. 물을 마셔도 구역감이 오르지 않을 때가 오면 '이제 괜찮구나.' 하며 안심하고 잘 수도 있을 테니 마시기로 했다.

몸에 무언가가 들어가도 괜찮기까지는 시간이 좀 걸렸다. 새벽 6시까지 구토했다. 신기하게도 잠들 때까지 얼굴에 미소가 떠나지 않았다. 한바탕 쏟아낸 뒤 화장실 변기에 버리고 물로 헹구면서도 웃음이 났다. 기뻤다.

약이 효과가 있구나. 내가 지금 살아있구나.

양이 320 ㎎에서 450 ㎎으로 늘었던 탓인지 이틀을 토했던 지난번과 달리 이번에는 사흘을 토했다. 그 후부터는 밤잠을 뒤척이는 정도의 부작용이 찾아왔고 덕분에 어머니의 아침 출근길을 덜 방해할 수 있었다. 그렇게 2 cycle도 지나갔다.

Cycle 3, 4

 2 cycle이 끝나고 얼마 지나지 않아 대학생이 된 동생과 고등학교 선생님인 어머니에게 차례로 방학이 찾아왔다. 그 덕에 아침마다 일어나던 전쟁이 잠시 소강상태를 맞이했으나 오히려 그것은 전선의 확대라는 결말을 가져왔다. 온 가족이 24시간 내내 집 안에 모여 있자 주말에나 가끔씩 벌어지던 게릴라전이 평일, 휴일 구분 없이 터졌고 심할 때는 하루에 두 번 넘게 전투가 벌어졌다. 특히 1994년 이후 최악의 폭염이라는 기상이변은 가족들의 전투력을 한층 높이는 결과를 가져와 상황을 더욱 악화시켰다. 넘치는 에너지를 외부로 돌려야 할 필요가 있었다. 그리고 지금 아니면 언제 또 시간을 맞출 수 있을지 모른다는 어머니의 말씀도 있어 가족여행을 떠나기로 결정했다. 큰 결심이었다. 나들이 수준을 넘어 외박이 낀 가족 여행은 정말 머리

털 나고 처음 있는 일이었다.

 처음 이야기가 오갔던 곳은 제주도였다. 그러나 지지부진했다. 비행기를 타는 여행에 대해 너무나도 무지했던 부모님은 동생과 나에게 모든 계획을 일임했다. 허나 예산의 범위도 정해주지 않았고 여행 시기도 불투명했다. 예산과 시기를 확실히 정해줄 것을 부탁드렸으나 부모님에게서 돌아온 답은 '모른다'뿐이었다. 답답했다. 이전에 여행을 간 적이 있었다면 대략적인 예산 규모를 통밥으로 때려 맞춰보기라도 하겠는데 기준 잡을 경험조차 없으니 도무지 계획을 짤 수가 없었다.

 피곤한 몸을 이끌고 편도 1시간이 넘는 거리를 몇십 년째 매일 출퇴근하는 어머니에게 주말은 온종일 침대에 누워 체력을 보충하기에도 모자란 시간이었다. 내가 고등학생 때 암에 걸리신 이후 주로 집안일을 담당하시는 아버지, 그런 아버지에게 암 투병 이전에는 휴일이란 존재하지 않았다. 아버지의 직업은 학원 선생님이셨다. 학교가 끝나야 학원이 시작되니 학교 선생님인 어머니와 학원 선생님인 아버지의 생활 패턴은 정반대일 수밖에 없었다. 부모님 두 분 모두와 밥을 같이 먹는 시간은 오직 일요일 아침, 저녁뿐. 잔병치레가 많았던 나를 번갈아 케어할 수 있는 장점을 가진 조합이었지만, 어린 나는 전혀 감사하지 않았다.

 내가 수능을 치고 대학생이 되었을 때 동생은 초등학교 5학년이었다. 나의 중고등 6년과 동생의 중고등 6년은 전혀 겹치는 기간 없이 존재했고, 그래서 부모님은 2002년 3월부터 2016년 2월까지 만 14년 동안 수험생의 학부모로서 지내야 했다. 그 와중에 얼마나 많은 일들이 벌어졌는지 말하자면 끝이 없다. 그래도 그럭저럭 다 해결하고 마지막으로 동생 대학 입학까지 시켜 한숨 돌리겠다 싶었던 그날, 나는 동네 신경과 병원에서 MRI를 찍고 진료의뢰서 한 장을 받아들고 응급실로 달려갔다.

나의 잔병치레가 끝나니 동생의 잔병치레가 시작되고, 동생의 잔병치레가 끝나니 나의 수험생활이 시작되고, 나의 수험생활이 끝나니 동생의 수험생활이 시작되고, 동생의 수험생활이 끝나니 내가 아파버린 상황. 이런 기막힌 시간표를 짠 운명에게 왜 이렇게 짰냐고 원망해야 할까, 겹치지 않게 일어나게 해준 것에 감사라도 드려야 할까 헷갈릴 정도로 위태위태했던 지난 시간들. 아무리 눈 씻고 찾아봐도 가족 여행을 갈만한 시기는 없었다. 즉 올해가 가장 적기인 셈이다.

이쯤에서 질문을 던져본다. 만약 내가 아프지 않았다면 우리 가족은 여행을 갔을까? 내 답은 '아니오'다. 아마 난 친구들과 여행을 갔을 것이다. 우리 가족은 모였다 하면 넘치는 에너지를 주체 못 하고 터지기 일쑤인데 여행까지 가면 고생할 게 뻔할 뻔 자라며 자기합리화를 하고는 미온적인 태도로 일관했으리라. 생각해 본다. 나의 아픔이 혹시 가족의 소중함을 일깨워주고 이 소중한 사람들과 귀중한 시간을 함께 보내라고 권유하는 운명의 충고가 아니었는가 하고.

제주도는 포기했다. 대신 출발과 도착 시간에 얽매이지 않고 다닐 수 있는 육로 여행을 가기로 결정하고 동생이 모은 자료들을 참고하여 계획을 세웠다. 이전에 방문했던 곳이지만 그 당시 예산 및 교통편의 문제로 보지 못했던 곳들이 마음에 남아 '순천-보성-담양' 2박 3

일 코스를 짰다. 병원에서 어머니와 함께 여행 사진을 보며 이야기했던 여러 에피소드가 펼쳐졌던 장소, 그곳을 직접 보여주고 싶은 마음도 한몫했다. 그렇게 해서 떠난 최초의 가족 여행은 비록 하하호호 순탄한 여정은 아니었지만, 예상한 일정보다 더 많은 것을 보고 경험도 시켜 준 소중한 시간이 되었다.

여행에서 돌아온 이틀 뒤 월요일, 신경외과 교수님과의 면담이 있었다. 교수님은 이제 막 움트기 시작한 왼 머리에 반가움을 표시하며 이번 3 cycle이 끝나면 경과 관찰을 위한 MRI 촬영과 판독이 있을 예정이라 말씀했고 그 이외에 별다른 이야기는 없었다. 모든 것이 순조로웠기에 별다른 특이할 만한 사항이 없는 듯했다.

같은 주 금요일, 3 cycle이 시작되었다. 방학이어서 마음이 편했다. 내가 며칠 난리 쳐도 특별히 큰 타격을 받을 사람이 없다는 사실이 너무나도 좋았다. 보통 때는 그냥저냥 막살아도 cycle의 첫날이 되면 언제 그랬냐 싶게 경건해진다. 모든 의식을 차례로 거행하고 약을 먹은 뒤 자리에 누웠다.

밀려오는 구역감. 시계를 보니 1시 25분이다. 11시 15분에 약을 먹었으니 벌써 2시간 10분이 흐른 것이다. 비탈길에 한번 굴러버린 돌멩이처럼 구역감의 기세가 점점 커져간다. 멈출 수가 없다. 결국 참지 못하고 일어났다. 시계를 봤다. 1시 35분. 고작 10분이 지났다.

거실에 미리 준비해 둔 노트에 지금의 일들을 기록해본다. 그리고 1 cycle과 2 cycle 때는 어땠는지 한번 읽어보았다. 똑같다. 이렇게 똑같을 수가 없다. 너무 똑같아서 딱히 더 적을 게 없다. 차례차례 진행되는 단계에 소름이 돋는다. 예언서에 적힌 결말이 결코 좋은 상황이 아니기에 더욱 무섭다. 피하고 싶다.

결국 토했다. 2시다. 2시간 45분 만이다. 이 정도 버텼으면 괜찮다. 이제 마음 놓자.

3 cycle 이후부터는 화학 요법에 대해 몸의 반응이 전혀 다르게 나타났다. 약을 먹고 3시간 이내에 잠이 깨는 경우는 없어졌으나 대신 3시간이 지나면 일어나 가라앉지 않는 구역감 속에서 밤을 지새워야 했다. 그 덕에 토하지 않으려고 애쓰며 이리저리 난리 치고 《난중일기》 마냥 기록으로 남기는 일도 사라졌다. 울렁이는 속을 부여잡고 일어나서 시간을 확인하면 시간이 꽤 지나있었고, 그러면 마음 놓고 토해버렸다.

3 cycle이 끝나고 얼마 뒤 MRI 촬영이 있었다. 기도를 드렸다. 교리반에서 배운 몇몇 기도와 함께 나의 지향을 넣어서 정성껏 빌었다. 촬영을 앞두고도, 촬영 중에도, 촬영 후에도 내용은 모두 동일했다. 그저 결과가 정확하게 나오게 해달라고 부탁했다. 안 좋게 나온다 하여 당신을 원망하지 않을 터이니 괜히 습자지 같은 저의 멘탈을 위한 답시고 진실을 숨기시지 마시고, 더도 말고 덜도 말고 딱 그대로 어느 누가 봐도 헷갈리지 않게 오차 없이 찍히게 해달라고 빌었다. 그게 솔직한 심정이었다. 차마 결과를 좋게 나오게 해달라고 기도드릴 수가 없었다. 너무 무리한 부탁을 하면 한 큐에 거절하실 것만 같아 욕심을 꼬깃꼬깃 접어 슬쩍 감추고는, 이면에 숨겨진 욕심까지 알아듣고 들어주시길 바라며 빌고 또 빌었다.

촬영이 있고 5일 뒤, 교수님과 면담을 했다. 이번에는 방학을 맞이한 어머니도 함께했다. 교수님은 MRI 영상 3개를 차례로 보여주셨다. 고음영 부위는 감소 추세이긴 했지만 안타깝게도 좌측 반구의 5~10%를 차지하고 있었고, 조영 증강 영상에도 드문드문 고음영 부위가 보였다. 전체적으로 초반 3차례의 화학 요법으로 줄어든 면적보다 아직 남아있는 면적이 훨씬 커서 마음이 더 심란해졌다.

"줄기는 줄었네요. 지금 잘 되어가는 거죠?"
"그럼요. 매우 좋습니다."

교수님의 대답은 담백했다. 실은 예상보다 좋다. 하지만 아직도 많은 위기가 계속 닥쳐올 것을 내포하기에 그 답은 전혀 희망적이지 못했다. 입으로는 향후 일정에 대해 논의하면서 눈은 영상을 띄운 화면을 향했다. 혹시나 내가 놓친 희망이 있지 않을까 싶어 보고 또 보았다. 그런 내 눈에 띈 건 영상의학과 선생님의 소견이었다.

유의할 만한 변화 없음.

줄이려 했던 찜찜한 구석이 더 늘어났다.

"저……, '5년간 증식이 없다, 재발이 없다.' 이렇게 되면 완치 판정을 받을 수 있나요?"

"대개 그렇게들 이야기는 하는데 머리는 평생 관리하며 살아야 해요. 깨끗하게 끝났습니다, 식으로 결말이 있으면 좋을 텐데 현실은 그렇지 못하죠."

열심히 치료받고 믿는 것. 그거 말고는 없다. 인사를 드리고 진료실 바깥으로 나왔다. 허무했다. 생각했던 끝과 너무 달랐다. 끝이 있을 줄 알았는데, 알고 보니 끝이 없는 영원한 숙제였다. 실체 없는 적과의 휴전상태, 끝 아닌 끝에 아쉬움 가득한 한숨만 나왔다.

뒤처지는 게 아니라 다른 길을 걸어가는 거야.
나만의 행복을 찾을 수 있는 기회를 얻었어.

어쩌면 주변 평판에 잘 휘둘리는 나 같은 겁쟁이에게는 행운이야.
무적의 방패가 생긴 거야.

난 내가 잘할 수 있는 이 길을 선택할래.

내가 살 수 있을까?
아니다. 살 수 있어. 난 나를 믿어.

구토를 잘 하는 법에도 급수가 있다면 4 cycle 중반부터는 두 급수 정도 올랐을 거라 자평해본다. 여기서 '잘'은 '자주'의 의미가 아니라 '훌륭하게, 익숙하고 능란하게'라는 의미의 '잘'이다. 구토를 참아야 하는 '복용 후 3시간'을 무난히 보낼 수 있다는 확신이 생기자 어떻게 하면 편하게 토할 수 있을까에 모든 관심이 쏠렸다.

얕은 잠을 자다가 토할 듯 말 듯한 괴로움이 느껴지면 자기 전 머리맡에 미리 준비해둔 이온 음료를 마셨다. 체액과 비슷한 느낌이 나 구토할 때 느껴지는 이물감을 줄이고 심한 구토로 인해 일어날 수 있는 탈수와 전해질 불균형을 예방하는 효과도 있었다.

혹자는 속을 편안하게 하여 구토하려는 욕구를 낮추는 것이 최선이지 않느냐고 의문을 가질 수 있다. 그러나 강도 높은 항구토제와 침구치료, 한방 차 요법까지 모든 수단을 이미 쓴 터라 대세를 막을 방법은 더 이상 남아 있지 않았다. 금방이라도 물이 넘칠 것 같은 컵을 굳이 불안하게 덜덜 떨며 쥐고 있을 필요가 있을까? 넘치는 걸 막을 수 없다면 쏟아버리는 게 더 나은 선택이다. 어차피 넘치든 쏟든 물은 닦아야 하고 넘친 게 쏟은 것보다 뒤처리가 훨씬 수월한 것도 아니니까. 어떻게든 덜 흘려보내겠다고 노력할 바에는 그 에너지를 아끼는 게 합리적인 선택이었다. 비록 짧은 시간이긴 했지만 한 번 속을 비우고 다시 채우기까지 잠시의 평화는 이루 말할 수 없이 달콤한 데 반해 토할 듯 말 듯한 상태가 주는 기분은 더럽기가 그지없어 구토를 막아야겠다는 생각은 전혀 들지 않았다.

이런 상황 속에서 손가락으로 목구멍 어디쯤을 짚어야 복압을 크게 끌어올리지 않아도 쉽게 뱉을 수 있는지 스킬을 키워 늘어난 구토 시간에 따른 체력적 부담도 어느 정도 벌충시켰다. 심지어는 아침에 늦어 지각할 뻔한 동생을 차로 태워다주기까지 할 정도였다. 나이가 젊고 몇 시간쯤 토해도 끄떡없는 체력과 회복력이 있기에 할 수 있었던 도박은 성공적이었다.

3 cycle에서 4 cycle로 접어들 무렵은 한여름이어서 연일 무더위가 펼쳐지고 있었다. 창문 너머로 들려오는 매미소리는 짝을 찾기 위한 사랑의 세레나데가 아니라 더워 죽겠으니 살려 달라고 울부짖는 비명소리 같았다. 열기는 모든 것을 녹였다. 비니 모자에 갇힌 내 머리 반쪽은 상태가 더욱 심각했다. 외출을 삼가야 했다. 하루에 스케줄은 '오후 1시 골프 연습장' 단 하나였다.

냉방비를 아끼기 위해서는 가장 더울 때 집 밖에 있는 게 묘수였다. 그날도 여느 때처럼 골프 연습장으로 향하고 있었다. 횡단보도에 서서 녹색 불로 바뀌기를 기다리고 있는데 '이이잉' 소리를 내는 전동휠체어가 내 곁을 스쳐 지나갔다. 뜨거운 햇살을 막기엔 턱없이 부족해 보이는 손수건 한 장이 탑승자의 머리 위에 나부끼고 있었다. 나도 주머니에서 손수건을 꺼내 모자를 흠뻑 적시는 땀을 짜듯이 훔쳤다. 생각은 대학생 때에서 공보의 시절로 계속 흘러갔다. 그리고 수술을 앞두고 수많은 생각이 날뛰던 그 어느 날에서 끝났다. 모든 게 감사하고 행복했다.

공보의 1년 차에 근무한 보건소는 읍내에 있었다. 버스가 기껏해야 한 시간에 한 대 있을까 말까 했다. 그래도 버스가 다니기는 해서 환자들은 보건소를 찾아올 수 있었다. 2년 차 때 있었던 지소는 버스가 거의 다니지 않았다. 환자들은 몇십 분을 걷거나 아들이나 딸의 차를 얻어 타고 왔다. 내원하는 방식이 가장 특별했던 환자는 어디서 구했는지 모를 골프장 카트를 몰고 오는 노부부였다. 속도가 꽤 빠르고 천으로 된 천장이 햇빛과 바람을 적절히 가려줬다. 누구의 기지인지 몰라도 참 좋은 생각이다 싶었다. 4인승이라 뒷자리에 동네 할머니들을 데리고 오는 경우도 잦았다. 거동이 불편한 아내를 진료실로 들여놓고 밖에서 담배 한 대를 태우며 자신이 내쉰 흰 한숨을 막연히 바라보며 뒷짐 지고 서 있는 할아버지 모습에는 기품이 흘렀다.

수술을 앞두고 여러 가능성 앞에서 번민하고 있을 때 내 머릿속엔 이 장면이 자꾸만 재생되었다. 하고많은 장면 중에서 유독 그 장면이 운명처럼 끌렸던 이유는 무엇이었을까? 할아버지의 뒷모습에서 풍기던 고단함이 현실로 다가올 것만 같은 예감 때문이었다. 나는 두려웠다. 육중한 나의 몸을 원망했다. 평소에도 원망하기는 했지만 그때만큼 원망해본 적은 그 전에도 그 후에도 없었다. 바퀴 없이는 움직일 수 없는 거대한 짐이 된 나와 나를 보살펴야 할 가족들. 그 상황이 너무 무서웠다.

5년 전 외할아버지께서 돌아가셨다. 할아버지의 생신이었던 음력 칠월 초하룻날, 함께 화투도 재밌게 치고 할아버지께 그해 여름 거창 개울가에 놀러갔던 이야기도 들었는데 3달도 채 안 되어서 돌아가셨다. 할아버지께서 편찮았을 당시 의료진은 우리들에게 할아버지의 병명을 치매라고 이야기했다. 하지만 나중에 공부를 해보니 섬망[5]이 아니었나 싶다.

---

5) 열병, 전신 감염, 대사 장애 등으로 인해 오는 급성 뇌증후군. 밤에 증상이 더 심하고 정신이 나는 듯한 순간과 의식이 희미해지는 순간이 교대로 엇갈리면서 기복이 심하다. 지남력의 상실, 환각, 주로 공포로 나타나는 감정 장애가 있다.

할아버지는 전형적으로 보이는 증상이 있었다. 낮에는 몽롱하게 신음소리만 내며 누워 계시다가 밤이 되면 응축시켜 둔 에너지를 내뿜으셨다. 애초에 가족들이 무언가 심상치 않은 변화가 있음을 알게 된 것도 낮에는 멀쩡하시던 분이 갑자기 오밤중에 길거리를 배회하시다 허리를 크게 다쳐 병원에 입원하면서였다. 아픈 할아버지를 지근거리에 있는 우리 식구와 이모네 식구가 간호했는데 주로 낮에는 이모가, 밤에는 아버지가 곁을 지켰다. 할아버지의 사랑을 듬뿍 받으셨기에 마음이 더욱 애달팠던 어머니도 퇴근만 하면 병원으로 달려가셨다. 병원에서는 할아버지를 커버하기 힘들다며 요양 병원으로 전원을 권유했다. 원거리에 있어 간호에 일조하지 못했던 외삼촌은 그러기를 원했다. 그러나 요양 병원에 보내는 것을 탐탁지 않아한 어머니의 마음을 헤아린 아버지는 극렬하게 반대했다. 결국 가시는 날까지 할아버지 곁에는 항상 가족들이 함께 했다.

그 당시 대학생이던 나는 병간호 업무에 있어 한 발 뺀 못된 손자였는데, 딱 한 번 아버지의 대타로 사촌 형과 함께 할아버지의 밤을 지킨 적이 있었다. 시작은 순탄했다. 할아버지는 앓는 소리를 내쉴 뿐 별 미동도 없으셨다. 의자에 앉아 시험공부를 해도 무방할 정도. 문제는 역시 밤이었다. 병실의 불이 하나둘 꺼져가자 할아버지께서는 낮 동안 없던 생기를 내뿜기 시작했다. 소싯적 시절로 돌아가 주주 총회를 열더니 최 이사와 무슨 악연이 있었는지 십여 분을 다투기도 했다. 잠시 잠잠하더니 또다시 그 시절로 돌아가 주주 총회 개최를 반복했다. 토사구팽 당한 회사에 미련이 많이 남은 듯했다. 갑자기 할아버지께서 울부짖었다. 최 이사에게 그러면 안 된다고 외치셨다. 풀리지 못한 응어리의 분출, 폭발이었다. 몇십 년이 지난 지금, 의식조차 없는 지금까지 당신을 지배하는 기억이라면 도대체 얼마나 큰 상처였을까. 당신이 원하시는 대로 최 이사 멱살도 붙잡게 하고 한 방 먹일 수 있도록 돕는 게 마땅했다. 비록 환상에 불과할지라도. 그러나 할아버지의 팔에 달린 링거 때문에 우리는 최 이사 편에 서서 당신을 말릴 수밖에 없었다.

그 와중에도 할아버지는 계속 가슴을 쳤다. 길거리를 배회하다 다친 허리 때문에 TLSO[6]를 착용하고 계셨는데 그게 무척 답답하신 모양이었다. 자신의 몸통을 강하게 압박하는 갑옷을 부서져라 두드리는 할아버지를 보고 있노라면 곧 갑옷을 깨뜨리고 당신이 원하는 해방감을 맛보게 되지 않을까 덜컥 겁이 났다. 또다시 말리는 수밖에 없었다.

할아버지의 키는 170㎝였다. 옛날 분 치고는 굉장히 큰 편이었다. 발병 이후로 곡기를 끊다시피 하셨고 모두가 달라붙어 죽을 입 안으로 흘려 드렸다. 이러한 노력에도 할아버지는 점점 말라갔고, 링거를 통해 생존에 필요한 에너지만을 간신히 공급받았다. 할아버지께서 밤에 활발하다는 이야기를 처음 들었을 때 크게 개의치 않았다. '드신 것도 없는데 힘이 어디서 날까, 화장실로 모시고 갈 때는 좀 힘들겠네.'하고 형과 나는 생각했다. 그러나 뼈만 앙상하게 남은 할아버지에게서 뿜어져 나오는 에너지는 건장한 20대 남자 두 명이 감당하기에도 버거웠다. 시방 할아버지가 맹렬히 태우는 것은 당신의 몸이 아닌 영혼인 것만 같아 어떻게든 그분을 진정시키고 싶었다.

그렇게 폭풍 같은 밤을 보내고 6시 즈음 날이 밝았다. 당신께 생기를 준 녀석은 밤 동안 잠시 놀러온 악령이었는지 창밖에 햇살이 비치

---

6) Thoraco-Lumbo-Sacral Orthosis, 흉요 천추 보조기.

자 할아버지는 이내 잠이 들었다. 여름임에 감사했다. 형을 살짝 거들기만 했을 뿐인데도 체력이 달려 당장 집에 가서 눕고 싶은 생각뿐이었다. 아니, 힘든 시간을 혼자서 감당했던 아버지에 대한 존경심도 함께였다. 병문안을 가면, 옆방의 환자나 보호자가 아버지를 많이 칭찬했다. 할아버지를 극진히 잘 보살핀다고. 그때는 그저 그렇구나 하고 넘어갔는데 막상 경험해보니 보통 일이 아니었다. 이 힘든 일을 자처하고 나섰던 아버지가 정말 위대해 보였다. 아픈 사위를 위해 야채수를 손수 끓였던 외할아버지와, 장인의 똥오줌 수발까지 마다하지 않고 나섰던 아버지. 지금까지 어디에서도 이처럼 아름다운 장서 관계는 들은 적도 본 적도 없다고 말한다면 과장일까?

나에게 그날의 기억은 따뜻함으로 남아있었다. 그러나 수술을 앞둔 나에겐 그날의 기억이 결코 긍정적일 수 없었다.

'할아버지보다 10 ㎝는 더 크고 몸무게는 2배나 되는데 누가 나를 보살피고, 또 억제할 수 있을까?'

1년 전 이모가 아기를 돌봐주다가 손목이 나간 일이 떠올랐다. 10㎏ 내외인 아가의 꼼지락거림에도 사람이 다치는데 20대 건장한 남성이 그런다면 주변 사람 몸이 남아날까. 침 치료를 받으러 온 할머니들이 침대에 누워 자식 고생시키기 싫다며 멀쩡히 잘 지내다가 때 되면 자다가 떠나고 싶다고 도란도란 이야기하던 것이 이거였구나, 그 말이 그렇게 공감될 수 없었다.

그랬던 내가 지금 그 기억을 가지고 올바른 사고를 하며, 두 눈으로 보고 두 발로 걸으며 두 손으로는 땀을 훔치고 있다. 모든 게 감사하고 행복하다. 외치고 싶다. 세상이 너무 아름답다고, 살고 싶었다고, 그리고 지금 살아있다고.

숨쉬고 생각하고 걸어 다니는 게 너무나 행복했던 어느 여름날의 이야기다.

Cycle 5

 1994년 이후 22년 만에 찾아온 최악의 폭염, 뜨거운 햇볕에 말라 죽어 모기조차 구경하기 힘들었던 여름과의 이별은 갑작스레 찾아왔다. 잠들 때까지만 해도 옆에 머물렀던 여름은 어떠한 기척도 남기지 않고 떠나버렸다. 대신 열린 창문 틈 사이로 들어온 가을이 내게 일어나라고 재촉했다. 심술궂게도 한밤 중에 가을은 나를 깨우곤 했다.

 확실히 4 cycle 때는 아침저녁으로 제법 선선한 바람이 불었다. 계절이 바뀐 것을 체감할 수 있었다. 나도 변화의 때가 왔다고 생각했다. 화학 요법이 끝나자마자 이발을 했다. 머리를 다듬고 거울을 봤다. 이제 치료도 끝이 보였다.

 길에 지나가는 사람 아무나 붙잡고 다음과 같은 두 질문을 던져보자.

(Q.1) 당신은 건강하십니까?

(Q.2) 당신에게 병이 있습니까?

이때 Q.1에 'X'라고 대답한 비율과 Q.2에 'O'라고 대답한 비율은 같을까? 아니다. '건강하지 않다.'는 '병이 있다.'와 다르다. 유병 상태와 건강 상태는 연속적으로 존재하므로 어디서부터 '병'이고 어디서부터 '건강'이라고 딱 잘라 말할 수 없다. 그렇기에 의료인은 '질병과 건강의 기준'에 대한 의문을 끊임없이 마주하게 된다. 특히 문화적 배경과 사회적 가치관에 따라, 혹은 기술 및 연구의 발전에 따라 병과 건강을 결정하는 기준은 계속 변화하기 때문에 더욱 그러하다.

WHO에서 정한 건강의 정의는 상당히 철학적이다.

건강이란 "단지 질병이나 허약함이 없는 상태가 아니라 신체적, 정신적 그리고 사회적으로 완전하게 양호한 상태"이다.

(Health is "a state of complete physical, mental, and social well-being and not merely the absence of disease or infirmity".)

《동의보감》은 생명관과 신체관을 설명하는 〈신형편〉으로 시작한다. 그중에서도 가장 먼저 등장하는 단락은 '형기(形氣)의 시작'이며 여기서 '아(痾), 채(瘵), 병(病)'이라는 용어가 등장한다. '아(痾)'는 불편함의 발생, '채(瘵)'는 불편함의 누적 및 지속, '병(病)'은 그것들이 심해져서 증상이 드러나는 상태를 뜻한다. 즉 병에 대한 정의가 시작부터 등장한다.

'무엇을 치료의 대상으로 볼 것인가?'는 이처럼 중요한 문제이다. 무척 어려운 이야기이기도 하다. 나는 '불편하면 병이고, 치료의 대상이다.'라고 하겠다. 보건소에 와서 자신의 증상을 머뭇머뭇 풀어놓으면서 치료가 필요한지 묻는 환자에게 항상 이렇게 물었다.

"불편해요? 아니면 신경이 쓰이는 정도예요?"

그때 불편하다는 답이 돌아오면 '온도를 재서 정상이라고 나와도 손발이 시리다고 느껴지면 병이고 내시경에서 별 이상 없다고 나와도 속이 더부룩하면 병이에요.' 하며 치료했다. 하지만 여기에서도 의문이 하나 생긴다. '어디까지를 불편의 범주로 볼 것인가?' 크게 두 가지를 말해 볼 수 있다.

① 자체가 주는 불편
② 2차적 영향까지 감안한 불편

치아 배열이 가지런하지 못한 부정교합이 있다고 해보자. 뒤틀린 치열로 인해 발음이 샌다, 더 넓게는 부정교합이 부끄러워 이빨을 드러내고 웃기가 힘들다 등의 불편은 ①번으로 볼 수 있다. ②번은 여기서 한 발 더 나아간다. 부정교합을 치료하기 위해 교정기를 입에 설치했다고 하자. 씹을 때마다 통증이 발생하고 음식이 자주 끼어 충치가 생길 가능성이 높아진다. 교정 치료가 끝날 때까지 주기적으로 시간을 내 치과에 방문해야 한다. 이때의 불편은 ②번이다. 나는 ②번 또한 불편함을 주는 요소이므로 ②의 해소 또한 치료 경과에 있어 중요한 척도라 본다. 삶의 질 차이가 어마어마하기 때문이다. 이 관점에서 9월 7일, 되짚어 보면 6월 6일, 범위를 넓게 잡으면 7월 13일, 모두 내 치료에 있어 중요한 사건이 벌어진 날이었다.

6월 6일, 운전대를 다시 잡았다. 수술 후 90일이었다. 이 날을 얼마나 기다렸던가. 이런 날이 오기는 할까 생각한 적이 더 많았다. 병원에서 꿈꿨던 일상생활에는 운전이 빠져있었다. 너무 과분한 욕심을 부리다가는 벌 받을 것만 같아서. 운전대를 다시 잡았던 그 순간만 생각하면 모든 게 꿈만 같다는 진부한 표현 말고는 설명할 수가 없다.

자리에 앉았다. 너무 오래 세워두면 차가 상한다며 간간이 어머니께서 운전하시면서 어머니 체형에 맞게 운전석을 조정한 덕분에 자리가 비좁았다. 억지로 몸을 구겨 넣어 자리 간격을 조정했다. 안전벨트를 매고 사이드 미러, 백미러 각도를 조정한 뒤 기어를 P에서 D로 옮겼다. 떨리는 마음으로 브레이크에서 발을 뗐다. 조심스레 차를 빼서 주차장 한 바퀴를 돌았다. 적당한 시점에서 핸들을 돌리고, 적당한 힘으로 브레이크와 액셀을 밟고 있는지 확인했다. 누가 쫄보 아니랄까 봐 겁에 잔뜩 질려 핸들도, 액셀도 살살 돌리고 밟았다.

운전을 본격적으로 시작한 지 1년쯤 된 시점에 암 진단을 받았다. 진단을 받기 전 집에서 근무지까지는 잘 닦인 포장도로에 신호등은 하나밖에 없고 다른 차도 많지 않았다. 이런 시골길로 출퇴근을 하다 보니 축적된 운전 실력도 별로 없는 상태였다. 평행주차는 물론 전진

주차도 할 줄 몰랐다. 운전을 다시 배워야 하는 건 아닌지 내심 걱정했는데 다행히 몸은 기억하고 있었다. 주차장 밖으로 나갈까 고민하다 관뒀다. 감각이 크게 무뎌지지 않은 걸 확인한 것으로 족했다. 너무 긴장해서 옷은 이미 땀범벅이었다. 그 후로 적응 기간을 며칠 더 거친 후 길을 나섰다.

성당은 2.5 ㎞, 도보 2~30분 정도 소요되는 거리에 있었다. 걸어서 가기에 나쁘지 않은 거리였다. 걷다보면 아파트 화단에 흐드러지게 핀 꽃을 볼 수 있고, 조금만 돌아가면 향기가 가득한 장미공원을 지날 수 있어 때로는 미사를 마치고 돌아올 때 잠시 옆길로 새기도 했다. 그러나 그 길에는 큰 흠이 하나 있었다. 다니기가 꺼려지는 지하차도를 두 번이나 지나야 했다. 차들이 굉음을 내며 달리는 그곳은 시끄러울 뿐만 아니라 공기도 탁하고 약간 휘어진 구조에 으슥한 분위기였다. 언제까지고 그 길을 걸어서 다닐 수는 없는 노릇. 차가 필요했다.

집에 앉아 별일 없이 지낸다는 것. 누군가에겐 하고 싶어도 못 하는 호강이지만, 누군가에겐 간절히 벗어나고픈 수렁이다. 늘 마주하는 가족, 골프 연습장 사람들 말고는 교류가 없는 삶. 심심하다. 사람을 만나고 싶다. 그러나 반쪽만 남은 머리가 영 신경 쓰인다. 챙모자로는 휑한 뒷머리를 가릴 수 없다. 결국 비니밖에 쓸 수 없는데 그걸 쓰고 대중교통을 이용하기엔 주위 시선이 영 신경 쓰인다. 게다가 내가 보고자 하는 사람은 대구에는 없고 고령에 있다. 역시 차가 필요했다. 이런 나에게 운전을 할 수 있다는 건 큰 의미가 있었다. 행동력에 걸려있던 제약이 사라졌으니까.

수술한 지 딱 반년이 흐른 9월 7일, 거의 대부분의 불편함이 사라졌다. 그날 나는 머리를 다듬었다. 방사선 치료가 끝난 이후로 왼쪽 머리카락이 다시 돋아나고 있지 않은지 거울로 살피는 게 습관이 되었다. 머리카락이 다시 나기 시작하려면 한 달은 기다려야 한다는 방사선 종양학과 선생님의 말씀에도 혹시나 두피에 미묘한 변화가 있지 않을까 싶어 매일 확인했다. 머리카락이 없는 게 너무 불편했다.

나는 렌즈가 커버할 수 있는 범위를 넘어선 난시의 소유자였다. 안경을 끼지 않고는 일상생활이 불가능했다. 머리카락이 없으니 안경을 쓰면 안경테가 직접 두피에 닿아서 꽤나 성가셨다. 안경다리에 눌린 피부는 짓무르기 일쑤였고, 통증도 자아내어 간혹 두통도 일으켰다. 임시방편으로 안경테에 손수건이나 휴지를 말아 착용했지만 그건 그것대로 불편해서 집안에 있을 때는 안경을 벗고 지내기까지 했다. 벗어진 머리는 잠잘 때도 영향을 주었다. 평소 왼쪽으로 누워 잤는데 습관대로 자면 좌측 관자놀이 부근 측두동맥이 뛰는 맥박이 그대로 느껴졌다. 그게 어찌나 요란하던지 마치 베개에서 머리가 들썩거리는 것 같아 여간 불편한 게 아니었다.

그러나 머리카락은 자라지 않았다. 선생님이 공언한 한 달을 기다려도, 두 달을 기다려도 그대로였다. 오른쪽 머리카락만 자랄 뿐. 교수님은 기다리면 차차 나게 될 거라 이야기했지만, 스스로는 마음의 준비를 했다. 멀쩡한 정신을 얻었다, 새 삶을 얻었다, 이쯤은 양보해도 되지 않을까. 머리카락으로 생명을 샀다면 이보다 더 성공적인 거래는 없다. 그래서 의논 끝에 가발을 사기로 결정했고 업체를 알아보았다. 알아본 지 5일째, 왼쪽 머리에서 희망의 싹이 돋아났다. 거울 속에 비친 검은 점을 보자마자 장바구니에 담아둔 쇼핑 목록을 모두 지워버렸다. 필요 없으니까. 싹트기 시작한 머리카락은 내가 일상에 더 가까워졌음을 알리는 신호탄이었다. 9월 7일, 나는 미용실에서 머리를 다듬고 모자를 벗어던졌다.

 이제 어느 누구도 내가 먼저 말을 꺼내지 않는 이상 나에게 무슨 일이 있었는지 전혀 모를, 예전 모습 그대로가 된 것이다. 아무런 거리낌 없이 길을 활보해도 된다. 통증도 없고 일상생활을 영위하는 데에 이렇다 할 제약도 없다. 일을 할 수 없고 술을 못 마신다는 점이 있지만, 세상에는 취업 준비를 하는 수많은 사람들이 있고, 여러 가지 이유로 금주를 하는 사람이 많다. 흠이 아니다. 이제 남아있는 실질적인 불편은 거의 없다고 보아도 무방하리라.

 이처럼 6월 6일과 9월 7일이 육체적 차원에서의 불편함이 해소된 날이었다면 7월 13일은 사회적 불편함이 해소된 날이었다. 그날 학자금 대출을 모두 상환했다.

 한 학기 500만 원에 육박하는 등록금, 그리고 총 12학기. 그로 인해 발생한 6000만 원의 채무. 어찌나 무겁게만 느껴졌던지 액수를 조금이라도 줄여보고자 장학금을 받기 위해 열심히 공부했었다. 총 장학금은 고작 1000만 원 남짓. 무이자 혜택을 받는 터라 빌리는 게 더 이득이긴 했으나 모아놓고 보니 규모가 어마어마해서 항상 마음을 무겁게 했다. 부모님께서는 그럴 필요가 없다고 하셨지만, 월급을 받으면 바로 100만 원을 떼어 송금해드렸다. 동생에게 앞으로 들어갈 대학 등록금을 생각하면 한시라도 빨리 상환해야 했다. 그다지 많지 않은 월급에서 100만 원 제했으니 생활비로 쓰고 나면 남는 돈이 없었다. 그런 주제에 욕심은 또 많아 강의 들으러, 어디 놀러, 빠지지 않고 따라가니 가랑이가 찢어지기 일쑤였다. 그래서 주변 사람에게 신세도 많이 지곤 했다. 그렇게 궁상을 떨며 2년간 모은 돈과 이번 진단으로 받은 보험금을 합쳐 학자금 대출을 모조리 갚은 게 바로 7월 13일. 건강과 시간, 수많은 가능성을 빼앗긴 나를 긍휼히 여긴 빚은 그렇게 떠나갔다.

그러나 생각보다 속 시원하다, 개운하다 같은 느낌은 없었다. 선택의 순간에서 대출금에 대한 부담감이 얼마나 발목을 잡아댔는가. 선택권을 제한하던 족쇄를 끊어버린 해방감을 만끽해야 마땅했다. 하지만 아니었다. 빚도, 갚은 돈도 모두 통장의 잉크로만 볼 수 있는, 실제로는 그 잉크조차 되지 못한 무형의 존재였던 탓일까, 별 다른 감흥이 일어나지 않았다. 오히려 나중에 재발했을 때 치료비로 쓸 돈을 대책 없이 미리 쓴 게 아닌가 싶은 걱정도 들었다. 아직 다 낫지 않았으면서 재발까지 걱정하는 내 모습을 보며 그동안 나를 억눌렀던 부담감이 실은 허상이 아니었는지 의구심도 들었다. 안전 지향적이고 모험 앞에서 항상 머뭇거리는 나에게 대출금은 그저 자기합리화의 도구, 면죄부가 아니었는가 하고.

타인이 보기에는 이 모든 게 큰 불편이 아닐 수도 있고, 치료와는 별 상관없는 에피소드일 수도 있다. 그러나 적어도 나에게는 치유의 증표였다. 단순히 자발 호흡이 가능하다는 생리적 수준의 생존을 넘어서 사회 구성원으로서 제 구실을 할 수 있음을, 곧 그렇게 될 것임을 알려주는 신호였다. 이처럼 남의 눈에는 아무런 일도 일어나지 않는 지루한 시간 속에서 점점 나는 좋아지고 있었다. 신체적이든, 정신적이든, 사회적이든.

만약 누군가 모든 일이 끝난 뒤 어떻게 나았냐는 질문을 한다면 가장 먼저 시간을 꼽고 싶다. 시간 안에 담긴 수많은 사람들의 사랑과 관심이 나를 낫게 하였노라고.

어서 그날이 오기를 바란다.

인내심이란 놈은 원래 그런 것일까. 80% 정도 진척될 때까지는 툴툴거리면서도 자리를 지켜주지만 그 이상이 되면 항상 도망쳐 버리고 없다. 10 kg을 빼겠다고 마음먹으면 8 kg에서 끝이 났고, 과제나 시험공부도 목표량의 8할이 채워졌다 싶으면 흐지부지 되어버렸다. 그래서 계획을 120%로 세우면 '1.2 * 0.8 = 0.96'이니까 얼추 100%를 채울 수 있지 않을까 했는데 귀신같이 80% 근방이 되면 눈치를 채고 도망갔다. 별로 없는 눈치를 이놈이 박박 긁어다 쓰는 게 분명했다.

이번에도 마찬가지였다. 총 6 cycle 중 5 cycle이 끝나자 이때다, 하고 인내는 도망갔다. 빈자리가 컸다. 조급했고 답답했다. 방사선 치료의 끝을 기다리던 그때처럼 속이 타들어갔다. 그렇다고 항상 그날이 빨리 오기를 바랐던 건 아니었다. 약을 먹는 5일간 겪을 일이 녹록지않기에 서서히 와주었으면 하는 바람도 있어서 내 마음을 나도 모를 지경에 이르렀다. D-day가 빨리 왔으면 하는 마음과 천천히 오기를 바라는 마음이 공존하는 양가감정의 상태. 이렇게 마음이 시시때때로 자반뒤집기를 일삼으니 감정 기복도 점차 심해졌다. 별것 아닌 일에도 드잡이질, 걸고넘어지기 일쑤였고 한 번은 동생을 울리기까지 했다. 그런 주제에 잠은 또 잘 잤다.

그런 하루들이 반복되던 어느 날 아침, 동생의 비명 소리와 함께 잠에서 깼다. 또 늦잠을 잤구나, 생각하며 문을 열어보니 역시나였다. 과제 때문에 일찍 나가봐야 하는데 늦었다고 야단법석이었다. 왜 안

깨워주었냐며 신경질을 내는 동생과 어안이 벙벙한 아버지와 나. 일주일에 한 번꼴로 벌어지는 익숙한 풍경이다. 나도 나갈 채비를 했다. 학교까지 태워주기 위함이다.

감정 표현에 능한 동생이 부러웠다. 나에게 성격 중 고치고 싶은 부분이 무엇인지 누가 물으면 항상 화를 잘 못 내는 점을 들었다. 그게 황희 정승 마냥 마음이 넓고 너그러워 화가 안 나는 게 아니라 감정은 새끼줄 마냥 배배 꼬였는데 표현을 제대로 못하는 것이기에 문제였다. 밥솥이 열 받아 터지지 않으려면 적당한 방법으로 김을 빼줘야 하지 않는가? 난 그 적당한 방법을 몰랐다. 그래서 화를 깔끔하게 표출하지 못하고 짜증으로, 때로는 비꼼으로 드러냈다. 김을 확 빼내지 못하고 질질 흘려버리니 빠지는 속도가 영 느릴 수밖에 없다. 그 때문에 뒤끝도 있고 꽁해 있는 기간도 길었다. 이렇게 마냥 억누르고 삐딱한 방식으로 화를 표출한 탓에 뇌종양이 생겼던 것은 아니었을까 종종 추측하는 나로서는 차라리 동생의 감정표현이 반갑다.

동생을 학교에 내려다 주고 집으로 돌아가는 길, 방향을 틀었다. 그렇지 않아도 심란하던 내 마음에 동생의 난리가 얹어졌다. 해소가 필요했다. 목적지는 중고서점. 수많은 사람들의 깊은 사색이 충만한 공간에 들어서는 것만으로도 위로가 된다. 평소에도 평화를 사러 자주 찾았다.

나는 새 책보다 헌 책이 더 좋다. 손때 묻은 페이지와 남아있는 몇 안 되는 밑줄을 통해 지난 주인의 마음을 훔쳐보는 재미도 쏠쏠하고, 오래 묵은 산삼이 더 귀하듯 책도 좀 묵혀두어 세월을 먹어야 품위 있어 보인다는 내 편견도 한몫한다. 값도 싼 데다 책의 지난 세월까지 살 수 있으니 일석이조가 따로 없다. 낡은 겉표지 안에 숨어있는 깨끗한 내지를 보면 다들 찾지 못한 흙 속의 진주를 발견한 기분도 드는 것이 마치 보물섬에 도착한 탐험가처럼 마음을 들뜨게 해줘 자꾸만 찾게 된다.

《꼴찌에게 보내는 갈채》를 샀다. 고등학생 때 교과서에서 본 기억이 나서 반갑기도 하고 무엇보다 '꼴찌'라는 단어가 가슴에 날아와 꽂힌다. 집으로 돌아오자마자 읽기 시작했다. 노란 색연필을 들어 조심스레 밑줄도 긋고 옆에 메모도 했다. 이제는 습관이다. 이 책의 저자이기도 한 박완서 선생님은 자신의 산문집《못 가본 길이 더 아름답다》에서 '독자가 책에 밑줄을 긋는 것은 그게 명문이기 때문이 아니라 읽을 당시의 마음 상태에 와 닿기 때문일 것이다.'라는 말을 한 적이 있다. 그날 나는 수많은 밑줄을 긋고 메모를 남겼다.

> 긴긴 겨울밤 올해도 얼마 안 남았구나 싶으니 이런 일 저런 일을 돌이켜보게 되고 후회도 하게 된다. 이런저런 시시한 후회 끝에 마지막 남은 후회는 왜 이 어려운 세상에 아이들을 낳아 주었을까 하는 근원적인 후회가 된다. 그리고 황급히 내 마지막 후회를 뉘우친다. 후회를 후회한다고나 할까.
>
> 아아, 어서 봄이나 왔으면. 채 겨울이 깊기도 전에 봄에의 열망으로 불안의 밤을 보낸다.[7]

---

7)《꼴찌에게 보내는 갈채》박완서. 세계사. 2008. 177p.

나는 겨울을 기다린 적이 없다. 좀 더 늦게 오기를 빌었으면 모를까. 선물이 잔뜩 들어오는 생일과 크리스마스, 세뱃돈으로 지갑이 두둑해지던 설날, 그리고 길고 긴 방학까지. 기분 좋은 일들이 많이 있었지만 나에게 겨울은 너무 추운 계절, 그 이상도 그 이하도 아니었다.

나는 태어난 지 얼마 안 되어 부비동염과 삼출성 중이염이 심각해서 전신마취 수술을 2번이나 해야 했고 그 뒤로도 만성기관지염을 비롯하여 폐렴, 천식까지 달고 살았다. 그 때문에 초등학교 졸업할 때까지 학교가 일찍 마치는 수요일은 대학병원에 매주 방문했다. 그게 이상하다는 생각이 든 건 5학년 즈음이었던 걸로 기억한다. 생각이라는 걸 어느 정도 할 수 있는 나이 이전부터 늘 수요일은 병원에 갔던 탓에 왜 가야 하는지 의문조차 들지 않았다. 무엇이든지 이기고 싶고 1등하고 싶어 병원에만 가면 환자를 부르러 나온 간호사의 품 안에 든 차트 봉투 두께를 살폈다.

"이모, 이모. 간호사 선생님이 다섯 사람 불렀는데 내 꺼가 다른 애 4개 합친 거보다 더 크다? 나 1등이야. 이겼다, 그치?"

맞벌이하는 동생 내외를 대신하여 조카를 병원에 데려온 이모는 이런 말을 듣고 어떤 생각을 하셨을까. 상황이 이러다 보니 찬바람만 불면 어머니께서 나를 꽁꽁 싸매려 든 건 당연한 처사였다. 하지만 난 그게 괴로웠다.

옷이 주는 갑갑함과 빠져나가지 못한 열기. 마스크로 막지 못한 눈과 귀로 들이닥치는 한기. 조화되지 못한 음양의 불균형은 늘 나를 고통에 빠뜨렸다. 추위에 벌벌 떨다 집에 돌아와 겹겹이 싸인 옷을 걷어내면 땀에 절은 속옷을 맞이하기 일쑤. 결국 난방이 되지 않는 화장실에서 발을 동동 굴리며 샤워해야 했다. 겨울만 되면 하나라도 더 입히려는 어머니와 하나라도 덜 입으려는 나의 신경전이 외출 때마다 벌어졌다. 아니, 지금도 벌어지고 있다. 특히 나는 목까지 덮는 터틀넥 부류의 옷 입기를 매우 꺼리는 편이다. 어릴 때 반강제적으로 입었던 목티가 주는 갑갑함이 떠오르면서 목을 옥죄는 기분이 들기 때문이다. 이렇게 고통을 잔뜩 안겨주는 계절이기에 겨울은 어서 지나가기만을 바라는 대상일 뿐이었다.

그러나 지금 난 어느 때보다도 강렬히 겨울을 기다리고 있다. 겨울이 되면 치료가 끝난다. 그 순간 난 날아오르리라.

자연을 거스르는 겨울의 우화(羽化)를 열렬히 소망한다.

The Last Cycle

6 cycle도 끝이 났다. 약 먹는 마지막 날까지 평소 생활을 지켰다. 하루 일과를 빠르게 마무리하고, 10시가 되면 목욕재계를 하고 마음을 가다듬어 침을 놓았다. 유침하는 20분간 묵주기도를 드렸다. 침을 빼고 나면 EFT를 실시하면서 시각화를 병행했다. '면역세포가 뇌 곳곳을 수색하지만 종양들은 보이지 않는다. 승리 선언을 한다. 그간의 고생에 눈물 흘리며 기뻐한다.' 이런 장면을 수없이 떠올렸다.

마지막 약봉지를 꺼냈다. 흰 알루미늄 포장지에 담긴 Temodal 250 ㎎ 캡슐 1개와 100 ㎎ 캡슐 2개. 차례차례 꺼내서 물과 함께 삼켰다. 평소에는 3개를 동시에 먹었지만 이번에는 그러고 싶지 않았다. 하나씩 하나씩 먹고 자리에 누웠다. 그렇게 잠들었고 고생했다.

마지막으로, 아니 마지막이길 바라며.

    화학 요법이 계속될수록 몸의 부담이 누적되어 더 힘들 것이라는 형석이 형의 말대로 끝이 쉽지는 않았다. 그날 밤 내가 남긴 메모이다.

    저 밑에서 욕지기가 올라온다. 위? 아니다. 더 깊다. 창자? 아니다. 더 깊다. 그보다 더 밑에서, 더 근원에서 올라온다.
    나에게 뿌리라는 게 있다면 그 뿌리가 뽑힐 것 같다. 누군가 나를 움켜쥐고 뽑아낼 것처럼 괴롭다.

    이걸로는 죽지 않을 텐데 죽을 것 같이 아프다. 상황이 안 좋게 돌아갔을 때, 그래서 결국 죽음을 각오해야 할 때, 겪어야 할 고통이 이런 수준이라면……. 아득하다. 그 길을 가지 않아 천만다행이다. 살고 싶다.

    생각한다. 만일 누군가가 있다면 그의 목적은 내가 아니라 나의 병이라고. 그가 뽑고자 하는 건 내 병의 뿌리라고. 지금의 고통은 잔디밭에 난 잡초를 뽑다가 얽혀 같이 뽑힌 잔디처럼 어쩔 수 없는 것이고 통과 의례 중 하나라고.

    마지막이다. 지금의 힘듦이 앞으로 펼쳐질 시간을 위해 바쳐질 재물이라면 얼마든지 아낌없이 내놓겠다.

기쁘게, 아주 기쁘게.

점심때가 돼서야 겨우 정신을 차렸다. 이제 더 이상 밤의 고난은 없어도 된다는 기쁨이나 더 이상 치료가 없다는 데에서 오는 두려움 같은 감정들이 올 법했는데 전혀 없었다. 4 cycle 마지막 날이나 5 cycle의 마지막 날과 별 다를 바 없이 지나갔다.

MRI를 촬영했다. 3 cycle 후 찍었던 날처럼 있는 그대로 오차 없이 나오게만 해달라고 기도했다. 최근에 배운 묵주기도를 2단 정도 바치니 촬영도 끝났다. 판독 결과를 일주일 동안 기다린 후 교수님을 만나뵈었다. 면담 있는 날마다 늘 그러했듯이 아침 일찍 일어나 병원에 가서 혈액검사를 받았다. 마지막 경과를 보는 날이니만큼 어머니도 반차를 내고 동행했다. 치료가 없는 3개월을 보낸 뒤에 있을 추적 결과가 더 중요하다고 생각하는 나와는 달리 부모님의 얼굴에는 긴장감이 역력했다.

MRI를 앞두고, 그리고 찍고 나서 지금 이 순간까지 어머니는 별다른 특이사항 없이 평소와 똑같이 생활하셨다. 잔걱정이 많은 분이셨기에 살짝 의아했지만 수많은 일들이 벌어졌던 지난 시간만큼 무뎌졌나보다 여기고 있었다. 타고난 쫄보인 나도 그랬으니까. 이제 보니 아니었다. 감정을 크게 드러내지 않는 아버지조차 굳은 얼굴을 하고 계시는데 어머니는 오죽하셨을까. 무뎌진 게 아니라 숨겼던 거였다. 언젠가 읽었던 소설 속 대사가 떠오른다.

여지껏 꿋꿋하게 잘 버티기에 그냥저냥 극복한 줄 알았더니 이제 와서 웬 약한 소리냐고요? 형님 보시기에도 제가 그렇게 아무렇지도 않아 보입디까? 아무렇지 않지 않은 사람이 아무렇지도 않아 보였다면 그게 얼마나 눈물겨운 노력의 결과였는지는 한 번도 생각해본 적 없으시죠.[8]

오늘 일이 그렇게까지 중요하지 않다고 위로해드릴까 고민하다 그만두었다. 그렇다고 해서 사라질 걱정이 아님을, 지금은 부모님 마음속의 원하는 바가 이루어지기를 바라는 수밖에 없음을 알기에. 모든 게 굳어버린 시간 속에서 마음속으로 묵주기도를 바쳤다, 모든 게 사르르 녹기를 기다리며.

아프지 않게 해주세요.
재발하지 않게 해주세요.
부모님이, 가족이 힘들지 않게 해주세요.
살려주세요.

"김동완님, 들어오세요."

---

8) 《나의 가장 나종 지니인 것》 박완서. 문학동네. 2013. 128p.

진료실로 들어갔다. 늘 그렇듯 교수님의 얼굴에서는 어떤 정보도 나오지 않았다. 교수님이 보여주는 MRI 영상은 3개월 전과 별 차이가 없었다. 플레어 영상의 고음영 부위가 넓게 남아있는 것이 여전했고 조영증강 영상도 마찬가지였다. 치료가 종료되어도 돌아오지 않는 고음영 부위가 미심쩍었지만 교수님은 별 문제없다는 식으로 넘어갔다. 뇌부종이냐는 질문에 그는 그렇다고 대답했다.

믿지 않았다. 그 부위만 아직 부종이 빠지지 않았다는 게 말이 안 되었다. 수술 당시 잘라내어 비어있는 부분이거나 종양이 주위의 뇌혈관을 누르면서 경색이 온 부분이거나, 둘 중 하나인 게 분명했다. 그래도 굳이 설명하지 않으려는 교수님의 마음을 믿었다. 믿고 싶었다. 아무래도 경색이나 제거보다는 뇌부종이 경미하니까.

'굳이 알 필요가 없는, 예후에 별 영향을 끼치지 않는 사소한 문제라서 넘어간 거겠지.'

마지막으로 궁금한 것이 없냐고 물으시는 교수님께 할까 말까 고민했던 질문을 조심스레 꺼냈다.

"만약에, 아주 만약에 재발하게 되면 어떻게 하나요?"
"그때는 다른 약을 씁니다."

교수님은 두 종류의 약을 언급하며 Temodal보다는 효과가 떨어지고 부작용도 큰 약이라고 하셨다. 심란한 마음을 부모님께 들키지 않으려 재빨리 인사하고 진료실 밖으로 나왔다. 방사선 치료를 다시 한다거나 다른 방법도 이루어지는지 물어보려다가 말았다. 괜히 판도라의 상자를 열어 가둬두었던 종양의 악령이 빠져나와 다시 머리에 들러붙지 않을까 하는 미신이 입을 막았다. 앎으로써 마음이 더 암울해질 것 같아 두려워졌다. 회피했다.

부모님이 보험사에 제출할 서류와 MRI 영상을 받아 오시는 동안 승현이 형에게 결과가 나왔다고 메시지를 보냈다.

승현이 형은 영상을 직접 보고 싶다며 가지고 와달라고 했다.

아버지와 나를 집에 내려다 준 어머니는 늦은 출근을 했다. 나도 잠시 쉬었다가 형의 점심시간에 맞추어 고령으로 출발했다. 평소보다 천천히 운전했다. 날뛰는 마음을 가라앉히려 그리고 승현이 형이 들려줄 진실을 조금이라도 늦게 마주하고 싶어서 텅 빈 고속도로를 80㎞/h로 달렸다. 지금 보는 풍경이 어쩌면 아름다운 시선으로 볼 수 있는 마지막 장면일 수 있다 여기며 천천히 돌아돌아 갔다. 분명 좋다는 이야기를 방금 들어놓고 왜 혼자서 종말을 앞둔 사람 마냥 굴고 있는지 스스로를 한심하게 느끼며 승현이 형이 근무하는 쌍림 보건지소로 향했다.

승현이 형은 MRI 영상들을 몇 번이고 반복해서 보고는 자세히 설명했다. 사실만 나열할 뿐 긍정적 혹은 부정적 예측에는 말을 아꼈다. 답답했다.

"그래서 좋다는 거예요? 나쁘다는 거예요?"

 열심히 청문회를 열어도 끝끝내 답을 피했다. 중요한 건 그거였는데. 계속된 추궁에 형은 '지금 살아있음이, 이렇게 멀쩡하게 운전해오며 일상생활할 수 있다는 자체가 기적이며 긍정적인 모습이다. 세부적인 것에 신경 쓰지 말고 감사히 살아라. 이제 관리만 잘하면 된다.' 대강 이런 말로 진단을 마무리했다. 아침에 교수님과의 면담처럼 형의 마음을 믿기로 했다. 형이 숨기는 게 있다면 그건 나를 위한 것이기 때문에 모르고 말겠다고.

 내가 왔다는 소식을 들은 형철 형도 점심시간이 되자마자 달려왔다. 읍내에서 간단히 식사를 하고 동전 노래방에 갔다. 끝나는 날 다시 부르고 싶었던 그 노래를 불렀다. 지금을 위해 준비하고 준비했던 노래. 지난 모임 때 형들과 함께 불렀던 〈하나되어〉를.

어려울수록 강해지는 믿음

그래 다시 시작해보는 거야.

다시 태어나는 그런 마음으로

우린 해낼 수 있어.

다시 일어날 수 있어.

그토록 힘들었던 지난 시련도

우린 하나 되어 이겼어.

2월 29일 진단.

3월 7일 수술.

5월 12일 방사선 요법 끝.

11월 1일 화학 요법 6 cycle 끝.

11월 21일 치료 종료.

이렇게 9달에 걸친 기나긴 치료의 여정이 끝났다. 진정한 성공까지는 아직 한 단계가 더 남았다. 3개월 뒤에 있을 추적 결과가 '아무 변동 없음.'으로 나와야 비로소 '성공'이라고 말할 수 있다. 물론 그 뒤로도 계속 검사해 나가야 하지만.

그때까지 기다리겠다. 그리고 그날 이야기하겠다. '해냈다!'라고.

모든 일이 시작된 2월의 마지막 날, '지난 1년간 참 많은 일들이 있었어.'하며 남 이야기하듯 흘려 넘기듯 아련히 회상할 수 있기를 살짝 바라본다.

Epilogue

2016년 2월 29일 처음 뇌종양 진단을 받았다. 아무것도 하지 않고 가만히 있으면 침잠하는 기분이 들어 글을 쓰기 시작했다. 무엇이라도 남겨야겠다는 생각에 빨리 글을 썼다. 글을 좀 묵혔어야 했는데 조급한 마음이 들어 급히 원고를 보냈다.

마지막 파트를 쓴 지 1년이 지났다. 그 후 뇌종양이 재발했다. 항암치료를 다시 시작했다. 5일 입원, 9일 퇴원, 5일 입원, 9일 퇴원을 반복했다. 5일 동안 입원하면서 몸이 바닥으로 가라앉았다. 9일 동안 집에서 회복하고 이제 뭘 좀 해볼 수 있겠다 싶으면 다시 입원. 할 수 있는 게 별로 없었다. 책을 보고, 운동을 하고, 잉여로운 생활을 했다. 이 글을 쓰고 있는 지금은 뇌부종으로 입원한 상태이다. 어지러움이 심하고 오른쪽 손에 힘이 들어가지 않는다. 왼손잡이라서 참 다행이다.

아프기 전에는 열정적으로 살고 싶었다. 주변 사람들을 보면 열등감을 느껴서, 잘나고 싶은 마음에 나를 채찍질했다. 베스트셀러 작가도 되고 싶었고, 훌륭한 한의사도 되고 싶었다. 어떻게든 잘난 사람들과의 간격을 메워보고 싶었다. 혼자서 압박감을 느껴서 누구도 지운 적 없는 실패하면 안된다는 짐을 지고 지냈다.

지금은 가정적인 삶을 살고 싶다. 사랑하는 사람과 가정을 이루고, 자식을 낳고, 집에서 아이들과 책을 읽고 글을 쓰는 사람. 시골에서 소소하게 일하고, 여행을 자주 다니는 여유로운 삶을 살고 싶다.

한편으로 아프길 잘했다는 생각이 든다. 아프지 않았다면 아등바둥, 나를 더욱 괴롭히며 살지 않았을까 싶다.

나는 나 자신을 믿지 못했다. 나약하고 믿음직스럽지 못한 존재, 그게 나였다. 아프면서 주변 사람들을 힘들게 하지 않을까 걱정했다. 상처 주고, 떼를 쓰고, 못살게 굴까 봐 겁이 났다. 마음이 어두컴컴해서 그 어둠으로 주변을 물들일까 봐 무서웠다. 다행히 잘 버티고 있는 듯하다. 내가 무너지지 않아서 놀랍고, 따뜻함을 유지한 것 같아서 만족스럽다.

현재 입원한 병실에는 항상 입에 "죽어야지, 죽어야지."를 달고 사는 환자가 있다. 낮동안 '죽어야지, 죽어야지.'를 되뇌다가 불이 꺼지고 하얀 옷이 꺼멓게 보이는 밤이 되면 "난 아직 안 갈란다."하고 고함을 지른다. 덕분에 밤에는 잠들지 못한다. 낮에는 졸면서 부족한 잠을 채운다. 비몽사몽간에 생각을 하면서 하루를 보낸다.

내가 살 수 있을까. 살고 싶다. 예후가 안 좋을 수도 있다는 생각이 항상 든다. 항상 외면한다. 만약 그런 미래가 온다면 남은 날 동안 가족에게 무엇을 해줄 수 있을까를 생각한다. 일기를 쓰려고 한다. 남은 사람들이 알도록. 동완이가 힘들게 지내지 않았구나, 이런 생각을 하면서 지냈구나. 나, 힘들지 않았다.

이대로 평온하게 끝났으면 좋겠다. 어제와 같은 오늘, 오늘과 같은 내일이 매일매일 이어졌으면 좋겠다.

2018.04.07

저자소개

김동완

1990.02.05 - 2018.08.03

대구한의대 졸업 후 공중보건의사로 근무했다. 3년 차에 뇌종양 진단을 받았다. 2년간 투병 생활을 하다가 우리 곁을 떠났다.

공부 욕심이 많아 투병 중에도 의학 서적을 정리하고 집필 준비를 하였다. 꿈이었던 '글 쓰는 한의사'라는 직함을 조금 빨리 이루고자 암투병일지를 쓰기 시작했다.

이 세상 어느 누구보다 자신을 믿지 못하지만 험난한 길을 헤쳐 나가기 위해 스스로를 믿으려 노력한다고 말했다.

담담하게 자신의 삶을 긍정한, 이 세상 어느 누구보다 강한 사람이었다.

나, 따뜻했나요?

1판 1쇄 발행 2018년 12월 24일

지은이 김동완
펴낸이 정다운
펴낸곳 한의정보협동조합
제작총괄 이기성
그림 김윤희 권고은
편집 김상희 오탁근
기획 강순식

전화 010-7246-7321
주소 광주광역시 서구 상무중앙로 57, 403호
디자인 플랜비 02-3461-4849
인쇄 한국학술정보 (주)북토리사업부 080-855-8285
인터넷주소 www.komic.org

값 15,000원
ISBN 979-11-964404-0-4

ⓒ 2018 한의정보협동조합
- All rights reserved. First edition Printed 2018. Printed in Korea.
- 이 책을 무단 복사, 복제, 전재하는 것은 저작권법에 저촉됩니다.
- 잘못 만들어진 책은 바꾸어 드립니다.
- 책 내용 중 궁금한 사항이 있으시면 한의정보협동조합(010-7246-7321, mail@komic.org)으로 연락주시기 바랍니다.